책의 구성 및 특징

이책은 편입 시험 및 각종 영어 시험의 빈칸완성 문제를 대비하기 위해 최적화된 교재로 최근 6년동안 출제된 각 대학 편입 기출문제를 중심으로 만들어진 문장완성 기본교재이다.

1. 자신이 원하는 대학의 기출문제를 한눈에 정리할수 있도록 각 문제위에 출제된 대학명 및 기출년도를 기재하였다.

2. 나중에 대학별로 정리시 한눈에 기출대학이 들어오도록 글자 폰트를 크게 표시하여 시험직전에 정리가 용이하도록 하였다.

3. 문장완성 초보자들이 쉽게 접근할수 있도록 되도록 기본어휘와 기본문맥을 통해 풀 수 있는 기본난이도로 구성하였다.

4. 해설편에 난이도, 어휘, 해석, 해설등 독학용으로도 손색이 없게 구성하였다.

리드원 편입 연구소

Contents

문제편

1회 ···	01
2회 ···	16
3회 ···	30
4회 ···	44
5회 ···	58
6회 ···	72

해설편

1회 ···	88
2회 ···	105
3회 ···	122
4회 ···	142
5회 ···	161
6회 ···	181

논리 기본편 1회

1회

가천대 2014 1교시

> In relation to nature, early man was so weak and nature so strong as to make man almost her slave. I was natural, therefore, that he should have dreamed of a future in which relative positions would be Ⓐ _____, a time when he would be the master and nature the slave.

1. Which of the following is the most appropriate for the blank Ⓐ
① recovered ② reversed ③ related ④ repeated

건국대 2014년도

2. Animal _____ illustrate the different expectations for males and females. Men are referred to as studs, bucks, and wolves, while women are referred to as kitten, bunny, beaver, bird, chick, and lamb.
① fables ② metaphors ③ designations
④ superiorities ⑤ pictures

경기대 2014년도

3. Forgiveness is putting to better use the energy once _____ by holding grudges.
① beautified ② consumed ③ economized ④ preserved

4. When desire _____ reason, the human mind can unleash deadly obsession.
① assists ② facilitates ③ admires ④ overtakes

서울여대 2014년도

5. The family _____ each other with the knowledge that Jennifer had fought her cancer bravely.
① hindered ② abhorred ③ warranted ④ solaced

6. The author purposely left the ending of his novel _____ so readers would have to decide for themselves what happened.
① hideous ② migratory ③ ambiguous ④ illuminating

한국외대 A형 2014년도

7. The economy grew just at a rate of 0.7 percent in 2013, a(n) _____ result after the many forecasts of robust growth from the beginning of the year.
(A) plausible (B) dismal (C) emphatic (D) inevitable

한국외대 C형 2014년도

8. Offering a(n) _____ collection of unique items, from doormats to frames to monogrammed bathrobes and towels, PersonalMall.com has just what you are looking for.
① monotonous ② ordinary ③ extensive ④ temporary

한양대에리카 2014년도

9. As the sun moves, time varies. Sun time differs _____ about one minute every 13 miles of distance on the earth.
① from ② for ③ by ④ to

항공대 A형 2014년도

10. dramatic 40% _____ in steel prices has sent British Steel spiraling into the red.
① slump ② rise ③ drift ④ collapse

11. _____ are specialist consultants who search for high-level, often board-level, executives and try to persuade them to leave their current job in order to go to work in another company.
① Mediators ② Gladiators ③ Headhunters ④ Commentators

홍익대 2014년도

12. To begin with, the first detective stories to style themselves as such consisted ___ purportedly real accounts or memoirs.
① at ② in ③ to ④ for

13. A French artist, Claude Monet liked to paint _____ so that he is famous for his landscape.
① nostalgia ② outside ③ abstract ④ portrait

가톨릭대 15학년도

14. In a rapidly industrializing nation, in which there were many perils of poverty and violence, as well as opportunity, schools needed to _____ thrift, civility, and self-control in the young.
① inculcate　　② terminate　　③ amplify　　④ dissipate

경기대 15학년도

15. Politicians often try to _____ the other parties in order to win votes.
① adjourn　　② acquit　　③ tide　　④ malign

국민대 15학년도

16. Luxury goods makers have long valued Chinese consumers not just because of their huge appetite for luxury goods but also for their willingness to pay more than their Western _____.
① cooperators　　② conspirators　　③ co-workers　　④ counterparts

17. "Reading had changed forever the course of my life," writes Malcom X in one of his essays. Malcom X's words emphasize the value of _____ in our life.
① literacy　　② soliloquy　　③ exhortation　　④ articulation

상명대 15학년도

18. The Korea Foundation will _____ a new research fund annually for graduate students in economics worldwide.
① denounce　　② resolve　　③ endow
④ topple　　⑤ consolidate

19. The play's script lacked depth and maturity; likewise, the acting was altogether _____.
① sublime　　② amateurish　　③ fascinating
④ exhausted　　⑤ epidemic

20. She dressed so unusually that she stood out from everyone else and often looked _____ in a crowd.
① suspicious　　② reclusive　　③ extravagant
④ conspicuous　　⑤ indulgent

서울여대 15학년도

21. The rising cost of servants in the 1920s _____ demand for labor-saving devices.
① forwent   ② exhorted   ③ boosted   ④ stifled

22. Mr. Reed graduated from high school in a _____ job market, one in which the traditional opportunities for young men without a college degree had dried up.
① fertile   ② desolate   ③ prolific   ④ versatile

숙명여대 15학년도

23. Penicillin can have an _____ effect on a person who is allergic to it.
① abrupt   ② anxious   ③ awkward
④ austere   ⑤ adverse

24. Although business partnerships enjoy certain advantages over sole proprietorships, there are _____ as well.
① rectitudes   ② merits   ③ symptoms
④ drawbacks   ⑤ misunderstandings

숭실대 15학년도

25. To determine the number of poor people, the government first _____ poverty as the lack of minimum food and shelter necessary for maintaining life, which sociologists call absolute poverty.
① decides   ② defines   ③ denounces   ④ dictates

26. There hasn't been a major new antibiotic discovered in 25 years, but researchers say a drug called teixobactin could be the biggest _____ in a generation.
① breakthrough   ② collapse   ③ fragmentation   ④ misfortune

한국외대 A형 15학년도

27. He is one of the most _____ persons I have ever met, never accepting no for answer, and is extremely good at building customer relationships.
① indifferent   ② sarcastic   ③ tenacious   ④ tenuous

28. Borrelia is the most contagious strain of any bacteria; infections are _____, yet diagnostics are lacking.
① rampant   ② elusive   ③ flawed   ④ restrained

가천대 16년도 1교시

29. Urban areas in developing countries are haphazardly spreading far beyond traditional boundaries to _____ natural population increase and rural migration.
① afflict   ② accommodate   ③ exonerate   ④ discourage

30. Many foods can be successfully preserved by drying. The bacteria and molds that cause decay and fermentation in food cannot thrive _____ moisture.
① on   ② for   ③ without   ④ despite

가천대 16년도 2교시

31. Both airplanes and cars can travel more quickly and efficiently if their shapes are smoothed or rounded. This happens because air can pass _____ their bodies easily.
① over   ② with   ③ onto   ④ under

32. In our day there are only two ways, peaceful co-existence or the most destructive war in history. There is no _____ choice.
① that   ② third   ③ some   ④ scarce

가톨릭대 16년도

33. Water quality is rapidly _____ in many countries on a path toward global risk of water pollution in the near future.
① deteriorating   ② dwindling   ③ decreasing   ④ dismantling

34. Severe verbal abuse that children experience at an early age can _____ wounds that will remain for their entire life.
① taint   ② probe   ③ soothe   ④ inflict

경기대 16년도

35. No matter what measures are taken, medicine will sometimes _____, and it isn't reasonable to ask that it achieves perfection.
① flourish   ② ameliorate   ③ advance   ④ falter

36. It's important to _____ between hating yourself and hating something you did.
① distinguish   ② slice   ③ combine   ④ extinguish

국민대 16년도 오전

37. If you're planning a trip to a popular area, schedule your holiday for less popular times of the year. you'll find the traffic, crowds and queues markedly _____, and save a lot of money with the off-season rates.
① mingled   ② reduced   ③ multiplied   ④ frequented

38. Your urine should be a clear, straw colour; if it's dark or has a strong smell, you may not be getting enough _____. If it stays dark even after you increase your liquid intake, follow up with your doctor.
① meat   ② fluids   ③ minerals   ④ vegetables

명지대 16년도

39. Due to her diligence and overflowing creativity, the author was known for her _____ writing, and readers looked forward to her constant flow of books.
① prolific   ② pedestrian   ③ reprehensible   ④ intellectual

산기대 16년도

40. The defendant was alleged to have been an army deserter, but the judge said that was _____ to the case.
① meticulous   ② irrelevant   ③ urbane   ④ reputable

41. Do you think you can _____ the crying baby with a warm bottle of milk?
① shift   ② elicit   ③ provoke   ④ appease

상명대 16년도

42. Along with an irresistible charm, Jane _____ her fine facial features from her mother.
① captured   ② inherited   ③ contributed
④ bequeathed   ⑤ inhabited

43. _____ items such as frozen food, dairy products, fresh fruits and vegetables are transported via refrigerated containers.
① Obsolete   ② Persistent   ③ Perishable
④ Provisional   ⑤ Ferment

한국외대 16년도 A형

44. He seems to be a(n) _____ type par excellence; he seldom rises, except after great provocation.
① thoughtful   ② vigorous   ③ sedentary   ④ arduous

45. When dehydrated, microorganisms enter into an(n) _____ state in which the body contracts and metabolism ceases.
① callous   ② abstemious   ③ baneful   ④ dormant

한국외대 16년도 C형

46. In order to _____ the notorious traffic problem, the city proposed adding four more lanes to the main thoroughfare.
① improvise   ② escalate   ③ mitigate   ④ negotiate

한양대에리카 16년도

47. (A) I was deeply _____ by her letter of resignation as mayor of Glendale in California.
(B) It has been _____ and seconded that the bill be taken into practice immediately.
① moved   ② initiated   ③ impressed   ④ affiliated

2017년도 가톨릭대

48. Some researchers argue that pain can be _____; The pain sensations of others can be felt by some people, just by witnessing their agony.
① chronic   ② contagious   ③ empowering   ④ manipulated

49. Loneliness is an especially tricky problem because accepting and declaring our loneliness carries profound _____. If we admit we are lonely, others might think that we have failed in life's most fundamental domains: belonging, love, and attachment.
① benefits   ② obligations   ③ prestige   ④ stigma

50. The growing popularity of artificial intelligence technology will likely lead to millions of lost jobs, especially among less-educated workers, and could _____ the economic divide between socioeconomic classes in our society.
① alleviate   ② conceal   ③ exacerbate   ④ mandate

2017년도 경기대

51. Many people feel that women make better managers because they are more _____ to consult others and involve employees in decision-making.
① incline   ② inclined   ③ inclining   ④ to incline

52. As the manuscript was _____ publication, it will soon appear in bookstores.
① accepted for   ② excepted from   ③ excluded from   ④ ineligible for

53. It's true that cutting down on consumption is an improvement on the current situation; _____, we should be aware that cutting down too rapidly could have a deleterious impact on the economy.
① likewise   ② moreover   ③ nevertheless   ④ similarly

2017년도 국민대 오전

54. These exercises lower stress, ease anxiety, reduce depression and even _____ pain.
① blunt   ② augment   ③ inflate   ④ predicate

2017년도 국민대 오후

55. Malaria is one of the worst examples of the damage that transmissible diseases can _____.
① wreak ② assess ③ deflect ④ reflect

2017년도 산기대

56. Greenhouse gas has grown sharply since 2000, despite growing _____ about climate change.
① concerns ② references ③ gains ④ competitions

57. Hawaii is a small but beautiful group of islands in the South East Pacific Ocean and is _____ by Polynesians.
① hindered ② regarded ③ inhabited ④ complicated

2017년도 상명대

58. We specialize _____ fashionable and affordable oversize clothing and footwear.
① over ② in ③ up
④ for ⑤ with

2017년도 한국외대 A형

59. When the parties could not reach a consensus, a labor specialist was asked to _____ in the dispute between workers and management.
① eradicate ② speculate ③ elaborate ④ arbitrate

2017년도 한국외대 C형

60. A stay will not be granted, unless there is _____ evidence that the appeal will be stifled.
① ominous ② cogent ③ illusory ④ obsolete

61. If we do not do something to _____ spending, we are going to run out of money very soon.
① dispossess ② redirect ③ boost ④ curb

2017년도 홍익대

62. The use of _____ which defies the laws of gravity and physics has long been characteristic of Hong Kong kung fu films.
① fire ② wires ③ power ④ fantasy

2018년도 경기대

63. Big changes can start with very small steps. Small changes tend to _____.
① backtrack ② expire ③ shrink ④ snowball

2018년도 서울여대

64. Children with anxiety are at increased risk of _____ depressive symptoms and overwhelming guilt is a key symptom of depression.
① pacifying ② developing ③ addressing ④ countering

2018년도 세종대

65. Nuclear accidents can happen; therefore, nuclear power plants must have _____ safety controls.
① lenient ② rigorous ③ elastic ④ convenient

66. Since so many car accidents have happened at that intersection, it would be _____ for the city to put a stop sign in the area.
① equivalent ② fraudulent ③ prudent ④ consistent

67. When two people get married, it is with the assumption that their feelings for each other are _____ and will never alter.
① immutable ② impossible ③ incomparable ④ improbable

2018년도 아주대

68. The recruiter's speech was so _____ that nearly everyone in the auditorium enlisted in the army when it was over. 0.8
① trivial   ② charmless   ③ repelling
④ compelling   ⑤ oppressive

69. Corruption had _____ the company; every single of its executives belonged in jail.
① flourished   ② permeated   ③ examined
④ withstood   ⑤ withheld

2018년도 한국외대 A형

70. The editor's _____ reply suggested a lack of interest in the new book.
① loquacious   ② elegant   ③ authentic   ④ terse

71. Ignorance is the mother of suspicion; we can rid ourselves of our suspiciousness only by procuring more _____.
① conceptions   ② artistry   ③ knowledge   ④ misgivings

2018년도 한국외대 B형

72. The law _____ the nature and limit of the penalty permissible for an offence.
① transcribes   ② inscribes   ③ subscribes   ④ circumscribes

2019학년도 건국대

73. Even though many of our memories are vivid and some may even be accurate, most of what we remember of our daily lives is neither _____ nor rich in detail.
① negligible   ② cloudy   ③ novel
④ changeable   ⑤ exact

2019학년도 경기대

74. _____, the art of finding the middle ground, is a key aspect of the negotiating process.
① Consultation ② Compromise ③ Persistence ④ Steadfastness

75. The memo clearly stated that sexual harassment will no longer be _____ at the firm.
① conscripted ② tolerated ③ laminated ④ encapsulated

2019학년도 국민대 오전 A형

76. Proteins not only constitute much of the physical fabric of the body; they also _____ sensitive control over all the chemical processes inside the cell.
① exert ② detach ③ attribute ④ transpire

77. While visiting a chocolate factory in Wales in the UK, I spotted a sign on the wall that _____, "Seven days without chocolate makes one weak."
① read ② written ③ sounded ④ addressed

2019학년도 가톨릭대

78. A: I heard you've decided to exchange your bicycle with jenny's TV.
B: Yes, instead of wasting money, we decided to _____ our stuff.
① barter ② diversify ③ liquidate ④ redeem

79. Most of the refugees moved between various types of _____ work that exposed them to unstable employment, low wages, and dangerous working conditions.
① conspicuous ② fastidious ③ precarious ④ tenacious

2019학년도 숭실대

80. Kids may be better than adults at learning new languages for many reasons. Children's brains are more _____ than those of adults, meaning they're better able to adapt and respond to new information.
① idealistic ② plastic ③ rigid ④ visionary

논리 기본편 2회

2회
가천대 2014 1교시

> They made light of his popularity, considerable as it was. But when it was grown to such a height that it was almost impossible to ruin it, they found out, when it was too late, that no beginnings of things, however Ⓐ _____, are to be neglected.

1. Which of the following is the most appropriate for the blank Ⓐ
① great   ② small   ③ bright   ④ huge

경기대 2014년도

2. Fortunately, I happen to be _____ in nature and enjoy the challenge of disproving assumptions made about me.
① timorous   ② rebellious   ③ meek   ④ generous

3. Reeve was cast in the title role in the 1978 hit movie Superman; three successful sequels _____ his status.
① cemented   ② disgraced   ③ risked   ④ tarnished

4. Nancy and Heather discovered how to _____ each other's differences and a strong bond grew between the two women.
① condemn   ② deride   ③ embrace   ④ aggravate

5. He has happily spent his post-Olympic days making public appearances and _____ his celebrity.
① cashing in on   ② catching up with   ③ getting even with   ④ making up for

경희대 2014년도

6. Heavy industry (i.e., shipbuilding, steelworks, and oil refining) has become _____; however, plants were modernized to produce automotive parts, chemicals, electronics, tobacco, paper, and foodstuffs.
① sophisticated   ② obsolete   ③ lucrative   ④ indispensable

7. Minahasa, northeasternmost portion of the longest of the four peninsulas, projects from the curiously shaped and mountainous island of Celebes (Sulawesi), Indonesia. The peninsula _____ northeast between the Celebes and Molucca seas.
① protects   ② propounds   ③ protracts   ④ protrudes

8. Infection of the cartilage of the outer ear is unusual but may occur from injury or from swimming in polluted water. It is due to a particular microorganism, Pseudomonas aeruginosa. There is a greenish, _____ or foul-smelling discharge from the outer-ear canal.
① murky ② salty ③ musty ④ bulky

9. _____, in philosophy, is the combination of parts, or elements, in order to form a more complete view or system. The coherent whole that results is considered to show the truth more completely than would a mere collection of parts.
① Synthesis ② Symmetry ③ Synopsis ④ Symptom

10. So in this sense the universe is intractable, astonishingly _____ to any human attempt at full knowledge.
① relevant ② pandering ③ yielding ④ immune

국민대 2014년도

11. The evidence as to the vastness of the universe continues to grow at an amazing rate. The chasm between what we know and all that can be known seems not to _____, but to increase with every new discovery.
① fester ② dwindle ③ vacillate ④ augment

12. With polls indicating rising anti-Americanism worldwide, there has been a(n) _____ increase in discussions about reinvigorating America's public diplomacy efforts among government officials.
① stationary ② paradoxical ③ commensurate ④ inexplicable

13. Not limiting their activities to the earthly realm, spies have _____ the fantasy worlds of online games, conducting surveillance and capturing data.
① surmised ② infiltrated ③ relegated ④ obliterated

명지대 오전 2014년도

14. I had every intention to raise liberated, nonviolent sons whose aggressive tendencies would be _____ by sensitivity and compassion.
① conceded ② implicated ③ mollified ④ aggravated

서강대 오후 2014년도

15. Winston Churchill was fond of saying that "America will always do the right thing, but only after _____ all other options."
(A) consuming   (B) exhausting   (C) mesmerizing   (D) inoculating

숙명여대 2014년도

16. Older theories are not so much abandoned as corrected. Einstein himself always insisted that his own work was a modification rather than a(n) _____ of Newton's.
① rejection   ② injection   ③ projection
④ indication   ⑤ vindication

17. The ultimate value of any hypothesis lies in its predictive or explanatory power, which means that additional facts must be _____ from an adequate hypothesis.
① reducible   ② vulnerable   ③ conductible
④ inseparable   ⑤ deducible

숭실대 2014년도

18. According to French social psychologist Gustave Le Bon, a crowd is _____ in thought and action. All the people in a crowd think, feel, and act alike.
① contradictory   ② homogeneous   ③ irrational   ④ violent

한국외대 A형 2014년도

19. The president has used his veto power to _____ laws passed by the congress that were deemed not to be in the interests of the state.
(A) nullify   (B) tighten   (C) impose   (D) overhaul

한국외대 C형 2014년도

20. William was understandably dismayed that he had lost the position, but he was _____ by the conviction that he had done nothing wrong to deserve the dismissal.
① dispirited   ② elated   ③ saddened   ④ consoled

한양대 2014년도

21. String theory is an extremely recondite model for understanding the universe: many physicists struggle with the theory's _____ implications of ten interconnecting dimensions.
(A) lucid   (B) edifying   (C) abstruse   (D) enthralling

홍익대 2014년도

22. Iraq has been stripped of the politics that have made the country _____ to the world.
① hopeless   ② noticeable   ③ terrible   ④ opaque

가천대 오전 15학년도

23. Everyday language contains countless reminders of Islam's basic belief that nothing on earth happens _____ God's will.
① to   ② as   ③ for   ④ without

24. I have always hesitated to give advice to others, for how can one advise another how to act _____ one knows that other as well as one knows oneself?
① as   ② unless   ③ though   ④ if

가톨릭대 15학년도

25. The civilization of ancient Greece is known only from a few historic remains which historical chance has preserved from the _____ of the years.
① secrecies   ② oblivions   ③ ravages   ④ configurations

26. Negotiations between the two parties have reached a _____; neither side is willing to shrink from previously stated positions.
① prolongation   ② destination   ③ conformity   ④ stalemate

경기대 15학년도

27. Any aggressive act on their part now would be _____ to war.
① tantamount   ② irreparable   ③ meted   ④ prerogative

국민대 15학년도

28. These days so many marriages end in divorce that our most sacred vows no longer ring with truth. "Happily ever after" and "Till death do us part" are expressions that seem on the way to becoming _____.
① pertinent   ② obsolete   ③ recurrent   ④ scrupulous

상명대 15학년도

29. Because she has often been regarded as an author of entertaining light fiction, critics are struck by the _____ of her latest novel.
① consistency   ② somberness   ③ playfulness
④ absurdity   ⑤ jocularity

30. As President Obama's car appeared, the waiting crowds _____ loud cheers.
① blew out   ② blew up   ③ broke with
④ broke out   ⑤ broke into

31. At the time of Dr. Seuss's death in 1991, more than 200 million _____ of his children's books had been sold.
① issues   ② copies   ③ pieces
④ portions   ⑤ editions

서울여대 15학년도

32. A sheet of clear glass, when backed with a film of metal, results in a _____ clear mirror.
① fervently   ② luminously   ③ impudently   ④ coarsely

33. The earthquake was a severe one and many families got separated in the _____.
① blot   ② roster   ③ chunk   ④ aftermath

한국외대 A형 15학년도

34. That blinking cursor on your computer monitor can be a _____ when you have a lot to describe but you don't know where to begin and you don't want to bore anyone away by writing too much.
① bliss   ② nemesis   ③ refresher   ④ denouement

35. The lung are one of our _____ detoxification organs, purifying larger amounts of pollutants than any other organ to defend our body.
① cardinal   ② artificial   ③ tertiary   ④ didactic

한국외대 C형 15학년도

36. America is becoming a(n) _____; half of all members of Congress are millionaires and 268 had an average net worth of 1 million dollars or more.
① bureaucracy   ② democracy   ③ aristocracy   ④ plutocracy

한양대 15학년도

37. The media once portrayed the governor as anything but ineffective; they now, however, make her out to be the epitome of _____.
① altruism   ② brilliance   ③ dynamism   ④ fecklessness

38. Mrs. Amherst was such a sensitive and _____ librarian that she had the ability to know exactly which book would suit each one of the students.
① caustic   ② pedantic   ③ refined   ④ discerning

항공대 15학년도

39. Matter is normally _____ as being in one of three states: solid, liquid, or gas. Often this classification system is _____ a fourth state of matter, called a plasma.
① classified － extended to include
② nominated － extended to exclude
③ segregated － contracted to exclude
④ disintegrated － contracted to add

가천대 16년도 1교시

40. The age of the general practitioner is over; more and more graduates of medical schools tend to specialize, _____, to concentrate on limited areas of their profession.
① that is   ② nevertheless   ③ strange to say   ④ to our surprise

가톨릭대 16년도

41. In order to maintain individuality, one needs a certain sense of psychological security, to the effect that the world around him or her is predictable or understandable and is not just totally _____.
① integral   ② malignant   ③ abundant   ④ chaotic

42. If you're a city dweller, the gym you end up choosing should be within a walkable distance from home or work as research has demonstrated that _____ can directly correlate with usage rates.
① reliability   ② proximity   ③ compatibility   ④ affordability

경기대 16년도

43. The investors with a huge _____ in the outcome are some of the wealthiest people in America.
① stack   ② flank   ③ stake   ④ flake

44. Pollution cuts life expectancy, with some studies suggesting it is five years shorter in northern China than in the south, and that 1.6 million people die _____ every year because of it.
① belatedly   ② indolently   ③ blithely   ④ prematurely

45. Those people who are found to have returned to Germany in violation of these rules are _____ to up to three years' imprisonment.
① subject   ② subjects   ③ subjecting   ④ subjective

광운대 16년도

46. Many women are able to do their work, but they are prevented from gainful employment by a _____ on the part of employers which leads them to believe that men alone can give them adequate service.
① disinterest   ② conviction   ③ tradition
④ prescription   ⑤ short-sightedness

[05-08] 빈칸에 공통으로 들어갈 가정 적절한 표현은?
47. a. The musical had a long _____ of seventy nights.
　　b. The rescuers have _____ short of food ratios.
① run   ② time   ③ line
④ place   ⑤ span

48. a. Have you got the _____ you need to make the box?
　　b. They _____ their clothes into the drawer.
① present   ② wheel   ③ frame
④ grasp   ⑤ stuff

국민대 16년도 오전

49. When confronted by two women disputing the motherhood of a baby, King Solomon famously proposed that the baby be split in two, so each _____ could have half.
① proponent   ② defendant   ③ claimant   ④ descendant

국민대 16년도 오후

50. Lawyers help their clients during _____. They often encourage clients to compromise in order to reach an agreement.
① prelude   ② paralysis   ③ negligences   ④ negotiations

명지대 16년도

51. Those who profess to favor freedom and yet _____ agitation are men who want crops without plowing up the ground.
① confound   ② condone   ③ denote   ④ deprecate

서울여대 16년도

52. The large number of babies born from the mid-1940s to the mid-1960s produced the "baby boom," a _____ in the population.
① plight ② thrust ③ bulge ④ stopgap

53. While there is no "official" _____ count for the Second World War, it was clearly the deadliest war in history, costing more than 38 million lives.
① endorsement ② casualty ③ eyesore ④ setback

중앙대 16년도

54. Because he was _____ in the performance of his duties, his employers could not complain about his work.
① derelict ② dilatory ③ asinine ④ assiduous

55. We need to have our young people follow rules and regulations, but the application of those rules and regulations needs to be _____ by common sense.
① titillated ② tempered ③ amassed ④ abrogated

한국외대 16년도 A형

56. A lover of flowers since childhood, Pat _____ a job as a floral stylist in New York, making exquisite paper flowers for weddings.
① worked ② endorsed ③ ran ④ landed

2017년도 가톨릭대

빈칸에 들어갈 가장 적절한 표현을 고르시오.

57. We all make mistakes at work, and hopefully many of us resolve these mistakes by acknowledging the oversight, learning whatever lessons can be _____, and moving on.
① gleaned ② hindered ③ honed ④ sustained

58. Despite a strong welfare system and an infrastructure _____ to raising children, Denmark has one of the lowest birth rates in Europe at 1.7 children per family.
① conducive ② prone ③ submissive ④ vulnerable

2017년도 경기대

59. We have a sense of what a leader is supposed to look like, and that _____ is so powerful that when someone fits it, we simply become blind to other considerations.
① leadership　　② pride　　③ rational　　④ stereotype

60. The guests were treated to a delicious main course _____ by a splendid dessert before the concert began.
① complemented　　② complicated　　③ complimented　　④ complimentary

61. Religious conversion is a rigorous, demanding process designed to test your _____ and dedication to the new faith you have chosen.
① reformatory　　② remittance　　③ resolve　　④ revenge

2017년도 광운대

다음 빈칸에 들어갈 가장 적절한 표현은?
62. Security does not allow any internet-accessible hardware into this facility! Contacts can be made only via wireless radio, with which you still need to be very _____ when using it.
① dismal　　② discreet　　③ discrete
④ distractive　　⑤ distinguished

2017년도 산기대

63. Concerning longevity, larger networks don't always seem to be advantageous to women. Certain kinds of ties add more demands rather than _____ more help.
① generate　　② distribute　　③ fascinate　　④ attribute

2017년도 상명대

64. Consumer protection laws prohibit advertisers from making _____ claims.
① inefficient　　② unfulfilled　　③ misleading
④ insufficient　　⑤ distrustful

65. Inflation has risen _____ almost 3% since last year.
① at　　② by　　③ from
④ with　　⑤ for

2017년도 서강대

66. Over the course of millennia, the _____ forces of wind and water serve to flatten out the Earth's landscape.
① villous　　② succoring　　③ exorbitant　　④ abrading

67. Singing together gives people a means of pondering questions of faith in a more _____ manner.
① standardized　　② abstemious　　③ entertaining　　④ conscientious

2017년도 서울여대

68. People _____ to watch the small, ungainly racehorse become a champion.
① thronged　　② tapered　　③ fainted　　④ shimmered

69. The _____ of having 20 five-year-olds in the house for a birthday party was too much for Julie's mother to handle.
① tranquility　　② exemption　　③ tumult　　④ condensation

2017년도 숙명여대

70. Americans fear that Mr. Trump, who ran on a pledge of mass deportation, will remove humane _____ from immigration enforcement.
① suffering　　② harmony　　③ alternative
④ discretion　　⑤ reinforcement

2017년도 중앙대

71. The same Roman raid that had _____ his home and enslaved him at twenty likewise brought disaster to his neighbors.
① bestowed　　② delineated　　③ burnished　　④ despoiled

72. Her _____ personality was a welcome addition to the gloomy atmosphere at the annual meeting.
① amiable　　② plangent　　③ lackadaisical　　④ cadaverous

2018년도 가톨릭대

73. An appropriate amount of frustration is necessary for developing _____; you can ruin your kid by unconditionally granting all of his or her wishes the moment they are expressed.
① confidence   ② indulgence   ③ patience   ④ self-esteem

74. Reporters were anxious to hear what the president would say about the scandalous issues, but the president _____ all questions by saying that he would discuss the matter later.
① fired   ② pondered   ③ sidestepped   ④ tackled

2018년도 세종대

75. Because the woman made _____ remarks about the president's children, she lost her job as a senator's assistant.
① derogatory   ② despondent   ③ destitute   ④ desperate

76. Jane is not the type of person who is willing to _____ her innermost feelings even to her close friends.
① condone   ② concern   ③ consent   ④ confide

2018년도 아주대

77. In this short and powerful book, celebrated philosopher Martha Nussbaum makes a passionate _____ for the importance of the liberal arts at all levels of education. 0.8
① disdain   ② derision   ③ reservation
④ attachment   ⑤ case

2018년도 중앙대

78. I do not believe the great society is the _____, changeless, and sterile battalion of the ants.
① mutable   ② ordered   ③ inordinate   ④ tendentious

79. If any moneys are due from the buyer to the seller, the seller shall _____ a bill to the buyer, specifying the amounts due.

① suffice ② furnish ③ ratify ④ void

80. The new house had virtually no furniture, so I _____ a mattress from a pile of blankets.

① improvised ② pretended ③ forged ④ retired

논리 기본편 3회

3회

경기대 2014년도

1. I live in gratitude to my parents for _____ me into knowledge of the word, into reading and spelling, by way of the alphabet.
① abusing   ② impending   ③ maintaining   ④ initiating

2. The ancient Pueblo vision of the world was _____. The impulse was to leave nothing out. Pueblo oral tradition necessarily covered all levels of human experience.
① inclusive   ② imitative   ③ incisive   ④ inflexible

경희대 2014년도

3. Even when my mother was with me in the room, yet this only made the distance even more _____; an almost palpable distance built on the intensity of our desperate longing to be anywhere else.
① tenuous   ② vague   ③ tangible   ④ subtle

4. But by far the greatest hindrance and _____ of the human understanding proceed from the dullness, incompetency, and deceptions of the senses.
① logicality   ② aberration   ③ infallibility   ④ acumen

5. Smith sees the recordings as the _____ result of an unlikely business enterprise: "That they captured this beautiful moment in culture was completely accidental."
① fortuitous   ② predictable   ③ concomitant   ④ inevitable

국민대 2014년도

6. Forty years after the 1973 Middle East oil embargo _____ an era of energy scarcity, the U.S. is in the midst of a power revolution, driven largely by new technology.
① transacted   ② shut down   ③ ushered in   ④ accumulated

7. Culture consists of a body of symbols to which conventionalized meanings are _____.
① accorded   ② renovated   ③ opposed   ④ generated

명지대 오후 2014년도

8. The poster was written in letters big enough to be _____ across the room.
① incorrigible   ② undecipherable   ③ lethal   ④ legible

9. After the earthquake, several governments made a(n) _____ to help with disaster relief.
① amendment   ② pledge   ③ concession   ④ excavation

서울여대 2014년도

10. Burma is being _____ as one of the world's last virgin markets with a location between India and China that ensures access to enormous markets.
① touted   ② rebuked   ③ spurned   ④ alienated

11. Officials at private institutions of higher learning do not have to worry about budget issues since they have huge _____.
① qualms   ② endowments   ③ ailments   ④ impediments

성균관대 2014년도

12. Desolate as this place may be, flights to Atyrau are invariably _____.
(A) cheap   (B) empty   (C) full
(D) cancelled   (E) delayed

13. All these milder monarchies now risk _____ into the habits of the Gulf's worst human-rights offenders, Bahrain and Saudi Arabia.
(A) escaping   (B) loosening   (C) putting
(D) breaking   (E) slipping

중앙대 오전 2014년도

14. This year's resolution is to exercise enough to become as _____ as my aerobics instructor.
① puerile   ② palliative   ③ lissome   ④ superstitious

15. A former classmate of the Olympic medalist recalls her as a promising _____ practicing in the city ice rink.
① gourmet   ② tyro   ③ crook   ④ envoy

한국외대 A형 2014년도

16. His speech last night was _____ because it lacked unity, organized ideas illogically, and alternated between formal and informal style.
(A) impeccable   (B) infallible   (C) impassive   (D) incoherent

한국외대 C형 2014년도

17. it is a(n) _____ concept because it is inappropriate and false.
① spurious   ② equitable   ③ elemental   ④ feasible

가톨릭대 15학년도

18. The book is highly recommended to those readers who are suffering from chronic mental depression, for it is _____ funny and humorous stories.
① devious from   ② devoid of   ③ replete with   ④ tantamount to

19. Through his long journey, the hero felt that his fate was _____ and refused to make any attempt to change his lot.
① tangible   ② ineluctable   ③ meandering   ④ equivocal

경기대 15학년도

20. There is a 3 acre _____ of land for sale next to my house.
① spell   ② deferral   ③ plot   ④ gust

21. Mother Teresa, who helped the poorest of the poor, had a great _____ of love within her spirit.
① disposal   ② emulation   ③ petition   ④ reservoir

22. The government promised great changes in the coming year, but any improvement in people's lives was _____.
① erudite   ② exponential   ③ infinitesimal   ④ integral

상명대 15학년도

23. It takes so long for plastic to _____ that scientists say it could take thousands of years for a plastic bag to break down.
① decay   ② refuse   ③ remain
④ destroy   ⑤ reserve

서울여대 15학년도

24. When Mexico _____ California to the United States in 1848, signers of the treaty did not know that gold had been discovered there.
① ceded   ② allocated   ③ bestowed   ④ bequeathed

숭실대 15학년도

25. The general public seems to hold less _____ for doctors than before. According to a Gallup poll, 57 percent of the people questioned agreed that "doctors don't care about people as much as they used to."
① animosity   ② curiosity   ③ esteem   ④ privacy

아주대 15학년도

26. _____ you plan to start selling on the internet with your own shop, or you want to design e-commerce sites for others, you will find a suitable SellEasy solution right here.
① As   ② Either   ③ Just as
④ Whether   ⑤ While

중앙대 15학년도

27. He reeled and swayed, _____ like a drunken man to keep from falling.
① goading   ② primping   ③ evanishing   ④ doddering

28. The study of _____ bodies has been greatly advanced by the new telescope.
① sidereal   ② faunal   ③ sepulchral   ④ alluvial

29. It was difficult to imagine Matthew, a _____ man, as a psychiatrist; listening while others talked was not his style.
① heedful   ② pessimistic   ③ tubbish   ④ voluble

한국외대 C형 15학년도

30. At a typical concert, audience members trickle into a venue, _____ as they wait for the music to begin, and pull out their phones, swiping and scrolling to pass the time.
① lather   ② saunter   ③ err   ④ canter

31. We were all impressed by how _____ the movie star turned out to be; she was frank in talking and did not have any feeling of superiority, self-assertiveness, or showiness.
① up-and-coming   ② out-of-fashion   ③ down-to-earth   ④ up-to-date

가천대 16년도 1교시

32. 'The side aspects of an affair frequently capture our attention more quickly than the major events upon which they are attendant. _____, many are the books in which the footnotes are more enjoyable than the text.
① Whereas   ② Unexpectedly   ③ Similarly   ④ On the contrary

가천대 16년도 2교시

33. Less than two decades after the U.S. Congress outlawed job discrimination on the basis of race, sex, national origin, religion and age, discrimination in hiring is raising its ugly _____ again. Today's new targets are smokers.
① head   ② outlaw   ③ smoke   ④ paycheck

34. No life on earth is _____; survival depends on interactions with other species. Should the reliance on another species reach a level so great that the organisms are interdependent, scientists considered them to be symbiotic.
① deteriorating   ② isolated   ③ perishable   ④ divergent

경기대 16년도

35. Empathy is a priceless commodity because it invariably _____ hostility.
① facilitates ② defuses ③ consolidates ④ spreads

36. Tom and Jim were not wearing seat belts and were thrown from the car. Jim was killed and Tom's spine was broken. The third person, who was wearing his seat belt, _____ only minor injuries.
① fostered ② neglected ③ sustained ④ hid

광운대 16년도

빈칸에 공통으로 들어갈 가정 적절한 표현은?

37. a. That hat is not cheap. It's $100 in _____ figures.
b. The girl didn't crack up. It was the other way _____. Her mother cracked up!
① odd ② concern ③ round
④ block ⑤ above

38. a. The president stepped _____ last month because of illness.
b. Don't meet your father until he has cooled _____.
① about ② on ③ off
④ down ⑤ around

국민대 16년도 오후

39. The citrus foods from Florida are more _____ to some people than those from California.
① sundry ② succinct ③ succulent ④ subsequent

상명대 16년도

40. After being offered a new job with a better salary, Tom accepted the offer _____.
① at looses ends ② in a rut ③ on the tip of his tongue
④ without reservation ⑤ tongue in cheek

41. The company made a large investment on sophisticated equipment in order to manufacture goods more _____ as this will save on costs in the long-term.
① efficient   ② efficiently   ③ efficiency
④ efficacious   ⑤ effectively

서강대 16년도

42. Without the political will to implement them, such ambitious plans are often _____.
① auspicious   ② expeditious   ③ propitious   ④ forlorn

서울여대 16년도

43. Spontaneous fire may occur when _____ matter, such as hay or coal, is stored in bulk.
① intangible   ② combustible   ③ shoddy   ④ hefty

아주대 16년도

44. The higher we soar, _____ to those who cannot fly. 0.8
① the small we appear   ② the high we appear   ③ the smaller we appear
④ the higher do we appear   ⑤ the less smaller do we appear

중앙대 16년도

45. The _____ villagers touched their caps in front of her but sneered behind her back.
① obsequious   ② winsome   ③ intrepid   ④ effulgent

46. The _____ garter snake, often spotted in yards, parks, and gardens, is sometimes mistaken for a venomous snakes.
① inveterate   ② ingenuous   ③ innocuous   ④ inane

한국외대 16년도 C형

47. Knowing the danger of riding a bike without headgear, the mother earnestly _____ her son to wear his helmet.
① implicated   ② rejected   ③ forbade   ④ implored

48. Universal education is the power destined to _____ every from of hierarchy and remove all artificial inequality.
① uphold ② overthrow ③ preserve ④ disguise

2017년도 가천대 B형

49. When selecting a college major, many students consider, even if subconsciously, the "sex" of the major: if a major matches their sex, they consider the major to be a(n) _____ option, and if it does not match, they may reject the major outright.
① detrimental ② ignoble ③ untenable ④ viable

50. The president, vice-president and all civil officers of the United States, shall be removed from office on _____ for, and conviction of, treason, bribery or other high crimes and misdemeanors.
① perjury ② impeachment ③ embezzlement ④ resignation

2017년도 건국대

51. Be _____. Arriving late to an interview can be deadly. No employer wants to hire someone who is not responsible enough to come to work on time. Get to the interview 10-15 minutes early to help yourself relax before you step into the office.
① honest ② punctual ③ resistant
④ cheerful ⑤ confident

2017년도 경기대

52. Their proposals on how to grapple _____ various problems were invariably of great help.
① at ② for ③ with ④ through

53. All couples learn that a true acceptance of their own and each other's individuality is the only _____ upon which a mature marriage can be based.
① commemoration ② foundation ③ retaliation ④ transliteration

2017년도 산기대

54. _____ is the property of biological systems to remain diverse and productive indefinitely. It can also be defined as a socio-ecological process characterized by the pursuit of a common ideal.
① Initiation　　② Profitability　　③ Commitment　　④ Sustainability

2017년도 상명대

55. The governor _____ up with an innovative pollution reduction plan.
① let　　② thought　　③ had
④ found　　⑤ came

2017년도 서강대

56. The _____ singer would often start a concert in a sad mood, leave halfway through in a rage, and then come back at the end as happy as can be.
① judicious　　② mercurial　　③ shrewd　　④ sturdy

57. After watching the entire basketball season without ever leaving his house, he realized that his leg muscles had begun to _____ .
① infuse　　② atrophy　　③ whet　　④ lug

2017년도 서울여대

58. In the political world, even _____ enemies can be transformed into friends.
① docile　　② implacable　　③ congenial　　④ benevolent

59. The company is planning to file bankruptcy within weeks and _____ its business.
① audit　　② streamline　　③ reimburse　　④ liquidate

2017년도 중앙대

60. In the 1860s, author Leo Tolstoy was _____ with his family in the Tula region of Russia; while comfortably established there, he wrote War and Peace.
① castigated　　② ensconced　　③ coerced　　④ excoriated

61. It was obvious from the concerned look at David's face that his spendthrift habits had placed him in a _____ financial situation.
① bumptious   ② precarious   ③ recherche   ④ facile

2017년도 한국외대 A형

62. The police drove the children around in squad cars, let them talk to each other over the radios, and _____ the day by giving them ice cream.
① blew up   ② wound up   ③ turned up   ④ looked up

63. Counterfeiters can go to great lengths to _____ the age of a painting, including baking it to add cracks.
① verify   ② preserve   ③ invalidate   ④ fabricate

2017년도 한양대에리카

64. After five hours of fishing, it was nearing 6 p.m., the sun was setting, and my father said, "Let's call it _____ ."
① a day   ② an end   ③ a close   ④ a windup

2017년도 홍익대

65. Violence begins to snowball, becoming finally an irresistible _____.
① earthquake   ② avalanche   ③ holocaust   ④ flood

2018년도 가톨릭대

66. Love of truth is the core of the professor's philosophy. He is always ready to revise his views when presented with adequate evidence of their lack of _____.
① diversity   ② opacity   ③ popularity   ④ validity

2018년도 경기대

67. A fast moving wildfire _____ an estimated 25,000 acres in less than seven hours in Southern California.
① engulfed   ② drowned   ③ invigorated   ④ pacified

68. Often our emotions _____ us, and we speak or act without thinking first.
① put up with   ② come up with   ③ make up for   ④ get the better of

69. There are a variety of superfoods that will _____ the immune system.
① ramp up   ② give up   ③ pick up   ④ catch up

70. By _____ where you trip up or make mistakes, you're being honest with yourself.
① getting away with   ② owning up to
③ looking down on   ④ turning away from

2018년도 산기대

71. Although he has many hobbies, the _____ that was left in my grandfather's life when my randmother died has never been filled.
① void   ② grief   ③ dormant   ④ residue

2018년도 서울여대

72. Every generation in music history has had its famous _____, individuals with exceptional musical powers that emerge at a young age.
① prodigies   ② orators   ③ proprietors   ④ tenants

73. A huge amount of statistical and anecdotal evidence obviously has confirmed the _____ that TV has potent addictive properties.
① provision   ② ordinance   ③ remonstrance   ④ truism

2018년도 세종대

74. John could not _____ his ambitious plan because of the unexpected accident that happened to him.
① implement   ② compliment   ③ torment   ④ ferment

75. The professor asked several questions designed to _____ the mind and get the students to seek answers beyond simple reading comprehension.
① impede ② stimulate ③ encroach ④ diverge

2018년도 숙명여대

76. The Johnsons decided to move to an apartment a _____ kindergarten to shorten the commuting time.
① nearly ② next door ③ besides
④ until ⑤ near

77. Kathy really loved her birthday gift from her boyfriend, but she thought it was too expensive. She told him that he didn't get his money's _____.
① expense ② price ③ worth
④ quality ⑤ present

2018년도 숭실대

78. Many people give hospice _____ reviews. Lynn Pares enthused about her experience from 2013 to 2014 with Family Hospice of Colorado.
① awful ② glowing ③ indifferent ④ typical

79. "I fell in love for the first time while I was still at school," she has revealed. "When I was in grade three, I had a _____ this really big guy. I can't think of his name now, but it was great."
① dream about ② crush on ③ problem with ④ rumor about

과년도 기출

80. The job of a navigator on a plane is very much like that of a ship's navigator. The air navigator must work faster because _____.
① ships travel faster than planes ② the plane is so high in the air
③ planes travel faster than ships ④ he has no assistant

논리 기본편 4회

4회

경기대 2014년도

1. Although Aesha believes that she will be able to stay in this facility until she completes her associate's degree, the ordeal of being homeless has taken a _____ on her and her studies.
① pity ② toll ③ root ④ look

2. The transcript has become a sacred document, the passport to security. How one appears on paper is more important than how one appears _____ person.
① for ② on ③ in ④ to

경희대 2014년도

3. Dawson dominates these human beings, not just by patronizing them, but also through the constant threat of his _____ ridicule.
① ludicrous ② lulling ③ incisive ④ useless

4. In an unsettling paradox, our culture's emphasis on security and certainty may not only encourage the current risk-taking wave, but could _____ riskier activities in the future.
① prevent ② spawn ③ offset ④ retard

국민대 2014년도

5. Loving her parents one moment and hating them the next, Judy was confused by her _____ feelings toward them.
① inane ② flippant ③ irrevocable ④ ambivalent

서울여대 2014년도

6. Darwin advanced the proposition that man possesses a unique physical _____, the entity with which his book began, namely an upright posture.
① mishap ② attribute ③ maneuver ④ remnant

숙명여대 2014년도

7. An insurance company might send investigators to determine the cause of a mysterious fire. If the investigators sent back a report that the fire was caused by the presence of oxygen in the atmosphere, they would not _____ their jobs very long.
① make　　　　　　② keep　　　　　　③ do
④ lose　　　　　　　⑤ search

8. After all the Internet's many diversions, people still yearn for the solitary refuge of reading. _____ a book provides a space for reflection, a private therapy that is hard to find online.
① even if　　　　　② nevertheless　　　③ at the same time
④ hence　　　　　　⑤ since

숭실대 2014년도

9. Chicago could see as much as 6-8 inches of snow from late Tuesday through late Thursday, which WGN _____ Tom Skilling says will arrive "in waves rather than a single stretch." (WGN: a television station in Chicago, Illinois, USA)
① astrologer　　② astronomer　　③ meteorologist　　④ sportscaster

이화여대 2014년도

10. With improved access to education and health, people see new opportunities for making a living and no longer consider children a needed insurance against _____ in old age.
(A) destitution　　　　(B) detention　　　　(C) detestation
(D) solidarity　　　　　(E) solvency

중앙대 오전 2014년도

11. To capture on canvas the _____ of the eastern sky at sunrise is a challenge to any painter.
① parity　　② peccadillo　　③ effulgence　　④ truce

12. _____ when it comes to Italian food especially, Grace ate a pound of rigatoni, seven meatballs, and two servings of tricolor salad at her midday meal.
① Gluttonous ② Crestfallen ③ Abstemious ④ Nefarious

13. Perhaps the most well-known application of ultrasound is in making sonograms of the fetus at various stages in its development, to _____ that growth is proceeding normally.
① forestall ② confer ③ ascertain ④ precipitate

한양대 2014년도

14. Unlike the _____ Capote, who was never happier than when he was in the center of a crowd of celebrities, Faulkner, in later years, grew somewhat reclusive and shunned company.
(A) austere (B) congenial (C) tenacious (D) gregarious

15. Arguably, the Internet _____ the disparity between rich and poor countries because the economies of countries with access to it become more competitive, whereas those without access to it lag behind.
(A) wanes (B) obviates (C) vindicate (D) exacerbates

가천대 오전 15학년도

16. Instead of _____ formal and well rehearsed, the performance was spontaneous, contradictory and mutually respectful.
① that ② being ③ its ④ such

17. "I'll explain the circumstances. Your father's landlord, Mr. Jones, found the body. Jones came to collect the rent, which was past due. _____ your father might have lain there dead God knows how long."
① Naturally ② Despite ③ Therefore ④ Otherwise

18. Almost all of the climbers, _____ country they come from, use natives called Sherpas to carry their equipment and aid them in the difficult and dangerous journey to the summit.
① that ② according to ③ no matter what ④ whose

가천대 오후 15학년도

19. Science has obviously multiplied the power of the warmakers. The weapons of the moment can kill more people more secretly and more unpleasantly than _____ of the past.
① these ② those ③ that ④ this

20. The subjects are told to do their tasks within a certain time, their results are marked, and the result of each is compared with a scale _____ what may be expected of children of the same age.
① making ② to indicate ③ indicating ④ to make

서강대 15학년도

21. No feasibility study, environmental-impact report, business case or financing plan has yet been released. Instead come _____ from the Sandinista government of Daniel Ortega about how it will bring a jobs bonanza and end poverty.
① qualms ② barographs ③ platitudes ④ misgivings

22. If all of Cuba's remaining stars were to hit the market at once, _____ clubs like the New York Yankees would once again be able to spend their way to the top of the standings.
① adnominal ② errant ③ georgic ④ plutocratic

숙명여대 15학년도

23. While junk food is often blamed for the rise in diabetes, researchers say gourmet food is another _____. Diabetes specialist Dr. Cohen says many people are unaware that meals at restaurants are often as high in fat, salt and sugar as fast food.
① culprit ② dynamo ③ misogynist
④ pundit ⑤ decoy

24. Having survived the financial crisis relatively unscathed, Asians are harking back to the _____ ways of our grandparents. But being penny-wise doesn't mean we've lost the drive to acquire the finer things in life.
① abstruse ② frugal ③ inchoate
④ irascible ⑤ rapacious

중앙대 15학년도

25. We regard this unwarranted attack on a neutral nation as an act of _____ and we demand that it cease at once and that proper restitution be made.
① spoliation   ② interstices   ③ reparation   ④ detonation

26. Nearly _____ by disease and the destruction of their habitat, koalas are now found only in isolated parts of eucalyptus forests.
① sublimed   ② decimated   ③ infuriated   ④ averted

한국외대 C형 15학년도

27. It is transmitted by that most unsavory mode of infection, with the eggs reaching the mouth after exiting the body at the other end, the _____ organ of the body.
① cranial   ② limbic   ③ cerebral   ④ fecal

한양대 15학년도

28. The quest for absolute zero, the lowest temperature theoretically possible, has become, for some scientists, _____ to the search for the Holy Grail.
① cognate   ② analogous   ③ conducive   ④ subordinate

29. Though he wasn't particularly well-known as a humanitarian, his deep sense of responsibility for those who were suffering was real, and was belied by an outward appearance of _____ .
① bliss   ② mirth   ③ smartness   ④ indifference

가톨릭대 16년도

30. Emerging markets, such as BRIC(Brazil, Russia, India, China) used to be an essential _____ for the common portfolio for stock brokers, but many investors are now reassessing their investment rationale.
① remedy   ② ingredient   ③ diagnosis   ④ alteration

경기대 16년도

31. People who habitually choose unrealistic goals allow wishful thinking to _____ their grip on common sense.
① support ② underscore ③ provoke ④ override

32. Binge drinking, defined as the heavy, episodic use of alcohol, has _____ on campuses despite both a general decrease in alcohol consumption among Americans and an increase in the number of abstainers.
① persisted ② disappeared ③ dwindled ④ insisted

33. A trooper saw signs of _____, then arrested Tom and charged him with driving under the influence.
① demolition ② sobriety ③ intoxication ④ attack

국민대 16년도 오후

34. _____ is the view that whatever happens must happen: it could not have been avoided. When an accident occurs, or a person dies, there is nothing that could have been done to prevent it.
① Fatalism ② Anarchism ③ Opportunism ④ Materialism

산기대 16년도

35. A police official who requested _____ because he was not authorized to speak publicly about the investigation said materials showed that Dr. Murray had obtained supplies for Mr. Jackson from Applied Pharmacy.
① implication ② nomination ③ anonymity ④ appointment

상명대 16년도

36. The apartment building does not look the same, as it just underwent a complete _____ which was carried out by a local architectural firm.
① manifestation ② transferral ③ opportunity
④ transformation ⑤ transition

37. Most of the staff think that the fast-food restaurant nearby is a _____ place to have a quick meal, but they all agree that the food there is second rate.
① vacant   ② convenient   ③ permanent
④ valuable   ⑤ conspicuous

<u>서울여대 16년도</u>

38. Misunderstandings of dialect diversity have led to common claims that some dialects are _____, revealing carelessness or even stupidity.
① deficient   ② discriminatory   ③ elastic   ④ eloquent

39. The _____ of opposites creates the conditions for a new point of view to bubble freely from your mind.
① condescending   ② distortion   ③ expulsion   ④ swirling

<u>중앙대 16년도</u>

40. Carver kept detailed records so that others could duplicate his experiments: he was a thorough, _____ scientist who depended more on careful experimentation than on instinct.
① mordant   ② meretricious   ③ supercilious   ④ scrupulous

41. I prefer to shop in a store that has a one-price policy because, whenever I _____ with a shopkeeper, I am never certain that I paid a fair price for the articles I purchased.
① haggle   ② fumble   ③ fugle   ④ ramble

<u>한국외대 16년도 A형</u>

42. The medieval fortress was so strong that it remained _____ to the enemy troops, no matter what tactics or weapons they used.
① impregnable   ② penetrated   ③ enforceable   ④ jeopardized

한양대에리카 16년도

다음 두 글의 빈칸에 공통으로 들어갈 것을 고르시오.

43. (A) As you have disobeyed me, I will not drive your enemies out, and they will be thorns in your _____. Their gods will be a snare to you.
(B) It is our government's consistent policy not to take _____ in a civil war that breaks out in a neighboring nation.

① flesh   ② eyes   ③ limbs   ④ sides

홍익대 16년도

44. In the past, most marriages were affairs of the pocketbook rather than affairs of the heart. Men wedded women who had _____.
① affection   ② dowries   ③ parents   ④ future

45. Although Epicurean groups sought to opt _____ of public life, they respected civic justice.
① out   ② up   ③ back   ④ down

2017년도 경기대

46. Some say that universities are _____ promoting scholarly excellence and academic promise should be the sole criterion of admission.
① in lieu of   ② for the sake of   ③ independent of   ④ on a par with

47. After dealing for so long with a conservative boss, I'm happy to report that our new supervisor is _____ .
① a breath of fresh air   ② a drop in the ocean
③ as clear as mud   ④ up in the air

2017년도 상명대

48. In reference to our telephone conversation this morning, I would like to _____ in writing our reservation for two rooms in your hotel for four nights.
① inform   ② confirm   ③ notify
④ communicate   ⑤ conform

49. He was chosen as a club treasurer because he has always been _____ about repaying his debts.
① scrupulous   ② munificent   ③ prodigious
④ impervious   ⑤ incorrigible

<u>2017년도 서강대</u>

50. The villagers _____ the bandits so thoroughly that most of the survivors never picked up a weapon again without starting to cry.
① exuded   ② coaxed   ③ routed   ④ swayed

51. Among the successors of Hume, sanity has meant superficiality, and _____ has meant some degree of madness.
① profundity   ② delusion   ③ impunity   ④ quandary

<u>2017년도 서울여대</u>

52. Among 72 patients with severe neurological symptoms, 40 _____ Guillain-Barre syndrome, a dangerous auto-immune dysfunction.
① assigned   ② permeated   ③ contracted   ④ inhaled

<u>2017년도 숙명여대</u>

53. When North Koreans make the break for South Korea they arrive in a world that is completely foreign. Koreans may consider themselves brothers and sisters but there is little shared between them _____ history and the desire for reunification.
① including   ② in spite   ③ so long as
④ together with   ⑤ apart from

54. A man walks in _____ the street, opens a portfolio of drawings, and there, mixed in with the jumble of routine low-value items, is a long-lost work by Leonardo da Vinci.
① from   ② about   ③ off
④ by   ⑤ around

2017년도 이화여대

55. Marx's _____ that "men make their own history, but not in conditions of their own making" has become an oft-repeated dictum.
① admonition   ② aphorism   ③ euphoria
④ apprehension   ⑤ prefiguration

56. Pastiche will often be an imitation not of a single text, but of the _____ possibilities of texts.
① proportionate   ② premonitory   ③ indefinite
④ insolvent   ⑤ discarding

2017년도 중앙대

57. We were amazed that a man who had been heretofore the most _____ of public speakers could, in a single speech, electrify an audience and bring them cheering to their feet.
① pedestrian   ② enthralling   ③ auspicious   ④ versatile

58. Although bound to uphold the law, a judge is free to use his discretion to _____ the cruel severity of some criminal penalties.
① enforce   ② reinstate   ③ mitigate   ④ provoke

2018년도 경기대

59. In the _____ of this incident, many kind people reached out to my mother to express their outrage on her behalf.
① mock   ② spite   ③ wake   ④ pity

60. Barring disease, we walk erect and correctly throughout our lives until our structure _____ with old age and we need to be propped up with canes or the like.
① deteriorates   ② fortifies   ③ rehabilitates   ④ ripens

61. For any animal, happiness seems to _____ in the opportunity to express its creaturely character—its essential pigness or wolfness.
① compose   ② dwindle   ③ belie   ④ consist

2018년도 서울여대

62. Congressional plans to tax the endowments of wealthy private universities have outrage _____ from them.
① hindered ② dismissed ③ elicited ④ conceded

63. Only a fifth of the new chamber will be elected by the public, and the rest _____ by political parties.
① appointed ② hailed ③ admonished ④ banished

2018년도 세종대

64. The con man _____ us into thinking that he would make us rich. Instead, he tricked us into giving him several hundred dollars.
① persecuted ② harassed ③ deluded ④ violated

65. Unless you get a full checkup from your doctor, it will be hard to tell whether your chronic _____ is due to physical illness or depression.
① levity ② larceny ③ liaison ④ lethargy

66. Hard work on the practice field might be _____ the of success on the playing field.
① precursor ② barrage ③ volition ④ calamity

2018년도 이화여대

67. The _____ of older traditions of self-help has made the individual dependent on the state, the corporation, and other bureaucracies.
① atrophy ② impact ③ culpability
④ enigma ⑤ persistence

68. Freud laid the foundation for an understanding of the self as _____; he detailed a conception of the individual subject as always at odds with itself.
① confusing ② optional ③ unconscious
④ hidden ⑤ divided

2018년도 중앙대

69. His main job was to _____ his domain—to order it, but also to show that studying animals was as scientific as the new chemistry.
① vesicate   ② derail   ③ harbinger   ④ discipline

70. In this sector, there is a great potential for growth, but companies may not have time to establish a track record that would attract traditional and conservative investors in the stock market, who tend to be more _____ to risk.
① averse   ② adapted   ③ adherent   ④ exposed

2018년도 한국외대 B형

71. The Tax Office's _____ on the declaration of undisclosed assets resulted in many people coming forward.
① amnesty   ② truce   ③ indictment   ④ repeal

72. The new epidemic is _____; no known antibiotic has any effect upon it.
① submissive   ② intractable   ③ corrigible   ④ irresponsible

2019학년도 건국대

73. Yellow fever is still active in South America and Africa, and many countries require visitors to be _____ before they can enter.
① identified   ② estranged   ③ expelled
④ suspected   ⑤ vaccinated

2019학년도 경기대

74. Mathematicians have a distinctive sense of beauty: they strive to present their ideas and results in a clear and compelling fashion, dictated by _____ as well as by logic.
① feasibility   ② aesthetics   ③ obligation   ④ intellect

75. During the opera's most famous aria, the tempo chosen by the orchestra's conductor seemed _____, without necessary relation to what had gone before.
① arbitrary   ② compelling   ③ meticulous   ④ premature

76. The _____ of the dead man's will was the main suspect in the murder case.
① benefaction   ② benefactor   ③ beneficiary   ④ benevolence

2019학년도 광운대

77. His reluctance is only _____ than real.
He was seen as Mr. Olsen's heir _____.
① fake   ② public   ③ unlawful
④ apparent   ⑤ designated

78. This business generates cash in _____ amounts.
He impressed all who met him with his _____ memory.
① precarious   ② productive   ③ prodigious
④ proclaimed   ⑤ problematic

2019학년도 명지대

79. His trousers fell down but he appeared quite _____ and kept talking about his upcoming trip.
① petrified   ② agitated   ③ unabashed   ④ consoled

80. If something you can see or hear _____, it is getting further and further away.
① thuds   ② trots   ③ recedes   ④ clamours

논리 기본편 5회

5회
명지대 오전 2014년도

1. We have to pay _____ to her because she is an amazing artist.
① hyperbole　　② hubris　　③ hindrance　　④ homage

서강대 오후 2014년도

2. Innovation that happens from the top down tends to be orderly but dumb. Innovation that happens from the bottom up tends to be _____ but _____.
(A) unhinged — garbled　　(B) assiduous — intelligent
(C) disarming — wicked　　(D) chaotic — smart

3. Young people have got to understand from an early age that the world _____ on results, not on effort.
(A) pays off　　(B) takes up　　(C) sets off　　(D) puts up

4. Socrates insists that his understanding of his own _____ is the greatest understanding that he has. "I know," he says in the Apology, "that I have no wisdom, small or great."
(A) ignorance　　(B) accomplishment　　(C) weakness　　(D) strength

성균관대 2014년도

5. I would have liked to tell you that my work on optimism _____ out of a keen interest in the positive side of human nature.
(A) turned　　(B) chose　　(C) stood
(D) grew　　(E) made

숭실대 2014년도

6. In a company, the president earns five million dollars per year and the 99 assembly line workers earn only $20,000 per year. The president might attempt to refute criticism of the company's _____ tactics by arguing that the mean annual income of these 100 people is $69,800.
① arrogant　　② generous　　③ genuine　　④ miserly

7. Mrs. J then announced that we would be working independently, at our own pace, through the text for the duration of the course. "Don't be in a rush," she advised. "_____; understand each exercise before you go on to the next. This isn't a race."
① Do it your way   ② Do the right thing
③ Make up your mind   ④ Take your time

중앙대 오전 2014년도

8. We felt repeatedly _____ by the impersonal and inflexible bureaucracy in our attempt to win an exemption to the rule.
① vindicated   ② stymied   ③ disembarrassed   ④ gesticulated

9. The first two comments on his article were off-topic and unintelligible nonsense, just complete _____.
① kernel   ② gibberish   ③ coherence   ④ virtuosity

10. Because it is totally absurd to read through the thick volume within the deadline, stop researching the Internet and refer to the _____ to grasp the story.
① precis   ② bibliopole   ③ epitaph   ④ choreographer

중앙대 오후 2014년도

11. After he painted his house bright orange, Paul became the neighborhood _____. No one on the block wanted anything to do with him.
(A) pariah   (B) vagabond   (C) delegatee   (D) trailblazer

12. English is a _____ language. It is made up of words that originated in many other languages.
(A) metrical   (B) laconic   (C) derivative   (D) complacent

13. After two hours of yoga, Mary decided to take a _____ and watch a morning talk show while sipping a chocolate protein shake.
(A) behest   (B) censure   (C) respite   (D) subterfuge

한국외대 C형 2014년도

14. The intellectual flexibility distinctive in a multicultural nation has been restrained in classrooms where the cultural _____ of our country has not been reflected.
① uniformity   ② diversity   ③ invariability   ④ literacy

항공대 A형 2014년도

15. _____ are people who try to minimize the effects of gaffes, and otherwise improve the way candidates are presented in the media generally. 2.5점
① Spin controllers   ② Tax attorneys
③ Political modulators   ④ Contest advisors

16. If it looks as if there will be no clear winner, or if there is no clear winner in the final outcome, commentators talk about a _____.
① Stalking horse   ② parallel runner   ③ close call   ④ dead heat

가천대 오전 15학년도

17. The pure theory is still accepted by the majority of economists _____ many criticisms and the emergence of rival theories in recent years.
① due to   ② despite   ③ on the ground of   ④ with regard to

18. Such an unevenly balanced development of his various faculties may be a source of acute danger to an individual; in the case of society, it is _____ catastrophic.
① by no means   ② nothing short of   ③ better than   ④ on no account

경기대 15학년도

19. The play got a very bad _____ in the newspaper. I was very surprised as I thought it was really good.
① write-in   ② write-off   ③ write-output   ④ write-up

20. You really _____ when you asked Sue how her cat was. Didn't you know it got run over last week?
① called it a day   ② rang a bell
③ put your foot in it   ④ pulled your socks up

21. I hate the heat — it makes me feel so _____ I just don't want to move or do anything.
① pedantic ② listless ③ hoarse ④ winded

중앙대 15학년도

22. The public administrator to whom I have referred was most _____; he refused to accept bribe and scrutinizingly reviewed every document for preventing customers from facing predicaments.
① conscientious ② complementary ③ puerile ④ ignominious

23. As his _____ accelerated, he dealt his political rivalry a series of blows insidiously and then succeeded in taking the throne, trying to hold it.
① madrigal ② machination ③ tautology ④ subjection

24. Although the film critic was _____ in her conviction that sequels are generally inferior to their predecessors, she did acknowledge occasional exceptions such as The Godfather Part II, a film she considered superior to the original.
① avionic ② svelte ③ disconsolate ④ adamant

한양대 15학년도

25. The sagacious student of literature is aware that terms used in literary criticism are _____ in that their meanings shift depending on the premises of the writer using them and the nature of the work under discussion.
① typically inert ② totally infeasible ③ notoriously plastic ④ completely arbitrary

26. The majority of the villagers in this seemingly forgotten land are _____ vegetarians; that is, they only eat meat during a holy celebration, or whenever they can afford it, which, because of the ludicrously high prices, is practically never.
① reluctant ② strict ③ staunch ④ clandestine

27. While many outside the company have attributed the company's success to the president's prescience, insiders realized that this success owed more to the president's inflexibility than to any _____ that the president might have displayed.
① foresight ② obduracy ③ popularity ④ perseverance

항공대 15학년도

28. While our senses provide us with qualitative indications of temperature, they are often _____. What we need is a reliable and reproducible method of making quantitative measurements that establish the relative "hotness" or "coldness" of objects.
① misleading   ② gorgeous   ③ addictive   ④ omnipotent

29. Korea has suffered terribly at the hands of many nations whose armies invaded and ravaged it. After being occupied by British troops in 1860, the Koreans in vain tried to close off their borders to foreigners and earned the epithet, _____ .
① the Last Empire
② the Country of Courteous People in the East
③ Empire Under the Sun
④ the Hermit Kingdom

서강대 16년도

30. The phrase "suppressed on political grounds" casts a shadow of a _____ government blocking its citizens from receiving information that it perceives to be embarrassing or threatening.
① heavy-handed   ② big-boned   ③ brown-eyed   ④ mealy-mouthed

31. The earliest Western theory of art proposed that art was mimesis, _____ of reality.
① calumny   ② caveat   ③ tumescence   ④ semblance

32. It is widely believed that infant experience establishes certain patterns and sets forces in motion and that during the remainder of childhood, the child must deal with the _____ of these early features.
① catharsis   ② upshot   ③ derision   ④ opalescence

숭실대 16년도

33. In spite of the objectively proven inaccuracy of a referee's decision, the decision will not be overturned; it is set in stone. In other words, football contains the possibility of _____, and this possibility sometimes becomes real in the most dramatic fashion.
① irreversible injustice   ② human dignity
③ divine revenge   ④ democratic principle

34. Forty-nine percent of smartphone owners ages 18 to 29 use messaging apps such as WhatasApp, Kik of iMessage, according to a research group report published in August. The activity appeals to _____ as well. Some 37% of smartphone owners age 30 to 49, and 24% of those ages 50 and older use mobile messaging apps, they found.
① adolescents   ② adults   ③ older generations   ④ rich people

35. Most computer users who have e-mail addresses are familiar with spam — unwanted e-mail messages advertising a product or service. Spam includes offers for everything. It's the electronic version of the "_____" delivered to mailboxes.
① express mail   ② junk mail   ③ post card   ④ quick service

중앙대 16년도

36. Many online consumers are _____ about leaving any footprints in cyberspace; they would quit a Web page rather than reveal any personal information about themselves.
① nonchalant   ② skittish   ③ insouciant   ④ ardent

37. Garden spiders use a special silk that makes their intricate decorations _____, and experiments have shown that the decorated part attract more insects.
① run off   ② hole up   ③ stand out   ④ lay in

한국외대 16년도 C형

38. The notion that we can return to some mythic past for solutions to today's problems is _____ but misguided.
① tentative   ② tempting   ③ attracted   ④ attentive

항공대 16년도

39. Since the dawn of the Industrial Revolution, Western economics have relied on the _____ use of raw materials and energy from lesser-developed countries to prosper: timber from South America, oil from the Middle East, minerals from Africa.
① introspective   ② unsustainable   ③ mural   ④ bored

40. Depending on the experiment, light behaves either as a wave or as a stream of particles. This concept was alien to the way physicists had thought about radiation, and it took a long time for them to accept it. It turns out that _____ is not unique to light but is characteristic of submicroscopic particles like electrons.

① the property of dual nature
② the contemptible concept of behaviour
③ the danger of experiment
④ the scope of optical collaboration

<u>2017년도 가천대 B형</u>

41. As the _____ of the population in the United States increased throughout the 19th century, with most people moving west, the very real possibility existed that those who migrated might never return to their family homes, and might not see friends and family again.

① size   ② mobility   ③ order   ④ hybridity

42. Jazz was once denounced as "Jungle music" by white critics, and blank athletes were barred from participation in mainstream professional sports. Black actors often had to accept _____ roles to get any work in Hollywood at all.

① demeaning   ② figurative   ③ rigorous   ④ supercilious

<u>2017년도 서강대</u>

43. Hammerhead sharks are the most negatively buoyant and also have very small mouths proportionally _____ .

① to other species
② to those of other species
③ to that of other species
④ to the species

<u>2017년도 숭실대</u>

44. The lessons of after-school specials replay in my mind. If the decent kid (DK) befriended the troubled kid (TK), which way did it go? Was DK a good influence in TK, or did TK lead DK _____ ?

① astray   ② kindly   ③ onto the mark   ④ to college

45. Facebook allows users to search for other users on their own campus and elsewhere. Some users allow anyone to look at their profiles, while others restrict _____ to those on their list of friends.
① access　　　② benefits　　　③ friendship　　　④ registration

46. What lies behind the voter _____ among the young? The popular explanation is that people – specially young people – are alienated from the political system, turned off by the shallowness and negativity of candidates and campaigns.
① advocacy　　　② anxiousness　　　③ apathy　　　④ asymmetry

2017년도 한국외대 A형

47. Neuroscientists have identified a _____ link between exercise and subsequent cognitive ability.
① robust　　　② transluscent　　　③ suspecting　　　④ craven

2017년도 한국외대 C형

48. The _____ of online comments disparaging a victim's appearance can make them depressed.
① insularity　　　② malevolence　　　③ providence　　　④ dearth

49. Because companies and governments _____ corporate profits and reject human rights, our world is in trouble.
① venerate　　　② mitigate　　　③ rescind　　　④ sate

2017년도 한양대에리카

50. Two of the largest studies examining how eating habits affect _____ disease have found that people who ate eight or more small servings a day were 30 percent less likely to have a heart attach or stroke than people who consumed one and a half large servings or fewer.
① chronic　　　② chronicle　　　③ chronologic　　　④ chronological

2017년도 홍익대

51. While in some ancient societies the king's horseman was required to accompany the deceased king to _____, it is the custom in others for captains to go down with their ships.
① the otherworld ② the palace ③ a hunting ground ④ the port

52. The nations of Asia and Africa are moving with jet-like speed toward gaining political independence, but we still creep at _____ pace toward gaining a cup of coffee at a lunch counter.
① horse-and-buggy ② continuous ③ hurried ④ constant

53. Passengers had settled into their evening commute on the Metro-North train when, in a flash, it hit a vehicle on the tracks and the calm was overtaken by _____.
① dizziness ② sleep ③ exhaustion ④ panic

2018년도 가톨릭대

54. In Russia, Christmas is celebrated on January 7, and Babouschka brings gifts to children. Babouschka, meaning old woman or grandmother in Russian, is based on the biblical story of the woman who did not give a gift to the baby Jesus. So, to _____, she gives gifts to children.
① recede ② refresh ③ repent ④ revenge

2018년도 경기대

55. We know through painful experience that freedom is never _____ given by the oppressor; it must be demanded by the oppressed.
① reluctantly ② voluntarily ③ indignantly ④ belatedly

56. In a given area the plague accomplished its kill within four to six months and then faded, except in the larger cities, where, rooting into the close-quartered population, it _____ during the winter, only to reappear in spring and rage for another six months.
① flourished ② soared ③ abated ④ consummated

2018년도 산기대

57. There are people who adopt certain styles all the time, not just when fashion _____ dictate it is appropriate. Fans of a particular type of music will always wear the clothes that match the music.
① guises ② gifts ③ guards ④ gurus

2018년도 숙명여대

58. Maxentius still had everything in his favour at the time of his defeat: the greater numbers of troops, the _____ walls of Rome and the experience of successfully withstanding sieges at the city from earlier opponents to his rule.
① inherent ② irredeemable ③ insidious
④ inchoate ⑤ impregnable

59. Now, one could argue that kids these days seem to _____ know how to use technology. Even at an early age, they start touching screens and keyboards, quickly learning how to navigate around all types of digital devices.
① advantageously ② intuitively ③ gradually
④ discreetly ⑤ furtively

2018년도 숭실대

60. New gender-neutral terms such as caretaker and parenting are recently being used to try to avoid the stereotypical association of women with child care. Yet even the magazine called Parenting, which claims to address contemporary parents, displays mothers almost _____.
① conclusively ② equally ③ exclusively ④ never

61. The same facial expressions are associated with the same emotions, regardless of culture or language. There are some facial expressions of emotion which are _____ characteristic of the human species.
① culturally ② linguistically ③ randomly ④ universally

2018년도 이화여대

62. Diversity is often touted as highly desirable. Indeed, in professional context, we know that more diverse teams often outperform _____ teams. Diversity also increases cognitive development, both intellectually and socially.
① recuperating   ② heterogeneous   ③ hospitable
④ homogeneous   ⑤ permissive

63. Many in the technical world imagined that the internet would connect people in unprecedented ways, allowing divisions to be _____ and wounds to heal.
① bridged   ② flourished   ③ categorized
④ reflected   ⑤ reformed

2018년도 중앙대

64. Receptive to so wide a variety of positive impulses, yet vulnerable to an equally diverse range of pressures and constraints, history has become very _____ in its range of questions, perspectives, and techniques of research and writing.
① delineative   ② parlous   ③ erudite   ④ catholic

65. There was not a line in her countenance, not a note in her soft and sleepy voice, but spoke of an entire contentment with her life. It would have been _____ arrogance to pity such a woman.
① perspicuous   ② fatuous   ③ susceptible   ④ laudable

66. All the nobles of the country were in _____ for the coronation of Queen Elizabeth II.
① panoply   ② aureole   ③ diadem   ④ apiary

2018년도 한국외대 B형

67. It would be unwise to generalize the _____ of this study far beyond its experimental setting.
① terminations   ② contractions   ③ implications   ④ cooperations

2019학년도 건국대

68. These are crimes that involve the theft of property or certain forms of damage against the property of another. _____ is an example of a property crime.
① Arson   ② Mugging   ③ Rape
④ Insult   ⑤ Violence

69. Junk food could create more damage than has been imagined thus far. Swedish researchers found that eating meals rich in fat, sugar and cholesterol triggered changes in the brain associated with the early stages of the _____ Alzheimer's disease.
① infamous   ② radiant   ③ resilient
④ reputable   ⑤ debilitating

2019학년도 경기대

70. The lake so _____ with trout that even a person with my limited skill in fishing could catch them easily.
① raved   ② abounded   ③ mellowed   ④ tampered

71. _____ water around a home should always be removed, as it becomes a breeding place for mosquitoes.
① Stirring   ② Stationery   ③ Sterile   ④ Stagnant

72. To the _____ of everyone living in the fire area, the main blaze has continued unabated on its path of wanton destruction.
① consternation   ② temerity   ③ nonchalance   ④ appeasement

73. The _____ of the treaty has finally brought an end to the long-running conflict.
① misrepresentation   ② conflagration   ③ immunization   ④ ratification

74. It has been suggested by many commentators that the desired economic _____ can only be achieved after extensive revision of the existing labor laws.
① malaise   ② turpitude   ③ resuscitation   ④ trepidation

2019학년도 세종대

75. Sejong the Great was the fourth king of the Joseon _____, a lineage of rulers of the Korean Peninsula for more than 500 years.
① royal   ② loyalty   ③ dynasty   ④ emissary

76. Jimmy forgot to put the milk in the refrigerator for a week, and now it has been completely _____.
① stupefied   ② specified   ③ selected   ④ spoiled

2019학년도 아주대

77. Automated scientific work flows can _____ raw data from various field sensors and perform a series of computations that are executed sequentially.
① incline   ② compile   ③ evacuate
④ discharge   ⑤ legitimize

78. Pharmaceutical analytics units must collaborate with multiple stakeholders to increase their accountability for quality use of medicines, and to _____ in medical disputes.
① evolve   ② consult   ③ concoct
④ legislate   ⑤ intervene

2019학년도 한국외대

79. The mechanic adjusted the car's engine so its fuel efficiency was at an _____.
① affluence   ② optimum   ③ intrusion   ④ improvisation

80. The experts were able to _____ clearly understanding of the problem.
① articulate   ② matriculate   ③ calculate   ④ radiate

논리 기본편 6회

6회
숙명여대 2014년도

1. It is a common misconception that because a machine such as a guided missile was originally designed and built by conscious man, then it must be truly under the immediate control of conscious man. Another _____ of this fallacy is 'computers do not really play chess, because they can only do what a human operator tells them'.
① variant   ② foundation   ③ cause
④ effect   ⑤ intent

2. Ball games were connected to _____ in primitive societies. People believed that success in ball games would help their crops to grow and help the players to produce children as well.
① rituals   ② leisure   ③ fertility
④ intimacy   ⑤ sports

중앙대 오후 2014년도

3. Brian is a(n) _____ Boston Red Sox fan; he has rooted for the team all his life.
(A) diurnal   (B) apathetic   (C) soporific   (D) hidebound

4. A notarized signature will suffice; it will _____ the need for you to come in personally.
(A) inflict   (B) connote   (C) obviate   (D) emphasize

5. Obsessed with the concern that commenting adversely on a view will cause trouble, the star remains _____ on the issue where the people demand him to express his clear position.
(A) opulent   (B) waffling   (C) reminiscent   (D) solvent

6. The bank loaned money to the two hotel companies. The loan was secured by a first priority mortgage on the hulls under construction, as well as all _____ of each of them, including machinery and equipment.
(A) facades   (B) cloisters   (C) colonnades   (D) appurtenances

7. The newspaper reported that the man was poisoned to death by an overdose of arsenic, and a bottle of arsenic was found in the purse of his secretary. The district attorney presented that bottle as _____ evidence to prosecute his secretary.
(A) inculpatory   (B) venal   (C) disfigured   (D) fabricated

한국외대 A형 2014년도

8. The country's coal-driven economy continues to boom thanks to _____ demands from China, India, and elsewhere.
(A) voracious   (B) dwindling   (C) inconspicuous   (D) fluctuating

한양대 2014년도

9. Throughout American history, the exemplary tradition of the country being a sanctuary for foreigners seeking refuge from political or religious persecution has sometimes been _____ by a tendency to regard refugees as bringing undesirable ideologies into society, such as communism, socialism, and anarchism.
(A) offset   (B) mollified   (C) proscribed   (D) ameliorated

10. In the 1960s the U.S. Supreme Court assumed the role of social activist because a majority of justices believed that some of the states were _____ in implementing federal laws due to factors such as racial prejudice, which made authorities reluctant to act lest they lose the support of their constituents.
(A) tenacious   (B) languid   (C) cooperative   (D) dispassionate

한양대에리카 2014년도

11. To the uneducated eye all the lighthouses, despite their distinct locations, seem to be irrelevant variations on a homogeneous design. However, nothing could be further from the truth; from height to lenses, each lighthouse is as _____ as the landscape that surrounds it.
① bright   ② unique   ③ gloomy   ④ monotonous

항공대 A형 2014년도

12. The technology, known as Electronic Paper, has been developed by Thorn EMI's Central Research Laboratories. CRL has built a 13-centimeter screen to prove that the idea works, and promises a _____ version in six months.
① prototype   ② raw material   ③ product   ④ produce

13. Journalists and others such as university teachers are increasingly asked not to use certain words and expressions because they are _____ and might cause offence.
① racially injustice
② politically incorrect
③ ethically preferable
④ morally dexterous

항공대 B형 2014년도

14. Globalization, expanded capacity, and advances in technology have required organizations to be fast and flexible if they are to survive. The result is that most employees today work in a climate best characterized as _____. (2)
① industrious   ② consistent   ③ temporary   ④ indigent

15. Whenever employees decide to deviate from the usual way of doing things, or to take their supervisors' word on a new direction, they are taking a risk. In both cases, a trusting relationship can _____. (2)
① guard against exploitation
② facilitate that leap
③ procrastinate potential pitfalls
④ provide filtered access to higher performance ratings.

16. There is another reason we need government. The invisible hand is powerful, but it is not _____. There are two broad reasons for a government to intervene in the economy: to promote efficiency or to promote equality. (2)
① ominous   ② omnivorous   ③ omni-layered   ④ omnipotent

가천대 오전 15학년도

17. Like all Roman colonies, his foundations were certainly intended as centers of Roman strength and culture, _____ altogether there seems no cause to claim that he had in mind very specific ideas of either garrisoning or romanizing the empire when he selected their sites.
① thus   ② but   ③ likewise   ④ furthermore

가천대 오후 15학년도

18. Assembled in a crowd, people lose their powers of reasoning and their capacity for moral choice. Their suggestibility is increased _____ where they cease to have any judgment or will of their own and are subject to sudden accesses of rage, enthusiasm and panic.
① exceedingly   ② by degrees   ③ to the point   ④ reasonably

19. In practice, however, _____ this official control of both the agenda and the speakers, citizens could still register dissatisfaction with proceedings informally, through demonstrations and heckling.
① despite   ② unless   ③ as for   ④ provided

국민대 15학년도

20. With its economy in tatters, Italy was unable to preserve its cultural heritage. Cultural budget cuts may do to Pompeii what the Vesuvius volcano failed to do: _____.
① modernize it chicly   ② destroy it for good
③ preserve it well enough   ④ restore it to its original state

상명대 15학년도

21. Considering the _____ era in which the novel was written, its tone and theme are remarkably _____.
① enlightened — disenchanted   ② liberal — obsessive
③ superstitious — medieval   ④ permissive — puritanical
⑤ undistinguished — commonplace

서강대 15학년도

22. The struggle to earn a place on that narrow pedestal encourages people to slave away for incomparably long hours. In America the consequences of not being at the top are so dramatic that the rat race is _____. In a winner-takes-all society you would expect this time crunch.
① exacerbated   ② divested   ③ stinted   ④ maligned

23. So Nam, who heads the MRC's fisheries program, said that there was still too little data on how the Don Sahong would affect Mekong fisheries. He also said that the engineers' proposals to _____ damage — diverting water away from the channel across which the Don Sahong will be built, and making two other channels wider and deeper — would fail to attract migrating fish.

① mitigate   ② foment   ③ impugn   ④ abrade

한양대 15학년도

24. Early studies often concluded that the public was _____ the propagandistic influence of mass communications, but one recent study indicates that, on the contrary, mass communications seldom produce marked changes in social attitudes or actions.

① unaware of   ② coping with   ③ susceptible to   ④ unimpressed by

25. Some critics argue that everything a writer "says" in a work of fiction should be interpreted in the context of the author's life; however, others contend that a text is more fruitfully regarded as _____, existing independently of its creator, similar to a creation of God or nature.

① salient   ② flamboyant   ③ insinuating   ④ autonomous

26. The phrase "catch-22" originated in Joseph Heller's novel Catch-22, in which a soldier asks to be relieved from combat and is given the _____ explanation that the criterion for being relieved of duty is being insane, and that since he is asking not to be involved in the insanity of war he must be sane, and therefore cannot be relieved based on insanity.

① cursory   ② plausible   ③ convoluted   ④ parsimonious

27. Despite significant advances in research about women, the role of female labor remains the single most glaring omission in most economic analyses of the history of European industrialization. Women far outnumbered men as workers in textile industries, yet wage indices and discussions of growth, cost of living and the like _____ about the male labor force.

① replicate facts
② too rarely talk
③ incorporate data only
④ suppress most information

28. The trend toward what some historians have called the "Imperial Presidency" started early in the twentieth century with the activist presidency of Theodore Roosevelt, and reached its _____ under President Franklin D. Roosevelt, who planned and implemented his New Deal policies despite considerable opposition from Congress and the Supreme Court.

① goal ② apogee ③ epitome ④ consensus

한양대에리카 15학년도

29. Is there intelligent life on other planets? For years, scientists said "No," or "We don't know." But today, this is changing. Seth Shostak and Alexandra Barnett are _____. They assert that intelligent life exists somewhere in the universe. They also think we will soon contact these beings.

① physicians ② physicists ③ physiologists ④ psychologists

30. It was recently discovered that Pluto is actually much smaller than had been previously thought. Other objects that are Pluto's size have never been called planets. _____, Pluto's strange orbit is not at all similar to that of the other eight planets. This will result in a slight change in many textbooks on the subject of the solar system.

① However ② Similarly ③ Otherwise ④ Additionally

31. Dolphins are like people in some ways. They "talk" to each other about a lot of things — such as their age, their feelings, and finding food. They also use a system of sounds and body language to _____. Understanding dolphin sounds is not easy for humans. No one "speaks dolphin" yet, but some scientists are trying to learn.

① acknowledge ② communicate ③ notice ④ reconcile

항공대 15학년도

32. The Eskimo depends on surface friction to pull his sled. _____, the rope would slip in his hands and exert no force on the sled, while his feet sled out from underneath him and he fell flat on his face.

① Additionally ② Likewise ③ Otherwise ④ For instance

가천대 16년도 1교시

33. By the 14th century, monasteries were set aside solely for the purpose of copying religious texts. Interestingly, those monasteries kept libraries full of not only sacred texts, but also many of the literary, scientific, and philosophical works of the Greeks and Romans that _____ might not have been preserved well enough to be read today.
① thus   ② nonetheless   ③ likewise   ④ otherwise

34. The conclusion of her argument was a plea to the reader: 'think for yourself, and act for yourself, but whether you have the strength to do either the one or the other, attempt not to impede, _____ to resent the genuine expression of others.'
① all but   ② as much as   ③ still more   ④ much less

가천대 16년도 2교시

35. Taking "do-nothing" and a "comfort first" approach is common for governments near the end of their term. They avoid starting new projects and avoid making any waves. The power of the president is still valid, but officeholders are wary about functioning as spearheads _____ negatively marked by the next administration.
① as   ② so as to be   ③ for fear of being   ④ which have been

36. There are people who point out that euphemism or political correctness are other forms of newspeak. They criticize that political correctness restricts the use of discriminative language – on race, sex, age, etc. – _____ it presents a serious infringement on freedom of expression.
① unless   ② too little   ③ so much that   ④ in order that

한양대 16년도

37. Although he was undoubtedly obligated to corporate interests due to his sponsors' sizable contributions to his campaign, the candidate presented a platform that _____ his allegiance to those companies' agendas.
① belied   ② averred   ③ entrenched   ④ corroborated

38. Nineteenth-century apologists for capitalism provided a rationalization for the exploitation of the poor by _____ the rich by the free market and the struggle for existence described by Darwin, in which the fit survive.
① transcending the kernel of
② contrasting the relationship between
③ critiquing the whole idea of
④ drawing an analogy between

39. High-quality treatment for neuropathic pain is not consistently implemented in the medical community, because the results of scientific investigations for treatment are not currently reliable; they include strong variance in the populations studies, expecially in children, which renders them _____ .
① justifiable   ② synthesized   ③ incomparable   ④ interchangeable

<u>항공대 16년도</u>

40. A mixture is a combination of two or more substances in which the substances retain their distinct identities. Some examples are air, soft drinks, and cement. Mixture do not have constant composition. _____, samples of air collected in different cities would probably differ in composition because of differences in altitudes, pollution, and so on.
① However   ② Therefore   ③ Otherwise   ④ Additionally

41. Substances are identified by their properties as well as by their composition. Color, melting point, boiling point, and density are physical properties. A physical property can be measured and observed _____ changing the composition or identity of a substance. For example, we can measure the melting point of ice by heating a block of ice and recording the temperature at which the ice is converted to water.
① although   ② as   ③ without   ④ like

42. Members of culture that are affectively neutral do not telegraph their feelings but instead keep them _____. In contrast, in cultures high in affectivity people show their feelings plainly laughing, smiling, grimacing, scowling, and gesturing; they attempt to find immediate outlets for their feelings.
① amplified and registered
② controlled and subdued
③ repressed and exhibited
④ discharged and assembled

2017년도 가천대 B형

43. In 1793, the re-elected George Washinton's second inaugural address was only 135 words long. It ended in two minutes. There was nothing _____ in his address, known today as a masterful speech. On the other hand, the inaugural address of the ninth U.S. president, William Harrison, was 8,500 words. It took more than two hours just to read.
① eloquent　② indispensable　③ succinct　④ superfluous

44. Georgian houses were characterized by _____ and practicality. Planning Acts decreed that red brick should be used to build houses, as a fire precaution. Architectural literature was published which encouraged townhouses that had standardized designs for doorways, chimneys, etc.
① creativity　② feasibility　③ uniformity　④ singularity

45. Pitt-Rivers, the renowned archaeologist, focused more on small details and artifacts than beautiful and extraordinary findings, because he felt the _____ things revealed purpose of archaeology is to discover how ancient people lived.
① exceptional　② mundane　③ monumental　④ aesthetic

2017년도 가천대 C형

46. The reverberations of the Romantic era can be said to yet continue to echo in our time. Rousseau's admiration of the noble savage as more natural and pure than civilized man is reflected in the _____ of native peoples. Hugo's hunch back or Shelly's Frankenstein are primal monsters who nonetheless have attractive characters.
① exalting　② explicating　③ denouncing　④ deforming

47. An activity that once obliged one to go out into the public sphere can now be done at home. Direct mail catalogues, with their twenty-four-hour phone numbers for ordering, permit people to shop where and when they please. Shopping is an activity that has overcome its _____ limits.
① financial　② geographical　③ hierarchical　④ temperamental

48. The best test of the quality of a civilization is the quality of its _____. Not what the citizens do when they are obliged to do something by necessity, but what they do when they can do anything by choice, is the criterion of a people's life.
① myth　② morals　③ leisure　④ business

2017년도 서강대

49. When people make up new words using existing words and word-forming elements, we understand them with ease providing we know what the elements they use to form those words mean and providing the word-forming rules that they _____ are familiar.
① employ   ② redact   ③ transplant   ④ clone

2017년도 중앙대

50. Rick closed the Kitchen door to keep the smell of popcorn from _____ upstairs because he didn't want his sister to know that he was making a snack.
① wafting   ② festering   ③ rending   ④ auguring

51. Although there exists no totalizing principle to unify the diverse perspectives shaping market interpretation, there are a few _____ principles that are agile enough to be deployed within a wide field of analytical approaches.
① quizzical   ② quiescent   ③ mercurial   ④ heuristic

2017년도 홍익대

52. The Oregon Ducks will represent the Pacific 12 North in the 2014 Pac-12 Football Championship Game, _____ the representative from the Pac-12 South is anybody's guess at this point.
① since   ② because   ③ therefore   ④ whereas

53. The question now is how much economic growth may slow, before the authorities shift from controlling inflation to _____ the growth engine.
① recalling   ② revving   ③ reversing   ④ restricting

54. Copernicus had shoved Earth from the center of this cosmic stage with the revolutionary proposal that our planet revolves around the sun rather than _____.
① et al   ② vice versa   ③ ad hoc   ④ et cetera

55. Some Hutu families sheltered Tutsi friends and relatives _____ their own lives.
① at the risk of   ② owing to
③ for the purpose of   ④ on behalf of

56. South Africa hopes to avert a similar crisis by setting up an orderly system to give blacks a more substantial _____ of the economic pie.
① slice   ② speed   ③ depth   ④ call

2018년도 가톨릭대

57. Cybercriminals _____ Equifax, one of the largest credit bureaus, in July and stole the personal data of 145 million people. It was considered among the worst breaches of all time because of the amount of sensitive information exposed, including Social Security numbers.
① investigated   ② penetrated   ③ transformed   ④ traversed

2018년도 건국대

58. There are many ways to cook eggs. You can fry them, boil them, scramble them, put them in an omelette, or use them to make a cake. _____ you choose to eat your eggs, however, you must always break the shell first.
① Before   ② Even though   ③ Whatever way
④ No matter how   ⑤ Whether or not

59. A _____, unlike an honest error, is a deliberately-concocted plan to present an untruth as the truth. It can take the form of a fraud, a fake, a swindle, or a forgery, and can be accomplished in almost any field, such as politics, religion, science, art, and literature.
① terror   ② hoax   ③ satire
④ paradox   ⑤ humor

2018년도 숙명여대

60. Prison movie screenings may have heightened the stress level for both inmates and prison personnel, demanding a schizophrenic viewing subject with one eye on the screen and the other on other members of the audience. _____, the presence of a guard nearby might have allowed the inmate to relax somewhat while watching a film, in the knowledge that someone was watching his back.
① Annoyingly   ② Knowingly   ③ Respectfully
④ Coherently   ⑤ Paradoxically

2018년도 아주대

61. If you want to boost your brain power, keep your memory, and lift your mood and energy, as well as heal from a host of common complaints, Dr. Perlmutter is your guide. This is the _____ instruction book for the care and feeding of your brain!
① definitive ② derivative ③ tranquil
④ conforming ⑤ conventional

62. The novelist exchanges the standard lens through which people are viewed in society, a lens that _____ wealth and power, for a moral lens whose focal point is subtler qualities of character. Seen through this lens, the high and mighty may become small, and forgotten and retiring figures loom large.
① belittles ② censures ③ magnifies
④ counterfeits ⑤ invents

2018년도 항공대

63. A certain point of view holds that all statements concerning value are _____ statements of personal taste and preference. Thus, to say that something is beautiful is to say "I find this to be beautiful."
① not in the least ② as well as
③ nothing more than ④ in contrast to

64. The contradictions of the Industrial Age Bubble extended to the way society is organized and sets its priorities. For example, the Industrial Age quest for efficiency and standardization has gradually _____ relentless forces for homogenization, destroying cultural diversity just as it has destroyed biological diversity.
① absolved ② unleashed ③ dismantled ④ eroded

65. While there are exceptions to every rule, it is also good to know the rule. In a complex world where people can be _____ in an infinite number of ways, there is great value in discovering the baseline. And knowing what happens on average is a good place to start.
① archetypal ② atypical ③ representative ④ apocryphal

2019학년도 숙명여대

66. _____ most people agree that children should be given information about sex at school, the controversy centers on three issues: institutional appropriateness, curriculum, and students' maturity level.
① Although   ② Since   ③ Despite
④ Regardless   ⑤ However

67. With a car, the travel time is minimal, with only the cost of gasoline to consider. However, I don't own a car, and car rentals are expensive. Shared taxis are one form of _____ transportation, with 4 or 5 people sharing the cost of a car trip to a common destination.
① affordable   ② expensive   ③ extravagant
④ challenging   ⑤ unmanageable

68. The Vietnam War provoked increasing opposition at home, _____ marches and demonstrations in which casualties were sometimes incurred and thousands of people were arrested.
① segregated by   ② manifested in   ③ interspersed with
④ dispersed as   ⑤ emancipated in

69. Some people are calling the new generation — those who have grown up with the 'new technology' — 'digital natives,' and the pre-computer generation, 'digital immigrants.' So hopefully the agenda is set to _____ the wisdom of age with the technical know-how of the young.
① contrast   ② blend   ③ differentiate
④ compare   ⑤ segregate

2019학년도 숭실대

70. Excessive alcohol may be damaging to brain neurons and can therefore compromise cognitive function, the scientists believe. _____, on the other hand, may deprive the brain of some of the potential benefits of alcohol in keeping blood flow strong, which nourishes the neurons involved in higher brain functions.
① Abstaining   ② Boozing   ③ Indulgence   ④ Workouts

71. The social impact of the mass media is obvious. Consider a few examples. TV dinners were invented to accommodate the millions of _____, who can't bear to miss their favorite television programs.
① boy scouts   ② couch potatoes   ③ sport maniacs   ④ teenage boys

72. Essentially, linguistic data comes in two general forms, written or spoken. However, there are also _____ categories, such as texts that are written to be spoken (e.g. lectures, plays, etc.), and which may therefore exhibit features that are in between the two clear-cut variants.
① distinctive ② immediate ③ intermediate ④ separate

2019학년도 아주대

73. An important lesson of the republican tradition is that individual liberty in the private _____ is also a product of effective institutional design.
① sphere ② corollary ③ jurisdiction
④ normalization ⑤ predominance

74. A sorites regression test is designed to determine whether an artificial intelligence created by extrapolating recorded versions of a particular human's thought patterns has _____ too far from the way the original person would think.
① devoted ② dwindled ③ domesticated
④ deviated ⑤ distorted

75. The first feature-length films in 11916-17, following the most violent period of the revolution, were modeled on Italian costume dramas whose stories focused on the decadent and _____ lifestyles of high-society characters. 1.1점
① anonymous ② contentious ③ ostentatious
④ dichotomous ⑤ heterogenous

2019학년도 한국외대

76. It was _____, like being in a loud restaurant with every person having his or her own conversation out loud.
① melodious ② placid ③ prosaic ④ cacophonous

77. One problem with jailing teenage criminals is that their _____ rates upon release are astronomical.
① recidivism ② mitigation ③ misuse ④ rehabilitation

78. Seasonal businesses are very sensitive to keep business going during slow times. Sports related businesses are the same. Many ski resorts _____ bargain rates during the summer and fall.
① find   ② select   ③ calculate   ④ unveil

79. The famous nutritionist said that we are in the midst of a food revolution focused on local and organic, the very _____ of preservative-laden foods.
① animosity   ② antipathy   ③ antithesis   ④ anathema

80. When a commodity is in short supply the price goes up. And when there is a drop in demand the price goes down. Obviously, if something is _____, the more it is worth.
① abundant   ② common   ③ scarce   ④ unique

해설

해답
1회

1. ②
난이도 ★
해설 빈칸의 앞에는 자연이 주인이고 인간이 자연의 노예였음을 말하고 있다. 그러나 빈칸의 뒤에는 인간이 주인이 되고 자연이 노예가 될 것임을 말하기 때문에 빈칸에는 ② reversed가 알맞다.
어휘 in relation to ~에 관하여 recover v. 되찾다, 회복하다 reverse v. 뒤바꾸다, 반전[역전]시키다 relate v. 관련시키다 repeat v. 반복하다
해석 자연과 관련해서 초기 인간은 너무 약하고 자연은 너무나 강해서 인간을 거의 자연의 노예로 만들었다. 따라서 인간은 상대적인 위치가 뒤바뀌는 미래 즉, 인간이 주인이 되고 자연이 노예가 되는 그런 미래를 꿈꿨다는 것은 자연스러운 일이었다.

2. ②
난이도 ★
해설 남자는 종마, 수사슴, 늑대로 부르는 반면 여자는 새끼고양이, 토끼, 비버 등으로 부른다고 했는데 이는 "표현하고자 하는 대상을 다른 대상에 비겨서 표현하는 은유법(metaphor)"이므로 빈칸에는 ②가 적절하다.
어휘 illustrate v. 설명하다, 예증하다 expectation n. 기대, 예상 fable n. 우화, 교훈적 이야기 metaphor n. 은유 designation n. 지정, 명칭 superiority n. 우월, 우위
해석 동물 은유표현은 남자와 여자에 대한 서로 다른 기대를 보여준다. 남자는 종마, 수사슴, 늑대라고 불리는 반면 여자는 새끼고양이, 토끼, 비버, 새, 병아리, 양 등으로 일컬어진다.

3. ②
난이도 ★
해설 용서와 원한을 품는 것은 서로 반대되는 개념이므로, 각각에 대해 설명하고 있는 부분은 대조를 이루어야 한다. 용서에 대해 '에너지를 더 잘 활용하는 것'으로 설명하였으므로, 빈칸에는 '쓸데없이 소모된'이란 의미의 ② consumed가 가장 적절하다.
어휘 forgiveness n. 용서 grudge n. 원한, 악의, 유감 beautify v. 아름답게 하다 consume v. 다 써버리다, 소비하다 economize v. 절약하다, 효율적으로 이용하다 preserve v. 보호하다, 보존하다
해석 용서는 한때 원한을 품음으로써 소모되던 에너지를 더 잘 활용하는 것이다.

4. ④
난이도 ★
해설 주절은 부정적인 내용을 나타내고 있으므로 빈칸에는 이러한 부정적인 결과를 초래할 수 있는 경우가 나와야 한다. 선택지 ①, ②, ③ 은 빈칸에 들어가면 긍정적인 의미가 되므로 적절하지 않다. 이성보다 욕망이 앞설 경우 치명적인 강박관념이 초래될 수 있다는 의미가 되어야 한다. 따라서 ④ overtakes가 적절하다.
어휘 desire n. 욕구, 욕망 reason n. 이성 unleash v. (강력한 반응, 감정 등을) 촉발시키다, 불러일으키다 deadly a. 치명적인, 심각한 obsession n. 강박관념, 망상, 집착 assist v. 원조하다, 돕다 facilitate v. 수월하게[편하게] 하다; 촉진하다 admire v. 칭찬하다, 감탄하다 overtake v. 따라잡다, 추월하다
해석 욕망이 이성을 넘어설 때 인간의 마음은 치명적인 강박관념을 불러일으킬 수 있다.

5. ④ 논리완성
난이도 ★

해설 제니퍼가 용감하게 암 투병을 해온 사실을 알고 난 가족의 반응을 묻고 있다. 용감하게 암 투병을 해왔다고 했으므로, 가족의 반응은 서로 위로하고 격려하는 분위기일 것이다. 따라서 ④의 solaced가 빈칸에 가장 적절하다.

어휘 bravely ad. 용감하게, 씩씩하게 hinder v. 방해하다, 저해하다 abhor v. 혐오하다, 싫어하다 warrant v. 정당화하다; 보증하다 solace v. 위로하다

해석 제니퍼(Jennifer)가 용감하게 암 투병을 해왔다는 것을 알고서, 그 가족은 서로를 위로했다.

6. ③ 논리완성
난이도 ★

해설 결말을 독자 스스로 판단해야 했다면, 소설의 저자가 결말을 '애매모호한' 상태로 남겼기 때문일 것이다.

어휘 purposely ad. 의도적으로 for oneself 스스로 hideous a. 끔찍한, 오싹한, 가증스러운 migratory a. 이주[이동]하는 ambiguous a. 애매모호한 illuminating a. 밝게 하는; 이해를 돕는

해석 그 저자는 그의 소설의 결말을 의도적으로 애매모호한 상태로 남겨 독자들이 어떤 일이 일어났는지 스스로 판단해야 했다.

7. (B)
난이도 ★

해설 여기서는 '겨우'와 '좋을 것으로 반복해서 예측한 후에'의 결합관계를 보면 부정적인 표현이 오는 것이 적절하다.

어휘 dismal a. 음울한, 황량한, 쓸쓸한, 적적한, 우울한, 비참한 robust a. 튼튼한, 힘이 드는, 강한, 건전한, 난폭한 plausible a. 그럴 듯한, 정말 같은, 말재주가 좋은 emphatic a. 어조가 강한, 힘준, 강조한, 명확한, 단호한, 절대적인 inevitable a. 피할 수 없는, 부득이한, 필연의, 당연한, 납득이 가는

해석 2013년에 경제성장률은 겨우 0.7%에 그쳤는데, 이것은 연초부터 강력한 성장에 대한 여러 예측 이후에 나온 암울한 결과이다.

8. ③
난이도 ★

해설 "찾고 있는 모든 상품을 갖고 있고 다양한 물건을 제공한다."는 점에서 '광범위한'이 가장 적절하다.

어휘 Doormat n. (현관의) 매트, 신발 닦개 monogrammed a. 문자를 도안한 bathrobe n. 목욕가운 monotonous a. 단조로운; 변화 없는 ordinary a. 보통의, 통상의; 평범한 extensive a. 광범위한, 넓은; (지식 따위가) 해박한 temporary a. 일시적인; 임시의

해석 문틀에 끼는 매트에서부터 문자 도안무늬가 있는 목욕가운과 수건에 이르는 온갖 특이한 물건을 제공하는 PersonalMall.com은 당신이 찾고 있는 모든 상품을 갖고 있다.

9. ③
난이도 ★★

해설 두 번째 문장은 첫 번째 문장에 대해 부연설명을 한다. 두 번째 문장은 태양의 움직이면 시간이 얼마나 달라지는가를 구체적으로 설명해야 하므로, 빈칸에는 변화나 차이의 정도를 나타내는 '~만큼'이라는 뜻의 전치사 by가 들어가야 한다. He is older than I by two years. (그는 나보다 두 살만큼 더 나이가 많다.)의 by,와 같다.

어휘 vary v. 변화하다, 바뀌다 differ v. 다르다, 틀리다

해석 태양이 움직이면, 시간이 바뀐다. 태양시는 지구상에서 13마일 거리마다 약 1분만큼 다르다.

10. ①

난이도 ★

해설 영국 철강회사가 적자에 빠진 것이므로 이는 그 회사가 판매하는 제품인 철강의 가격 폭락에 따른 결과이다. 따라서 폭락의 의미를 갖고 있는 ①이 정답이다.

어휘 dramatic a.극적인, 급격한 steel n.강철, 강 spiral v.(물가임금 따위가) (급)상승하다; (급)하락하다; n.소용돌이 red n.적자 slump n.폭락 drift n.경향, 동향; 완만한 변화 collapse n.실패, 붕괴

해석 철강 가격이 40%나 급격히 폭락한 것이 영국철강회사를 적자의 악순환에 빠지게 했다.

11. ③

난이도 ★★

해설 인재를 찾아내어 다른 회사에 이직하도록 설득하는 사람은 ③ 헤드헌터이다.

어휘 consultant n. 컨설턴트, 자문위원, 자문관, 상담원 search for ~를 찾다 board n. 중역 executive n.경영진 persuade v. 설득하다 mediator n.매개자; 중재인 gladiator n.검투사; 논객 commentator n.(시사) 해설자

해석 헤드헌터는 고위급, 종종 중역 수준의 임원을 찾아내어 (그들에게) 다른 회사로 이직하기 위해 현재 다니고 있는 회사를 그만두도록 설득하려고 하는 전문 자문관이다.

12. ②

난이도 ★

해설 '~에 존재하다, ~에 있다' 라는 의미를 나타낼 때 동사 consist 뒤에는 전치사 in을 쓴다. 따라서 ②가 정답이다.

어휘 style v. 칭하다, 부르다 consist v. (~에) 있다, (~에) 존재하다 purportedly ad. 소문에 의하면, 알려진 대로라면 memoir n. 회고록, 자서전

해석 우선 먼저, 탐정소설이라 일컬어진 최초의 탐정 소설들은 실화로 알려진 이야기들과 회고록으로 구성되었다.

13. ②

난이도 ★

해설 풍경화로 잘 알려지기 위해서는 기본적으로 바깥 경치를 그리는 것을 좋아했을 것이다. 따라서 바깥의 의미를 갖고 있는 ②이 빈칸에 적절하다.

어휘 Landscape n. 풍경, 경치; 풍경화 nostalgia n. 향수, 옛날을 그리워함 outside n. 겉(면), 바깥쪽 abstract n. 추상, 개괄; 개요 portrait n. 초상(화), 인물사진

해석 프랑스 미술가인 클로드 모네 (Claude Monet)는 바깥에서 그림 그리기 좋아했는데 그래서 그는 풍경화로 정평이 나있다.

14. ①

난이도 ★★

해설 가난과 폭력의 위험이 많은 국가에서는 젊은이들에게 절약, 공손함, 자제력과 같은 윤리적인 교육이 중요시될 것이다. 학교가 가르쳐야 할 사항이 빈칸 뒤에 열거되어 있으므로 ①이 빈칸에 적절하다.

어휘 peril n. (심각한) 위험 thrift n. 절약, 검약, 검소 civility n. 정중함, 공손함 inculcate v. (사상, 지식 따위를) 가르치다 terminate v. 끝내다, 종결시키다 amplify v. 확장하다, 증폭시키다 dissipate v. 흩뜨리다, ~을 낭비하다

해석 빠르게 산업화되고 있는 국가에는 기회뿐만 아니라 가난과 폭력의 위험도 많이 있었는데, 그곳의 학교들은 젊은이들에게 절약, 공손함, 자제력을 증대시킬 필요가 있었다.

15. ④
난이도 ★
해설 상대 정당 혹은 상대 후보에게 부정적인 이미지를 심어준다면, 그 결과 자신 혹은 자신의 정당이 투표에서 승리할 가능성이 높아진다. 그러므로 빈칸에는 '비방하다'라는 의미의 ④가 들어가는 것이 적절하다.
어휘 adjourn v. 휴회(休會)하다; 연기하다 acquit v. 석방하다, 무죄방면하다 tide v. 조류를 타게 하다; 조류에 태워 나르다 malign v. 중상하다, 비방하다; 헐뜯다
해석 정치인들은 표를 얻기 위해 종종 다른 정당들을 비방하려 애쓴다.

16. ④
난이도 ★★
해설 중국 소비자와 서양 소비자를 비교해야 하므로, 빈칸에는 '서양에서 중국 소비자와 동일한 지위나 역할을 갖고 있는 사람들'의 의미를 나타낼 수 있는 표현이 들어가야 한다. 따라서 '다른 장소나 상황에서 어떤 사람 혹은 사물과 동일한 지위나 기능을 갖는 상대', '대응 관계에 있는 사람이나 대상'이란 의미를 갖고 있는 ④ counterparts가 빈칸에 적절하다.
어휘 cooperator n. 협력자, 협동조합원 conspirator n. 공모자 co-worker n. 동료, 함께 일하는 사람 counterpart n. 상대, 대응 관계에 있는 사람[것]
해석 사치품 제조업체들은 오랫동안 중국 소비자들을 중시해 왔는데, 이는 중국 소비자들의 사치품에 대한 욕구가 대단히 클 뿐만 아니라 그들이 서양 소비자들 이상으로 기꺼이 많은 돈을 지불하려 하기 때문이다.

17. ①
난이도 ★★
해설 두 번째 문장은 첫 번째 문장의 내용에 대한 부연설명을 하고 있다. 첫 번째 문장에서 핵심이 되는 표현은 Reading이므로 빈칸에는 이것과 가장 밀접한 연관이 있는 단어가 들어가야 하며, ① literacy가 이 조건에 부합된다.
어휘 emphasize v. 강조하다 literacy n. 읽고 쓰는 능력; 교육, 교양 soliloquy n. 혼잣말; 독백 exhortation n. 권고, 충고, 경고, 훈계 articulation n. 발언, 표현, 의견 표명
해석 말콤 엑스(Malcom X)는 자신의 수필 중 하나에서 "독서가 내 인생의 방향을 영원히 바꾸어 놓았습니다."라고 적고 있다. 말콤 엑스의 말은 우리의 삶에서 글을 읽고 쓸 줄 아는 능력이 가진 가치를 강조하고 있다.

18. ③
난이도 ★
해설 경제학과 대학원생들에게 재단이 매년 해 줄 수 있는 것은 연구비 지원이다. 따라서 빈칸에는 연구비를 '기부하다'는 말이 적절하므로 ③ endow가 정답이다.
어휘 foundation n. 재단 graduate student 대학원생 denounce v. 공공연히 비난하다 resolve v. 결심하다; 해결하다 endow v. (대학, 병원 등에) 기금을 기부하다 topple v. ~을 쓰러뜨리다 consolidate v. 통합하다
해석 한국국제교류재단(KF)은 전 세계에서 경제학과 대학원생들에게 매년 새로운 연구비를 기부할 것이다.

19. ②
난이도 ★
해설 연극의 대본이 깊이도 없고 완성도도 결여되어 있다고 했다. 세미콜론 뒤에 '마찬가지로'라는 의미

likewise가 왔으므로, likewise 다음에도 '부정적인' 내용이 와야 문맥상 적절하다. 따라서 ② amateurish(아마추어 같은)가 정답이다.

어휘 play n. 연극, 희곡 script n. 대본 maturity n. 성숙, 완성 altogether ad. 아주, 완전히 sublime a. 숭고한, 웅장한 amateurish a. 아마추어 같은, 미숙한 fascinating a. 멋진, 매혹적인 exhausted a. 기진맥진한 epidemic a. 유행하고 있는, 널리 퍼진, 전염성의

해석 그 연극의 대본은 깊이와 완성도가 결여되어 있었다. 마찬가지로, 연기는 완전히 아마추어 같았다.

20. ④

난이도 ★

해설 특이하게 옷을 입어서 다른 사람들 사이에서 눈에 띈다고 했는데, 빈칸이 순접의 등위접속사 and로 연결되어 있으므로 '유별난', '두드러진'과 같은 맥락의 ④conspicuous(튀는)가 빈칸에 적절하다.

어휘 unusually ad. 별나게, 유별나게 stand out 두드러지다, 사람 눈에 띄다 suspicious a. 의심이 많은, 수상쩍어 하는 reclusive a. 세상이 버린, 은둔한 extravagant a. 낭비벽이 있는 conspicuous a. 잘 보이는, 눈에 잘 띄는, 튀는 indulgent a. 멋대로 하게 하는; 관대한

해석 그녀는 너무 특이하게 옷을 입어서 다른 사람들 눈에 띄었고 종종 무리 속에서 눈에 띄었다.

21. ③

난이도 ★

해설 하인을 두는 비용이 상승했으므로, 비용을 줄이기 위해 노동력을 절약 해주는 기기들에 대한 관심이 증가했을 것이다. 따라서 노동 절약형 기기들에 대한 수요를 증대시켰다는 말이 되도록 ③boosted가 빈칸에 들어가야 한다.

어휘 labor-saving a. 노동력을 절약해주는 device n. 장치, 기기 forgo v. 삼가다; ~없이 지내다 exhort v. 열심히 권하다 boost v. 증가시키다 stifle v. 숨 막히게 하다, 질식시키다

해석 1920년대에 하인을 두는 비용의 상승은 노동 절약형 기기들의 수요를 증가시켰다.

22. ②

난이도 ★

해설 고용시장에서 대학학위가 없는 젊은이들을 위한 취업기회가 메말라 버렸다고 했으므로 고용시장은 암담하다고 할 수 있다. 따라서 빈칸에는 ② desolate가 정답으로 적절하다.

어휘 degree n. 학위 dry up 바싹 마르다 fertile a. 비옥한 desolate a. 황량한, 암담한 prolific a. 다산의, 다작의 versatile a. 다재다능한

해석 리드(Reed)씨는 암담한 고용시장에서 고졸출신인데, 고용시장에서는 대학학위가 없는 젊은이들을 위한 전통적인 기회가 메말라버렸다.

23. ⑤

난이도 ★★

해설 어떤 물질에 대해 알레르기가 있다는 것은 '그 물질에 대해 정상과는 다른 반응을 보인다'는 것이다. 따라서 만약 어떤 사람이 페니실린에 대해 알레르기가 있다면, 그에게 페니실린은 정상적인 치료 효과가 아니라 '부작용'을 겪게 된 것이다.

어휘 allergic a. 알레르기 체질의, 알레르기에 걸린; 몹시 싫은 abrupt a. 돌연한, 갑작스러운 anxious a. 걱정스러운, 불안한; 열망하는 awkward a. 서투른; 거북한, 어색한 austere a. 준엄한, 가혹한; 금욕적인 adverse a. 거스르는; 불리한; 적자의; 해로운 adverse effect 부작용

해석 페니실린은 그것에 대해 알레르기가 있는 사람에게 부작용을 일으킬 수 있다.

24. ④
난이도 ★

해설 역접의 접속사 Although가 이끄는 절에서 '이점 혹은, 장점'의 존재에 대해 언급을 했다. 즉, 빈칸에서 이와 반대되는 내용을 나타내야 하는 주절에서는 '결점 혹은 약점'의 존재에 대해 언급할 것이며 빈칸에 적절한 표현은 '불리한 점'이란 의미의 ④이다.

어휘 sole a. 오직 하나의, 유일한; 독점적인 proprietorship n. 소유권 sole proprietorship 개인기업 rectitude n. 정직, 청렴 merit n. 가치, 장점; 공적, 공로 symptom n. 징후, 조짐, 전조 drawback n. 결점, 약점 misunderstanding n. 오해; 의견차이

해석 합자회사가 개인회사에 비해 분명히 여러 이점들을 누리긴 하지만, 불리한 점들도 있다.

25. ② 논리완성
난이도 ★★

해설 가는 사람들의 수를 파악하고자 한다면, 어떤 사람들을 가난한 사람들의 범주에 넣을지를 먼저 정해야 할 것이다. 주어진 문장에서, as 이하의 the lack of minimum food and shelter necessary for maintaining life는 정부가 규정 혹은 정립한 빈곤의 개념에 해당한다. 그러므로 빈칸에는 '정의를 내리다', '한정하다'는 의미의 ②가 들어가야 한다.

해석 가난한 사람들의 수를 결정하기 위해서, 정부는 먼저 사회학자들이 절대적 빈곤이라고 부르는 생계를 유지하는데 필요한 보금자리와 최소 식량의 부족과 같은 가난을 한정한다.

26. ① 논리완성
난이도 ★

해설 '지난 25년간 중요한 항생물질이 발견되지 않았다'는 문장 뒤에 역접의 접속사 but이 주어져 있으므로, but 의 뒤에는 '의미 있는 항생물질이 발견되었다'는 의미가 되어야 한다. 따라서 '테익소박틴이라는 중요한 항생물질이 오랜만에 새롭게 발견되었다'는 의미가 될 수 있도록 빈칸에는 breakthrough가 들어가는 것이 적절하다.

어휘 antibiotic n. 항생물질 breakthrough n. 돌파구; (과학, 기술 등의) 획기적인 약진[진전, 발견] collapse n. 붕괴, 와해 fragmentation n. 분열, 붕괴; 세분화 misfortune n. 불행, 불운

해석 25년간 중요한 새 항생물질이 발견되지 않았다. 그러나 연구원들은 '테익소박틴(teixobatin)'이라 불리는 약물이 한 세대 만에 이뤄진 가장 큰 발견이 될 수 있을 거라 말한다.

27. ③ 논리완성
난이도 ★

해설 주어인 He의 성격을 나타낼 수 있는 형용사가 빈칸에 들어가야 한다. 그가 '아니다(no)'라는 답변을 인정하지 않는다는 것은 '그렇다(yes)'라는 답변을 들을 때까지 노력한다는 말은 그가 '집요한' 성격이라는 의미를 갖기 때문에 ③ tenacious가 빈칸에 적절하다.

어휘 indifferent a. 무관심한, 냉담한 sarcastic a. 빈정대는, 비꼬는, 풍자의 tenacious a. 집요한; 참을성이 강한 tenuous a. 미약한, 보잘것없는

해석 그는 내가 만난 사람들 중에 가장 집요한 사람 중 하나여서, 아니(no)라고 하는 대답을 결코 인정하지 않으며, 또한 고객과의 관계 구축에 있어서 매우 유능하다.

난이도 ★★
28. ① 논리완성

해설 세미콜론(;) 뒤에 있는 첫 문장의 내용, 즉 보렐리아가 전염성이 왜 그토록 강한지를 부연 설명해야 한다. 따라서 '감염은 잘 되지만, 진단은 어렵다'는 의미가 되도록, 빈칸에는 '만연하는, 횡행하는'이라는 뜻의 ① rampant가 들어가는 것이 가장 적절하다.

어휘 contagious a. 전염되는, 전염성의 strain n. 종족, 혈통; 변종(變種) infection n. 감염; 전염병 diagnostics n. (의학) 진단 rampant a. 걷잡을 수 없는, 만연[횡행]하는; 사나운 elusive a. 찾기[규정하기] 힘든 flawed a. 결함이 있는 restrained a. 억제된; 삼가는, 자제하는

해석 보렐리아는 박테리아 가운데에서도 가장 전염성이 강한 변종이다. 그래서 이 균의 감염은 걷잡을 수 없지만 진단은 부족하다.

29. ② (논리완성)
난이도 ★

해설 개발도상국의 도시 지역들이 전통의 도시 경계선을 넘어 급속히 확산되고 있다고 했는데, 이는 도시에서의 인구 증가와 농촌에서 도시로의 이주를 수용하기 위함이므로 빈칸에는 ②가 적절하다.

어휘 haphazardly ad. 우연히, 무턱대고, 되는 대로 boundary n. 경계(선) rural a. 시골의, 지방의 afflict v. 괴롭히다 accommodate v. 수용하다 exonerate v. 결백을[무죄를] 증명하다 discourage v. 실망[낙담] 시키다.

해석 자연적인 인구 증가와 농촌으로부터의 이주를 수용하기 위해, 개발도상국의 도시지역들이 전통의 (도시) 경계선들을 훨씬 넘어 급속히 확산되고 있다.

30. ③ (논리완성)
난이도 ★

해설 첫 문장에서 많은 음식들을 건조시킴으로써 완전하게 보존될 수 있다고 했으므로 빈칸 이하가 by drying과 동일한 말이 될 수 있도록 빈칸에는 ③ without이 적절하다.

어휘 preserve v. 보존하다; 보전하다, 유지하다 mold n. 곰팡이 decay n. 부패, 부식 fermentation n. 발효

해석 많은 음식들은 건조시킴으로써 완전히 보존할 수 있다. 음식의 부패와 발효를 야기하는 박테리아와 곰팡이는 수분 없이 번성할 수 없다.

31. ① (논리완성)
난이도 ★★

해설 비행기와 자동차의 외형이 매끈하거나 둥글면 빨리 효율적으로 이동하는 것이 가능하다고 했다. 이는 공기의 저항을 줄이는 개념으로, 공기가 비행기의 동체나 차체를 쉽게 지나가면(pass over) 가능할 것이다. 따라서 빈칸에는 ① over가 적절하다.

어휘 pass over 지나가다, 통과하다 pass with 허용되다 pass onto ~로 전하다[옮기다] pass under ~로 통하다

해석 비행기와 자동차 모두 외형이 매끈하거나 둥글게 되어있다면 더 빠르고 효율적으로 이동할 수 있다. 이는 공기가 비행기의 동체나 차체를 쉽게 지나갈 수 있기 때문에 일어난다.

32. ② (논리완성)
난이도 ★★

해설 두 가지 방식밖에 존재하지 않는다고 했으므로 그 밖의 다른 선택사항은 없다고 할 수 있다. 따라서 그 밖의 대안인 제3의 선택(third choice)을 의미하는 ② third가 빈칸에 적절하다.

어휘 co-existence n. 공존, 공생 destructive a. 파괴적인 scarce a. 부족한

해석 우리 시대에는 단지 두 가지 방식만 존재하는데, 평화스러운 공존을 할 것인가 아니면 역사상 가장 파괴적인 전쟁을 할 것인가 하는 점이다. 제3의 선택은 있을 수 없다.

33. ① (논리완성)
난이도 ★
해설 가까운 미래에 전 세계적으로 수질 오염에 처하게 될 것이라고 했으므로, 현재 많은 나라에서 수질이 악화되고 있음을 알 수 있다.
어휘 path n. (사람, 사물이 나아가는) 길, 방향 deteriorate v. 악화되다, 더 나빠지다 dwindle v. (점점) 줄어들다, 감소되다 dismantle v. 분해하다, 해체하다
해석 여러 나라에서 수질이 급속도로 악화되고 있어서 가까운 미래에 전 세계적인 수질 오염 위험에 처할 것이다.

34. ④ (논리완성)
난이도 ★
해설 어릴 때 아이들이 겪는 언어폭력은 일생에 걸쳐 부정적인 영향을 끼칠 수 있으므로, '상처를 입힐 수 있다'는 말이 되기 위해서는 ④의 inflict가 빈칸에 적절하다.
어휘 verbal abuse 악담, 언어폭력 wound n. (정신적) 고통, 상처 taint v. 더럽히다, 오염시키다, 오점을 남기다 probe v. 철저히 조사하다 soothe v. 달래다, 진정시키다 inflict v. (괴로움 등을) 가하다, 입히다.
해석 어릴 때 아이들이 겪는 가혹한 언어폭력은 아이들의 일생동안 남을 상처를 입힐 수도 있다.

35. ④ 논리완성
난이도 ★★
해설 and 의 뒤에서 '약이 완벽하게 약효를 발휘할 것을 요구하는 것은 합리적이지 않다'고 했는데, 이는 곧 '약이 때로는 제대로 효과를 발휘하지 않는다'는 것을 의미한다. 따라서 빈칸에는 '불안정해지다', '(활동 등이) 약해지다'는 의미의 ④가 들어가야 한다.
어휘 flourish v. 번영하다, 번성하다 ameliorate v. 개선되다, 좋아지다, 고쳐지다 advance v. 앞으로 나아가다, 전진하다 falter v. 불안정해지다; 비틀거리다, 멈칫하다; 말을 더듬다; (활동 등이) 약해지다
해석 어떠한 조치를 취하더라도, 때때로 약은 약효가 불안정하기 마련이다. 따라서 약이 완벽하게 약효를 발휘할 것을 요구하는 것은 합리적이지 않다.

36. ① 논리완성
난이도 ★
해설 전치사 between에는 '관계, 분리, 선택' 등의 의미가 포함되어 있는데, 문장에 주어진 '자신을 미워하는 것과 자신이 한 행동을 미워하는 것'은 양자의 의미나 관계를 파악하여 구별해야 할 대상이므로, 빈칸에는 ①이 들어가는 것이 적절하다. distinguish between A and B는 'A와 B를 구별하다'라는 의미이다.
어휘 distinguish v. 구별하다, 식별하다 slice v. 나누다, 분할하다 combine v. 결합시키다, 연합시키다 extinguish v. (빛, 불 따위를) 끄다; (화재를) 소화 시키다, 진화하다
해석 자신을 미워하는 것과 자신이 한 행동을 미워하는 것을 구별하는 것이 중요하다.

37. ② 논리완성
난이도 ★★
해설 사람들이 선호하지 않은 때로 휴가 일정을 계획하면 교통도 덜 붐비고, 사람들도 적을 것이며, 구경하기 위해 대기하는 줄도 더 짧을 것이다. 그러므로 ②가 빈칸에 적절한 표현이 된다.

어휘 off-season n. 비수기 mingle v. 섞다; 한데 모으다 reduce v. (양, 액수, 정도 따위를)줄이다; 축소하다 multiply v. 늘리다, 증가시키다; 번식시키다 frequent v. ~에 종종 방문하다, ~에 늘 출입하다

해석 만약 인기가 많은 지역으로의 여행을 계획하고 있으면, 휴가 일정을 1년 중 사람들이 보다 선호하지 않는 때로 잡도록 하여라. (그렇게 하면) 교통체증, 구경하는 사람들, 대기 행렬이 현저히 줄어든 것을 확인할 수 있으며, 비수기 요금을 적용받아 돈도 많이 절약할 것이다.

38. ② 논리완성
난이도 ★

해설 이어지는 문장의 '수분 섭취를 늘린 후에도' 라는 표현을 통해, '수분부족'이 소변의 색이 어둡거나 심한 냄새가 나는 이유가 될 수 있음을 유추할 수 있다. 따라서 빈칸에는 '수분'의 의미를 가진 ②가 들어가는 것이 적절하며, liquid에 대한 문맥상의 동의어를 찾는 문제라 할 수 있다.

어휘 urine n. 오줌, 소변 straw color 담황색 meat n. 고기 fluid n. 액체; 체액, 수분 mineral n. 광물, 미네랄, 무기물 vegetable n. 야채; 식물

해석 소변은 맑은 담황색이어야 한다. 만약 색이 어둡거나 심한 냄새가 나면, 수분을 충분히 섭취하지 못하고 있는 것일 수도 있다. 수분 섭취를 늘린 후에도 여전히 소변 색깔이 어두우면, 의사에게 연락을 취해야 한다.

39. ① 논리완성
난이도 ★★

해설 독자들이 작가에게서 끊임없는 신간을 기대했다는 것은 작가가 신작을 계속해서 출간할 수 있는 능력이 있다는 것을 의미한다. 또한 그 작가가 부단한 노력을 하며 창의력이 넘친다고 했으므로, 빈칸에는 '많은 작품을 발표한다' 는 의미의 ①이 적절하다.

어휘 diligence n. 근면, 부단한 노력 overflowing a. 넘치는 prolific a. 열매를 많이 맺는; (작가 등이) 다작의 pedestrian a. 보행용인; (소설 등이) 평범한 reprehensible a. 비난받아야 할, 괘씸한

해석 그녀의 근면함과 넘치는 창의력 덕분에, 그 작가는 다작으로 유명했으며, 독자들은 그 작가의 끊임없는 신간을 기대했다.

40. ② 논리완성
난이도 ★★

해설 "피고인이 탈영병이었다는 주장이 제기됐다." 는 내용 뒤에 역접의 접속사 but이 있으므로, but 의 뒤에는 앞의 내용을 부정하거나 문제가 되지 않는다는 내용이 있어야 한다. 그러므로 '그러한 주장은 소송사건과는 무관하다' 는 의미의 문장을 만드는 ②가 정답으로 적절하다.

어휘 defendant n. 피고 allege v. 단언하다; 증거 없이 주장하다 deserter n. 도망자, 탈영병 meticulous a. 지나치게 세심한, 매우 신중한; 소심한 irrelevant a. 부적절한; 무관계한(to) urbane a. 예의 있는, 점잖은; 세련된 reputable a. 평판 좋은; 훌륭한, 존경할 만한

해석 피고인이 탈영병이었다는 주장이 제기되었지만, 판사는 그것은 소송사건과 무관하다고 말했다.

41. ④ 논리완성
난이도 ★

해설 with는 '수단[도구]'를 나타내는 전치사로 쓰였다. 우유 한 병이 울고 있는 아기를 어떻게 하기 위한 것일까를 묻는 문제이므로, 빈칸에는 '달래다'라는 의미의 ④가 들어가야 한다.

어휘 shift v. 이동시키다; (방향, 위치 등을) 바꾸다, 변경하다 elicit v. (진리, 사실 따위를 논리적으로) 이끌어내다 provoke v. (감정 따위를) 일으키다; 성나게 하다; 유발시키다 appease v. (사람을) 달래다; (노여움,

슬픔 따위를) 진정[완화]시키다, 가라앉히다
해석 울고 있는 아기를 따뜻한 우유 한 병으로 달래줄 수 있다고 생각하십니까?

42. ② 논리완성
난이도 ★★
해설 사람의 외모는 부모로부터 자식에게 물려주는 것이므로, 빈칸에는 '(체격, 성질 따위를) 물려받다'는 의미의 ②가 들어가야 한다.
어휘 irresistible a. 저항할 수 없는, 못 견디도록 매혹적인 facial feature 얼굴 생김새 capture v. 붙잡다, 생포하다 inherit v. (재산, 권리 따위를) 상속하다; (체격, 성질 따위를) 물려받다 contribute v. 기부하다; 공헌하다 bequeath v. 유언으로 증여하다; (이름, 작품 따위를) 남기다, (후세에) 전하다 inhabit v. ~에 살다, 거주하다
해석 제인(Jane)은 거부할 수 없는 매력과 함께 아름다운 얼굴 생김새도 엄마로부터 물려받았다.

43. ③ 논리완성
난이도 ★
해설 냉동식품, 유제품, 과일, 채소가 가진 공통적인 특성과 관련된 표현이 빈칸에 들어가야 한다. 그런데, 냉장 컨테이너를 이용하여 물품을 수송하는 것은 이 제품들이 썩는 것을 막기 위한 조치일 것이므로, 결국 이 제품들은 '썩기 쉽다'는 공통점을 갖고 있다. 따라서 빈칸에 적절한 표현은 ③이 된다.
어휘 frozen food 냉동식품 dairy product 유제품 transport v. 수송하다, 운반하다 via prep. ~을 경유하여; ~에 의하면 refrigerate v. 냉장하다, 냉동하다 obsolete a. 쓸모없게 된; 시대에 뒤진, 구식의 persistent a. 고집하는, 버티는; 완고한 perishable a. 썩기 쉬운 provisional a. 일시적인, 잠정적인, 임시의 ferment n. 효소; 발효; 정치적 동요
해석 냉동식품, 유제품, 신선한 과일과 채소 등과 같이 썩기 쉬운 물품은 냉장 컨테이너를 통해 운반된다.

44. ③ 논리완성
난이도 ★★
해설 대단한 자극을 주지 않는 이상 자리에서 거의 일어나지 않는 사람을 표현하는 단어를 보기 중에서 선택하면 된다. 따라서 '늘 앉아서 지내는'이라는 뜻의 ③ sedentary가 가장 적절하다.
어휘 par excellence 탁월한, 특히 뛰어난 seldom ad. 거의 ~않는, 좀처럼 드물게 rise v. 오르다, 일어서다 provocation n. 도발, 자극 thoughtful a. 생각에 잠긴; 사려 깊은; 친절한 vigorous a. 활발한, 격렬한 sedentary a. 앉은 자세의, 늘 앉아만 있는 arduous a. 몹시 힘든, 끈기 있는; 근면한
해석 그는 특히 앉아서 지내는 유형의 사람인데, 무슨 일로 대단히 화가 났을 때를 제외하고는 거의 일어나지 않는다.

45. ④ 논리완성
난이도 ★
해설 빈칸 뒤의 관계사절의 내용과 적절한 뜻의 어휘를 고른다. 몸이 수축하고 신진대사가 멈추는 것은 활동을 중단한다는 것을 나타낸다. 따라서 '휴면 상태의'라는 의미의 ④ dormant가 정답이다.
어휘 dehydrate v. 수분을 없애다, 건조시키다 microorganism n. 미생물 state n. 상태; 국가, 정부 contract v. 줄어들다, 수축하다 metabolism n. 신진대사 cease v. 중단되다, 그치다 callous a. 무감각한, 냉담한 abstemious a. 절제하는, 금욕적인 baneful a. 해로운 dormant a. 잠자고 있는, (동물, 식물 등이) 휴면[동면] 중인
해석 미생물들은 수분이 빠지면 몸이 수축하고 신진대사가 멈추는 휴면기 상태에 들어간다.

46. ③ 논리완성

난이도 ★★

해설 시당국이 주요 간선도로에 네 개의 차선을 증설하겠다고 한 이유는 악명이 자자한 교통 문제를 '완화하기' 위해서일 것이다. 따라서 빈칸에 들어갈 단어는 ③의 mitigate 이다.

어휘 notorious a. 악명 높은 thoroughfare n. 주요[간선] 도로 escalate v. 확대시키다 mitigate v. 완화[경감]시키다 negotiate v. 협상[교섭]하다; 타결하다

해석 악명이 자자한 교통 문제를 완화하기 위해, 시당국은 주요 간선도로에 네 개의 차선을 증설하는 안을 내놓았다.

47. ① 논리완성

난이도 ★

해설 move는 '감동시키다', '(법안 등에) 동의(動議)를 하다'라는 뜻을 가지고 있다. (A)는 시장의 사직서에 대한 반응과 관련된 동사가, (B)는 법안의 시행과 관련된 동사가 적절하다. 따라서 (A)와 (B)에 공통으로 들어갈 단어로는 ① move가 적절하다.

어휘 letter of resignation 사직서 mayor n. 시장 initiate v. 시작하다 impress v. 감명을 주다 affiliate v. 제휴[연계]하다 second v. (회의에서) 재청(再請)하다 bill n. 법안

해석 (A) 나는 캘리포니아 주의 글렌데일 시장의 사직서에 큰 감동을 받았다.
(B) 그 법안이 즉시 시행되어야 한다는 동의와 재청이 있었다.

48. ②

난이도 ★★

해설 세미콜론(;)은 앞의 내용을 구체적인 예로 부가적으로 설명할 때 쓰이는데, 타인의 고통을 보고 자신도 고통을 느낄 수 있다는 것은 '다른 사람의 고통이 전염병처럼 자신에게로 옮겨온 것'과 같다고 할 수 있다. 따라서 빈칸에는 '전염되는'이라는 뜻을 지닌 ② contagious가 적절하다.

어휘 witness v. 목격하다, 눈앞에 보다 agony n. 고민, 고통 chronic a. 만성의, 고질의 contagious a. 전염되는, 전염성의 empowering a. 동기를 부여하는 manipulated a. 조작된

해석 일부 연구원들은 고통이 전염될 수 있다고 주장한다. 그래서 어떤 사람들은 타인들의 고통을 보는 것만으로도 그들의 고통을 느낄 수 있다.

49. ④

난이도 ★★

해설 두 번째 문장은 첫 번째 문장을 부연 설명하고 있다. "우리가 외로움을 받아들이면, 다른 사람들은 우리가 삶의 가장 중요한 영역에서 실패했다고 생각할지도 모른다."라고 했으므로, 외로움을 인정하고 받아들이는 경우에는 결국 다른 사람들로부터 좋지 않은 평판을 얻게 될 것이다. 따라서 부정적 의미를 가진 ④ stigma가 빈칸에 적절하다.

어휘 loneliness n. 고독; 외로움 tricky a. 다루기 힘든; 교묘한 domain n. 분야, 영역, 범위 attachment n. 애착; 헌신 benefit n. 이익, 혜택 obligation n. 의무, 책임 prestige n. 명성, 신망 stigma n. 치욕, 오명

해석 외로움은 특히 다루기 어려운 문제인데 우리가 외로움을 받아들이고 선언하는 것은 엄청난 오명을 수반하기 때문이다. 우리가 외롭다고 인정한다면, 다른 사람들은 우리가 삶의 가장 중요한 영역인 소속, 사랑, 그리고 헌신에 있어 실패했다고 생각할지도 모른다.

50. ③
난이도 ★★
해설 빈칸 앞에서 인공지능기술의 인기가 학력이 낮은 사람들의 수백만 개의 일자리를 사라지게 할 수 있다고 했는데, 이는 곧 사회 계층 간의 구분이 더 악화(심화)된다는 것을 의미하므로, ③ exacerbate가 빈칸에 적절하다.
어휘 artificial intelligence 인공 지능 alleviate v. 경감하다; 완화하다, 누그러뜨리다 conceal v. 숨기다, 비밀로 하다 exacerbate v. 악화시키다 mandate v. 명령하다, 요구하다
해석 늘어나고 있는 인공지능 기술의 인기는 특히 학력이 낮은 노동자들이 하는 수백만 개의 일자리를 사라지게 할 것이며, 우리 사회의 사회 경제적인 계층 사이의 경제적인 구분을 악화(심화)시킬 수 있다.

51. ②
난이도 ★
해설 타동사 incline은 'incline+목적어+to부정사'의 형태로 '목적어로 하여금 ~할 마음을 내키게 하다'는 뜻으로 사용된다. 주어진 문장의 경우, 주어인 they가 incline하는 행위의 대상이 되므로, 수동태 표현이 적절하다. 따라서 과거분사 inclined가 정답이다. be inclined to는 '~하고 싶어지다', '~하는 성향이 있다'라는 의미의 관용표현으로 자주 사용된다.
어휘 consult v. ~의 의견을 듣다, ~의 충고를 구하다; ~의 진찰을 받다; (사전·서적 등을) 참고하다 involve v. (필연적으로) 수반하다, 필요로 하다, 포함하다 decision-making n. 의사결정
해석 많은 사람들이 여성들이 보다 더 훌륭한 관리자가 된다고 생각하는데, 이는 여성들이 다른 사람들과 더 많이 상의하고 의사결정에 직원들을 포함하는 성향을 더 많이 갖고 있기 때문이다.

52. ①
난이도 ★★
해설 As가 원인의 접속사로 쓰였으므로 종속절과 주절은 원인과 결과의 관계에 있다. 서점에 책이 나오게 되는 이유나 원인으로는 해당 원고의 출판의 결정되거나 받아들여진 상황이 적절하므로, 빈칸에는 ① accepted for가 들어가야 한다.
어휘 manuscript n. 원고; 사본, 필사본 publication n. 발표, 공표; 간행, 출판, 발행; 출판물 accept v. 받아들이다, 수납하다; 수락하다 except v. ~을 빼다, 제외하다 exclude v. 배척하다; 제외하다, 배제하다 ineligible a. (법적으로) 선출될 자격이 없는; 비적격의; (도덕적으로) 부적당한
해석 그 원고는 출판하기로 받아들여졌으므로, 곧 서점에 나올 것이다.

53. ③
난이도 ★★
해설 빈칸 앞에서는 '소비를 줄이는 것이 현재의 상황을 개선시킬 수 있음'을 언급하고 있고, 빈칸 뒤에서는 '너무 급속히 소비를 줄이는 것은 경제에 해로운 영향을 끼칠 수 있음'을 언급하고 있다. 두 문장의 내용이 대조를 이루면서 글의 흐름이 빈칸을 기준으로 바뀌고 있으므로, 빈칸에는 양보의 접속부사 ③ nevertheless가 들어가야 한다.
어휘 cut down on (수량이나 활동 따위를) 줄이다 consumption n. 소비, 소비액; 소모, 소진 improvement n. 개선, 개량; 향상, 진보 current a. 통용하고 있는; 현행의; (시간이) 지금의, 현재의 deleterious a. 심신에 해로운, 유독한 impact n. 충돌; 충격; 영향 likewise ad. 똑같이, 마찬가지로; 또한, 게다가 moreover ad. 게다가, 더욱이 nevertheless ad. 그럼에도 불구하고 similarly ad. 유사하게, 마찬가지로
해석 소비를 줄이는 것이 현재의 상황을 개선시킨다는 것은 사실이다. 그럼에도 불구하고, 우리는 너무 급속히 소비를 줄이는 것이 경제에 해로운 영향을 끼칠 수 있다는 것을 알아야 한다.

54. ①
난이도 ★
해설 '스트레스를 줄여주고, 불안을 완화하고, 우울증을 감소시키는 것'은 모두 운동의 긍정적인 효과를 나타내므로, 순접 접속사 and 뒤의 내용도 같은 흐름으로 이어져야 한다. 따라서 '통증을 약하게 만들어준다'는 의미를 만드는 ①이 빈칸에 가장 적절하다.
어휘 blunt v. 무디게 하다, 둔화시키다, 약화시키다   augment v. 늘리다, 증대시키다, 증가시키다   inflate v. (공기, 가스 따위로) 부풀리다; (통화를) 팽창시키다; (물가를) 올리다   predicate v. 단언하다, 단정하다; 서술하다
해석 이런 운동은 스트레스를 줄여주고, 불안을 완화하고, 우울증을 감소시키며, 심지어는 통증도 무디게 한다.

55. ①   논리완성
난이도 ★
해설 말라리아는 전염병이 '일으키는, 유발하는' 피해사례이므로, damage를 수식하는 that 관계절의 동사로는 '(위해(危害) 따위를) 가하다', '가져오다'는 뜻의 ① wreak이 적절하다. ②평가하다 ③빗나가게 하다 ④반영하다
어휘 transmissible a. 전달 할 수 있는, 전염성의
해석 말라리아는 전염병이 일으킬 수 있는 최악의 피해사례들 중 하나이다.

56. ①
난이도 ★
해설 despite는 역접의 전치사로 전후로 상반되는 의미의 내용이 와야 한다. 따라서 '기후변화에 대한 우려가 늘어났음에도 불구하고, 온실 가스가 급격히 증가했다'는 내용이 되는 것이 자연스럽다
어휘 concern n. 관심; 염려, 걱정   reference n. 참조, 참고; 관련   gains n. 수익, 수익금   competition n. 경쟁, 시합
해석 기후변화에 대한 우려가 커졌음에도 불구하고, 2000년 이래로 온실 가스는 급격하게 증가해왔다.

57. ③
난이도 ★★
해설 and 바로 뒤에 생략되어 있는 주어 Hawaii는 장소 개념이고, 빈칸 뒤에 행위자가 사람(Polynesians)으로 주어져 있으므로, '하와이에 살고 있다'는 의미를 만드는 것이 가장 자연스럽다.
어휘 hinder v. 방해하다, 훼방하다   regard v. 중시하다, 존중하다   inhabit v. ~에서 살다   complicate v. 복잡하게 하다
해석 하와이는 태평양 동남부에 있는 작지만 아름다운 섬들이며 그곳에는 폴리네시아인들이 살고 있다

58. ②
난이도 ★★
해설 specialize가 자동사로 쓰여 '~를 전문적으로 하다, 취급하다'라는 뜻으로 쓰일 때에는 전치사 in을 사용하므로, ②가 빈칸에 적절하다.
어휘 affordable a. 입수 가능한, 저렴한
해석 우리는 요즘 유행하는 가격이 저렴하고 특대형 사이즈의 옷과 신발을 전문으로 취급하고 있다.

59. ④

난이도 ★

해설 근로자들과 경영진 사이의 분쟁이 합의에 이르지 못했다고 했기 때문에, 노동 전문가는 그 분쟁을 중재해달라는 요청을 받았을 것이다.

어휘 reach a consensus 합의에 이르다   eradicate v. 뿌리째 뽑다; 근절하다   speculate v. 숙고하다; 추측하다   elaborate v. 자세히 말[설명]하다, 상술하다   arbitrate v. 중재[조정]하다

해석 당사자들이 합의에 이르지 못하자, 노동 전문가는 근로자들과 경영진 사이의 분쟁을 중재하도록 요청받았다.

60. ②

난이도 ★★

해설 unless는 조건절을 이끄는 종속접속사로, if ~ not(만약 ~이 아니라면)의 뜻으로 쓰인다. 주절에서 사법절차의 정지가 허용되지 않을 것이라고 했는데, 이는 적절한 증거를 제시하지 못하는 경우에 그러할 것임을 알 수 있다. 따라서 빈칸에는 ② cogent가 적절하다.

어휘 stay n. 〈법률〉 연기, 유예, 중지(=suspension of judicial proceeding)   appeal n. 간청; 〈법률〉 항소   stifle v. 억누르다, 진압하다   ominous a. 불길한, 나쁜 징조의   cogent a. 적절한, 설득력이 있는   illusory a. 환영의; 착각의   obsolete a. 시대에 뒤진, 진부한

해석 항소가 기각될 것이라는 확실한 증거가 없는 한, 사법절차의 정지는 허가되지 않을 것이다.

61. ④

난이도 ★

해설 주절에서 조만간 돈이 다 소모될 것이라고 했는데, 이는 지출을 막는 조치가 취해지지 않는 경우에 발생한다. 따라서 빈칸에는 ④ curb가 적절하다.

어휘 run out of ~을 다 써버리다, ~이 없어지다   dispossess v. 몰수하다   redirect v. 전용하다[돌려쓰다]   boost v. 밀어주다, 후원하다   curb v. 제한하다

해석 지출을 제한하는 조치를 취하지 않으면, 조만간 우리는 돈이 다 떨어질 것이다.

62. ②

난이도 ★

해설 홍콩의 쿵푸영화에서 주인공들이 중력의 법칙을 무시하고 날아다니는 게 가능했던 것은 '와이어'를 몸에 연결하여 사용했기 때문이다.

어휘 defy v. ~을 거부하다, ~에 도전하다   physics n. 물리학

해석 중력과 물리학의 법칙을 거스르게 하는 와이어의 사용은 오랫동안 홍콩 쿵푸영화의 특징이었다.

63. ④

난이도 ★★

해설 '큰 변화가 매우 작은 (변화를 시도하는) 조치들로 시작될 수 있다'는 것은 '작은 변화가 매우 큰 변화로 커질 수 있다는 것'을 의미한다. 그러므로 빈칸에는 '눈덩이처럼 커지다'라는 의미의 ④가 들어가야 한다.

어휘 backtrack v. (같은 길을 따라) 되돌아가다; (사업 지위 등에서) 손을 떼다   expire v. 만기가 되다, 만료되다   shrink v. 움츠리다, 위축되다   snowball v. 눈덩이처럼 커지다

해석 큰 변화는 매우 작은 단계들로부터 시작될 수 있다. 작은 변화가 눈덩이처럼 불어나는 경향이 있다.

64. ②

난이도 ★★

해설 빈칸 뒤에 질병 혹은 그 증상에 관한 표현이 있으므로, 그 같은 질병에 '걸리다 혹은 그러한 증상을 나타내다'는 의미를 가진 develop이 빈칸에 적절하다.
어휘 anxiety n. 걱정, 근심, 불안 depressive a. 우울하게 하는, 우울한; 불경기의 symptom n. 징후, 조짐; 증상 overwhelming a. 압도적인, 저항할 수 없는, 광장한, 극도의 depression n. 의기소침, 침울; 우울증; 불경기 pacify v. 달래다, 진정시키다 develop v. 발전시키다, 발달시키다; (증상을)나타내다, (질병에) 걸리다 address v. 이야기를 걸다; 역점을 두어 다루다 counter v. ~에 반대하다, ~을 무효로 하다
해석 불안감을 가진 아이들은 우울증에 걸릴 위험이 크며 극도의 죄책감은 우울증의 주된 증상이다.

65. ②
난이도 ★★
해설 언제든 사고가 발생할 수 있는 시설이라면, 안전 관리를 엄격하고 철저하게 해야 할 것이다.
어휘 nuclear power plant 원자력 발전소 lenient a. 관대한; 인정 많은; (법률 따위가) 무른 rigorous a. 가혹한; 엄격한 elastic a. 탄력 있는; 유연한, 융통성 있는 convenient a. 편리한, 사용하기 좋은
해석 원전 사고는 발생할 수 있다. 따라서 원자력 발전소는 엄격한 안전 관리를 수행해야 한다.

66. ③
난이도 ★★
해설 교통사고가 자주 발생하는 교차로에 정지 표지판을 세우는 것은 현명한 조치라고 할 수 있다.
어휘 intersection n. 교차로 equivalent a. 동등한, 같은; (가치·힘 따위가) 대등한 fraudulent a. 사기의, 부정한, 속이는 prudent a. 신중한, 세심한; 분별 있는, 현명한 consistent a. (의견·행동·신념 등이) 일치[조화]하는
해석 저 교차로에서 너무나 많은 교통사고가 일어났기 때문에, 시 당국에서 그 구역에 정지 표지판을 세우는 게 현명할 것이다.

67. ①
난이도 ★★
해설 and는 순접의 접속사이기 때문에 and 뒤의 'will never alter'와 유사한 의미를 갖는 표현이 빈칸에 들어가야 한다.
어휘 assumption n. 가정, 가설 alter v. 변하다, 바뀌다 immutable a. 변치 않는, 불변의 impossible a. 불가능한 incomparable a. 견줄[비길] 데 없는 improbable a. 있을 법하지 않은
해석 두 사람이 결혼할 때, 그것은 서로에 대한 그들의 감정이 불변이며 앞으로도 결코 변하지 않을 것이라는 가정 하에 이루어지는 것이다.

68. ④ 논리완성
난이도 ★
해설 모병관(recruiter)이 하는 일은 사람들을 군에 입대하도록 사람들을 설득하는 것인데, 결과의 that절에서 '거의 모든 사람들이 입대했다'고 했으므로, 연설이 성공적이었음을 나타낸다. 따라서 빈칸에는 ④(설득력 있는)가 적절하다. ① 사소한 ② 매력 없는 ③ 격퇴하는 ⑤ 억압적인
어휘 recruiter n. 신병을 모집하는 사람, 징병관, 모병관 auditorium n. 강당 enlist in the army 군에 입대하다 compelling a. 강렬한; 설득력 있는; 눈을 뗄 수 없는
해석 모병관의 연설은 매우 설득력이 있어서 연설이 끝났을 때 강당에 있던 거의 모든 사람들이 군에 입대했다.

69. ② 논리완성

난이도 ★

해설 모든 임원들이 감옥에 가야 했다면, 부패가 그 회사 전반에 퍼져 있었다(permeate)는 것을 알 수 있다.
① 번창하다 ③ 검토하다 ④ 견뎌내다 ⑤ 억제하다

어휘 executive n. 간부, 임원 belong in jail 감옥에 가야하다 permeate v. 스며들다, 침투하다, 퍼지다

해석 부패가 회사에 퍼졌다. 모든 임원들이 감옥에 가야했다.

70. ④

난이도 ★

해설 편집자가 새로 나온 책에 대해 관심이 없었다면 소극적인 태도를 보였을 것이므로, 형식적인 대답을 짧게 하고 말았을 것이다. 그러므로 빈칸에는 '간결한', '짤막한' 등의 의미를 가진 ④가 들어가야 한다.

어휘 editor n. 편집자, 발행인, 논설위원 loquacious a. 말 많은, 수다스러운 elegant a. 기품 있는, 품위 있는; 우아한 authentic a. 믿을 만한, 확실한; 진짜의 terse a. (문체·표현이) 간결한, 간명한; (대답 등이) 퉁명스러운; 무뚝뚝한

해석 편집자의 간결한 대답은 새 책에 관심이 없다는 것을 시사했다.

71. ③

난이도 ★★

해설 첫 번째 문장은 무지로부터 의심이 생겨난다는 의미이므로, 의심을 없애기 위해서는 무지에서 멀어져야 한다고 말할 수 있다. 그런데 빈칸 앞에 '획득하다'라는 뜻의 동사가 주어져 있으므로, 빈칸에는 '무지'와 반대되는 의미를 가진 단어가 들어가야 할 것이다. 따라서 '무지'와 반대되는 뜻을 지닌 ③ knowledge가 정답으로 적절하다.

어휘 ignorance n. 무지, (어떤 일을) 모름 suspicion n. 의심, 혐의 rid v. 면하게 하다; 제거하다, 없애다 procure v. 획득하다 conception n. 개념, 생각; 이해 artistry n. 예술적 수완[기교] knowledge n. 지식; 학식 misgiving n. 걱정, 불안, 염려

해석 무지는 의심의 어머니이다. 우리는 더 많은 지식을 얻음으로써 비로소 우리 자신으로부터 의심을 없앨 수 있다.

72. ④

난이도 ★★

해설 법은 범죄에 가해지는 형벌의 종류와 한도를 정하는 역할을 할 것이므로 ④ circumscribe가 빈칸에 적절하다.

어휘 penalty n. 형벌, 처벌 permissible a. 허용되는, 무방한 offense n. 위반; 범죄 transcribe v. 구독하다; 가입하다 circumscribe v. (권리·자유 등을) 제한[억제]하다; ~의 한계[범위]를 정하다

해석 법은 범죄 행위에 대해 허용되는 형벌의 종류와 한도를 규정한다.

73. ⑤ | 논리완성

난이도 ★★

해설 even though가 이끄는 양보의 부사절에서 '우리의 많은 기억들이 생생하고 일부 기억들은 심지어 정확하기까지 하다'고 했으므로 주절에서는 이와 대조되는 표현인 '우리의 기억이 정확하지 않다'가 나타나야 한다. 빈칸 앞에 neither가 왔으므로 '부정확한'의 반대가 되는 ⑤ exact가 빈칸에 적절하다.

어휘 negligible a. 대수롭지 않은, 하찮은 cloudy a. 흐릿한, 애매한 novel a. 새로운, 참신한 changeable a. 변하기 쉬운 exact a. 정확한, 정밀한

해석 우리의 많은 기억들은 생생하고 어떤 기억들은 심지어 정확하기까지 하지만, 우리가 일상생활에서 기억하는 것의 대부분은 정확하지도 않고 상세하지도 않다.

74. ② | 논리완성
난이도 ★★
해설 '절충안', '협상'과 연관이 있는 표현이 빈칸에 들어가야 할 것이므로, '타협'이란 의미의 ②가 정답으로 적절하다.
어휘 middle ground 중용, 중도, 타협안, 절충안; 중간 입장 aspect n. 양상, 국면; 견지, 견해 negotiate v. 협상하다, 협의하다 consultation n. 상담, 의논, 협의 compromise n. 타협, 절충 persistence n. 고집, 완고; 지속 steadfastness n. 확고부동함, 견고함
해석 타협은 절충안을 찾는 기술로, 협상 과정에서 핵심이 되는 요소이다.

75. ② | 논리완성
난이도 ★
해설 수동태 문장이므로 주어인 sexual harassment는 빈칸에 들어갈 동사의 대상이 된다. '성희롱'은 부정적인 의미이고 빈칸 앞에 부정어 no longer가 있으므로, 결국 빈칸에는 긍정적 표현인 '수용', '용인'과 같은 표현이 답이 되어야 한다. 따라서 ②가 정답이 된다.
어휘 state v. (정식으로) 말하다; 명시하다 sexual harassment (보통 직장 내의) 성희롱 firm n. 회사 conscript v. 징집하다; 징용하다 tolerate v. 관대히 다루다, 묵인하다; 견디다 laminate v. 얇은 판자로 [조각으로] 만들다 encapsulate v. 소중히 보호하다; (사실·정보 따위를) 간약하다
해석 그 메모에는 회사가 더 이상 성희롱을 용인하지 않을 것이라고 분명히 적혀 있었다.

76. ① | 논리완성
난이도 ★★
해설 목적어로 '통제', '지배'라는 뜻을 가진 control이 있으므로, '통제나 지배를 가하다' 혹은 '통제력이나 지배력을 행사하다'는 의미가 이어져야 한다. 따라서 빈칸에는 exert가 들어가는 것이 적절하다.
어휘 protein n. 단백질 constitute v. 구성하다, 조직하다; ~의 구성요소가 되다 physical a. 육체의, 신체와 물질의; 물리적인 fabric n. 직물, 짜임새; 조직, 구성 sensitive a. 민감한, 예민한 chemical a. 화학의, 화학적인 process n. 과정; (현상·사건의) 진행 경과 exert v. (힘·지력 따위를) 발휘하다, 쓰다; (영향력 등을) 지속적으로 행사하다, 가하다 detach v. 떼어내다, 분리하다 attribute v. ~의 탓으로 하다, ~의 출처를 (…의) 것으로 추정하다 transpire v. 증발시키다, (기체를) 발산시키다
해석 단백질은 신체의 많은 물리적 조직의 부분을 구성할 뿐만 아니라 세포 내부에서 일어나는 모든 화학적 과정을 민감하게 통제한다.

77. ① | 논리완성
난이도 ★
해설 마지막 문장은 문맥상 초콜릿 공장에서 발견한 간판에 적혀 있던 내용이므로, 빈칸에는 '(~라고) 적혀[쓰여] 있다'라는 의미를 가진 동사의 과거형이 들어가야 한다. 그러므로 ①이 정답으로 적절하다.
어휘 spot v. 발견하다, 찾다 read v. (~라고) 적혀[쓰여] 있다 sound v. 발음하다, 소리를 내어 읽다 address v. ~에게 이야기를 걸다, ~에게 연설하다, 인사하다
해석 영국 웨일스의 초콜릿 공장을 방문하던 중, 나는 "초콜릿 없이 지내는 일주일은 사람을 약하게 만든다."라고 적힌 간판이 벽에 걸려있는 것을 발견했다.

78. ① ｜ 논리완성

난이도 ★

해설　서로가 가진 물건을 맞바꾸기로 한 상황이므로, 빈칸에는 앞 문장에 쓰인 exchange의 의미와 동일한 표현이 들어가야 한다. 그러므로 '교환하다' 라는 의미의 barter가 빈칸에 적절하다.

어휘　exchange v. 교환하다, 바꾸다　stuff n. 재료, 물자; 물건　barter v. 물물 교환하다, 교역하다　diversify v. 다양화하다, 다채롭게 하다　liquidate v. (빚을) 청산하다, 변제하다; (회사 따위를) 정리하다, 일소하다　redeem v. 되사다, 되찾다; 상환하다

해석　A : 네 자전거를 제니(Jenny)의 TV와 바꾸기로 했다고 들었어.
　　　B : 그래. 돈을 낭비하는 대신, 우리는 우리가 가진 물건들을 서로 교환하기로 결정했어.

79. ③ ｜ 논리완성

난이도 ★★

해설　'고용이 불안정하고, 임금이 낮으며, 근로 환경이 위험하다'고 했으므로, 이러한 직업을 설명하는 수식어로는 '불확실한, 위태로운, 불안정한'이란 뜻을 가지고 있는 precarious가 자연스럽다.

어휘　refugee n. 피난자, 난민; 도피자　expose v. 노출시키다; (공격•위험 따위에) 몸을 드러내다; (환경 따위에) 접하게 하다　unstable a. 불안정한, 변하기 쉬운　employment n. 고용; 직업　wage n. 임금, 급료　conspicuous a. 눈에 띄는, 현저한; 특징적인　fastidious a. 까다로운; 세심한, 꼼꼼한　precarious a. 불확실한, 불안정한, 위험한　tenacious a. 고집이 센, 집요한, 완강한

해석　대부분의 난민들은 다양한 종류의 불확실한 직업을 오갔는데, 이 직업들은 그들을 불안정한 고용, 낮은 임금, 위험한 근로 환경에 노출되어 있었다.

80. ②

난이도 ★★

해설　새로운 언어를 배우는 데 있어서 아이들이 어른들보다 더 나은 이유가 빈칸에 들어가야 하므로, '더 잘 적응하고 대응할 수 있다'는 의미를 가진 ② plastic(유연한)이 빈칸에 적절하다.

어휘　idealistic a. 이상주의적인　plastic a. 유연한; 가르치기 쉬운　rigid a. 엄격한, 융통성 없는　visionary a. 예지력[선견지명]이 있는

해석　아이들은 여러 가지 이유로 새로운 언어를 배우는 데 어른들보다 더 나을 수 있다. 아이들의 뇌는 어른들의 뇌보다 더 유연한데 이는 아이들이 새로운 정보에 더 잘 적응하고 대응할 수 있다는 것을 의미한다.

2회

1. ②

난이도 ★★

해설　당연하게도 '큰 것'을 무시해서는 안 되는 데, 양보의 의미 however 다음이므로 '작다'는 의미인 ② small이 빈칸에 적절하다.

어휘　make light of ~을 가볍게 여기다, 경시하다　ruin v. 파괴하다; 파멸[황폐]시키다　beginning n. 최초　neglect v. 무시하다; 간과하다

해석　그의 인기가 상당했지만 그들은 그의 인기를 가볍게 여겼다. 하지만 그의 인기가 거의 무너뜨릴 수 없을 정도로 높아지자, 그들은 그 어떤 것의 시작도 그것이 아무리 작다하더라도 무시되어서는 안 된다는 것을 뒤늦게야 알게 됐다.

2. ②

난이도 ★★

해설 and 뒤에 나에 대해 내린 과정이 틀렸음을 증명하는 것을 즐긴다고 하였으므로 이와 비슷한 말이 빈칸에 들어가야 한다. 자신에 대한 일반적인 통념대로 하지 않는 태도를 보인다는 의미가 되어야 하므로 ② rebellious가 적절하다.

어휘 fortunately ad. 다행히(도), 운 좋게도 disprove v. 오류를 입증하다, 반증하다 assumption n. 가정, 가설 timorous a. 겁 많은, 소심한 rebellious a. 반항적인 meek a. 온순한, 온화한 generous a. 후한, 너그러운; 관대한

해석 다행히 나는 천성이 반항적이어서, 나에 대해 내린 가정이 틀렸음을 증명하는 도전을 즐긴다.

3. ①

난이도 ★

해설 흥행작품의 주연을 맡은 후에 후속작품까지 성공을 거뒀다면, 그 배우의 위상이 어떻게 변했을 지를 추론하는 문제라 할 수 있다. 따라서 '위상을 확고하게 굳혔다'는 의미가 되게 하는 ①이 정답으로 적절하다. ②, ③, ④는 모두 부정적인 의미를 나타내므로 정답이 될 수 없다.

어휘 sequel n. 속편 status n. 지위, 신분 cement v. (우정, 관계 등을) 굳히다, 다지다 disgrace v. 명예를 더럽히다 risk v. 위태롭게 하다; 위험을 무릅쓰다 tarnish v. 흐리게 하다; (명예 등을) 더럽히다

해석 리브(Reeve)는 1978년에 히트한 영화 '슈퍼맨(Superman)'에서 주연을 맡게 되었다. 세 편의 성공적인 속편이 그의 위상을 굳혔다.

4. ③

난이도 ★

해설 두 사람 사이에 강한 유대감이 형성되기 위해서 서로의 차이를 받아들이는 일이 먼저 일어나한다. 그러므로 빈칸에는 ③ embrace가 적절하다.

어휘 discover v. 발견하다; 알다, 깨닫다 bond n. 유대, 인연; 속박 condemn v. 비난하다; 유죄판결을 내리다 deride v. 조소[조롱]하다 embrace v. 포옹하다; (생각, 제의 등을) 기꺼이 받아들이다, 수용하다 aggravate v. 악화시키다

해석 낸시(Nancy)와 헤더(Heather)는 서로의 차이를 포용하는 방법을 깨달았고 그 두 여성 사이에 강한 유대감이 생겨났다.

5. ①

난이도 ★★

해설 올림픽 이후 유명인으로서 그가 한 행동에 관한 말이 빈칸에 나타나야 한다. and에 의해 두 개의 동명사구가 연결된 형태이므로 빈칸에는 making public appearances와 비슷한 표현을 나타내야 한다. 공식석상에 자주 모습을 드러내면서 이러한 자신의 명성을 이용해 돈을 벌었다는 의미가 되도록 ① cashing in on이 적절하다.

어휘 appearance n. 출현; 외관, 겉보기 celebrity n. 명성; 유명 인사 cash in on ~으로 (돈을) 벌다; (이익을 얻기 위해) ~을 이용하다, ~에 편승하다 catch up with ~을 따라잡다 get even with ~에게 앙갚음하다, 복수하다 make up for ~을 보상하다, 벌충하다

해석 그는 공식성상에 모습을 드러내고 자신의 명성을 이용해 돈을 벌면서 올림픽 이후의 날들을 행복하게 보냈다.

6. ②

난이도 ★

해설 however 전후의 문장이 대조를 이루어야 하며, 빈칸 뒤의 were modernized로 '현대화되었다'는 뜻이 문제의 단서가 된다. 빈칸에는 이것과 대조를 이룰 수 있는 표현이 들어가야 하므로, 적절한 것은 '구식의', '쓸모없이 된'이란 의미의 ②이다.
어휘 steelworks n. 강철공장, 제강소 refine v. 정련하다, 정제하다, 제련하다 modernize v. 현대화하다 automotive a. 자동의; 자동차의 chemical n. 화학제품, 화학물질 foodstuff n. 식량, 식료품 sophisticated a. 순진하지 않은; 정교한; 복잡한; 고도로 세련된 obsolete a. 쓸모없이 된, 폐물이 된; 구식의 lucrative a. 유리한, 수지맞는 indispensable a. 불가결의, 절대 필요한, 없어서는 안 될
해석 중공업(다시 말해, 조선업, 강철공장, 정유업)은 시대에 뒤처진 것이 되었다. 그러나 공장들이 현대화되어, 자동차 부품, 화학제품, 전자제품, 담배, 종이, 식료품 등을 생산했다.

7. ④
난이도 ★★
해설 빈칸을 포함한 문장의 주어인 반도(半島)의 사전적 의미는 삼면이 바다로 둘러싸이고 한 면은 육지에 이어진 땅으로, 지리적으로는 반드시 바다 쪽으로 튀어 나오는 지형이다. 그러므로 빈칸에 들어갈 단어는 ④이다.
어휘 peninsula n. 반도 project v. 불쑥 나오다 curiously ad. 호기심에서; 기묘하게 mountainous a. 산이 많은, 산지의 protect v. 보호하다, 막다, 지키다 propound v. 제출하다, 제의하다 protract v. 오래 끌게 하다, 연장하다 protrude v. 내밀다; 불쑥 나오다
해석 4개의 반도 중 가장 긴 반도의 최북동부 지역인 미나하사(Minahasa)는 기이한 형태에 산이 많은 인도네시아 셀레베스(술라웨시) 섬으로부터 돌출되어 있다. 그 반도는 셀레베스 섬과 몰루카해(海) 사이에 북동쪽으로 돌출해있다.

8. ③
난이도 ★★★
해설 등위접속사 or 뒤에 '불쾌한 냄새가 나는'이란 의미의 표현이 주어져 있으므로, 빈칸에도 좋지 않은 냄새와 관련된 표현이 필요하다. 따라서 '퀴퀴한 냄새가 나는'이란 의미의 ③이 적절하다.
어휘 cartilage n. 연골, 연골조직 injury n. 상처; 손상, 손해 microorganism n. 미생물 foul-smelling a. 불쾌한 냄새가 나는 discharge n. 방출, 배출; 분비물 canal n. 운하, 수로; 도관(導管) ear canal 이도(耳道) murky a. 어두운; (안개가) 자욱한, 애매한; 비밀스런 salty a. 짠, 소금기 있는 musty a. 곰팡이 핀; 퀴퀴한 냄새가 나는 bulky a. 부피가 커진, 턱없이 큰
해석 외이(外耳)의 연골이 감염되는 것은 자주 일어나지 않지만, 상처를 입거나 오염된 물에서 수영을 하는 것에서 발생할 수 있다. 그것은 녹농균이라는 특정 미생물 때문에 초래된다. 외이도(外耳道)로부터 녹색을 띤, 퀴퀴하거나 불쾌한 냄새가 나는 분비물이 나온다.

9. ①
난이도 ★★
해설 is 이하에서 빈칸에 들어갈 단어에 대해 '부분을 결합하는 것'으로 정의하고 있다. 따라서 빈칸에는 '종합'이란 의미를 갖는 단어가 와야 한다. 종합의 반대는 분석(analysis)이다.
어휘 combination n. 결합, 연합; 배합 element n. 요소, 성분 coherent a. 시종일관된, 이치가 닿는; 명료한; 통일성 있는 whole n. 전체, 전부; 완전체 synthesis n. 종합, 통합; 합성
해석 철학에서, 종합은 보다 완전한 견해나 체계를 형성하기 위해 부분이나 요소들을 결합하는 것이다. 그 결과로 얻어지는 통일성 있는 전체는 단순히 부분을 모아놓았을 경우보다 진실을 보다 완전하게 보여주는 것으로 여겨진다.

10. ④
난이도 ★★
해설 콤마 전후의 표현은 인과관계를 이루고 있다. 우주가 다루기 힘든 대상이라면, 그것을 완전히 이해하기는 매우 어려울 것이다. 이것을 바꿔 말하면, 우주는 그것을 모두 이해하려는 인간의 노력이 도달할 수 없는 위치에 있다는 것이다. 따라서 빈칸에는 이러한 맥락을 만드는 ④가 들어가는 것이 자연스럽다.
어휘 intractable a. 말을 듣지 않는, 제어할 수 없는; 다루기 힘든 astonishingly ad. 놀랄 만큼, 몹시, 매우 relevant a. 관련된, 적절한, 타당한 pander v. 방조하다; (취미, 욕망에) 영합하다 yield v. 지다, 굴복하다; 따르다 immune a. (공격, 병독 등을) 면한, 면역성의; 영향을 받지 않는
해석 그러므로 이런 의미에서 우주는 다루기 힘들며, 전부를 알고자 하는 인간의 그 어떤 시도에도 크게 영향을 받지 않는다.

11. ②
난이도 ★★
해설 seems 뒤에는 'A가 아니라 B이다'라는 의미의 'not A but B' 구문이 쓰였다. 따라서 이 표현의 A와 B 자리에는 서로 반대되는 의미의 표현이 와야 하므로 빈칸에는 increase와 반대되는 의미의 ② dwindle이 적절하다.
어휘 evidence n. 증거; 흔적 rate n. 비율; 가격; 속도 chasm n. 깊게 갈라진 틈; 빈틈, 간격; 차이 fester v. (상처가) 곪다, 짓무르다 dwindle v. 줄다, 작아지다, 감소되다 vacillate v. 망설이다; 머뭇거리다 augment v. 늘다, 증대하다
해석 우주의 광대함에 대한 증거는 엄청난 속도로 계속해서 늘어나고 있다. 우리가 알고 있는 것과 우리가 알 수 있는 모든 것 사이의 틈은 줄어들지 않고 모든 새로운 발견이 이뤄질 때마다 늘어나는 것 같다.

12. ③
난이도 ★★★
해설 여론조사 결과 '반미감정의 고조'가 드러났다는 것은 외국에서의 여론이 그러하다는 것을 의미한다. 따라서 '여론'에 대한 외교적 노력을 다시 기울이려 한다는 것은 대등하는 반미 여론에 '상응하는' 조치를 늘린 거라 할 수 있다. 따라서 빈칸에는 '비례한', '상응한'이란 의미의 ③ commensurate가 적절하다.
어휘 poll n. 투표, 여론조사 indicate v. 가리키다, 지적하다, 보이다 reinvigorate v. 다시 활기 띠게 하다, 소생시키다 public diplomacy 공공외교 stationary a. 움직이지 않는, 정지된; 변화하지 않는 paradoxical a. 역설적인, 모순된 commensurate a. 비례한, 균형이 잡힌, 상응한 inexplicable a. 설명할 수 없는, 불가해한
해석 전 세계적으로 반미감정이 고조되고 있다는 여론조사 결과가 나오는 가운데, 그에 상응하여 미국의 공공외교 노력을 다시 활기차게 진행하는 것에 관한 논의가 정부 관리들 사이에서 증가해 왔다.

13. ②
난이도 ★★
해설 분사구문을 통해 '활동을 현실세계의 영역에 제한하지 않았다'는 것을 알 수 있는데, 이는 곧 다른 영역으로 활동 범위를 넓히거나 그러한 영역으로 진출했다는 것을 의미한다. 따라서 빈칸에는 '침투하다', '잠입하다'라는 의미의 ②가 들어가는 것이 적절하다.
어휘 earthly a. 지구의, 지구상의; 현세의 realm n. 왕국, 국토; 범위, 영역 surveillance n. 감시; 감독 surmise v. 추측하다, 짐작하다 infiltrate v. 침투하다, 잠입하다 relegate v. 좌천시키다, 지위를 떨어뜨리다; 추방하다 obliterate v. 지우다, 말살하다, 흔적을 없애다

해석 스파이들은 자신들의 활동을 현실세계의 영역에 제한하지 않고 온라인 게임이라는 환상세계에 침투하여, 감시하고 자료를 수집해왔다.

14. ③
난이도 ★

해설 아들들을 자유롭고 폭력적이지 않게 키울 의사가 있다고 했으며, 아들들의 감성과 동정심은 공격적 성향과 반대되는 것이므로 공격적 성향을 완화시킨다는 말이 빈칸에 적절하다.

어휘 Liberated a. 해방된, 자유로운 nonviolent a. 비폭력(주의)의, 평화적인 aggressive a. 호전적인, 공격적인 tendency n. 성향, 기질 concede v. 인정하다, 시인하다 implicate v. 관련시키다 mollify v. 완화시키다; 달래다, 진정시키다 aggravate v. 악화시키다

해석 나는 아들들을 자유롭고 폭력적이지 않게 키울 의사가 분명히 있었으며 아들들의 공격적 성향은 감성과 동정심으로 누그러질 것이었다.

15. 정답 (B)
난이도 ★★★

해설 이 문장의 인용문은 미국에 대한 풍자로서, 미국은 온갖 시원치 않은 방법을 다 해 본 후에야 비로소 일을 제대로 한다는 것 즉 미국은 무엇이든지 제대로 하는 게 없다고 말하고 있다. 여기서 가능한 방법들이 다 소진되는 것을 exhaust라고 하므로 이것이 정답인데, 단순한 의미상으로는 consume도 매우 유사하게 보일 수 있다. 가장 핵심적인 차이는 consume은 소비를 통해 비교적 생산적인 결과가 나올 수 있는 가능성이 있는데 반해, exhaust는 낭비로 소진되는 부정적인 면에 초점이 있다. 따라서 본 문맥에서는 consume은 적합하지 않다.

어휘 consume v. 다 써버리다, 소비하다, 소모하다, 없애 버리다 exhaust v. 다 써버리다, 고갈시키다, 소모하다, 피폐시키다, 지치게 하다, 피로하게 하다, 비우다 mesmerize v. 최면술을 걸다, 홀리게 하다, 매혹시키다 inoculate v. 접붙이다, 접목하다, 접종하다, 예방접종하다, 주입하다, 불어넣다

해석 윈스턴 처칠은 "미국은 항상 올바른 일만 한다. 그렇지만 다른 가능성들이 모두 고갈된 후에서야." 이라고 말하기를 좋아했다.

16. ①
난이도 ★★

해설 'not so much A as B'는 'A라기보다는 오히려 B'라는 뜻이며, B(corrected)에 해당하는 것이 다음 문장의 modification이므로, A(abandoned)에 해당하는 ① rejection이 빈칸에 적절하다.

어휘 abandoned a. 버려진 corrected a. 수정한, 정정한 rejection n. 거절; 배제, 폐기 injection n. 주입, 투입 projection n. 예상, 추정 indication n. 표시, 암시; 징후 vindication n. 변호, 옹호

해석 오래된 이론들은 버려지기보다 오히려 고쳐진다. 아인슈타인(Einstein)은 자신의 연구가 뉴턴(Newton)의 연구를 배제한 것이 아니라 오히려 부분적으로 수정한 것이라고 항상 주장했다.

17. ⑤
난이도 ★★

해설 가설의 궁극적인 가치는 예측력이나 설명력에 있다고 한 다음 계속 적용법의 관계대명사절에서 이 말의 의미에 대해 부연 설명하고 있다. 적절한 가설이라면 추가적인 사실들을 추론해 낼 수 있을 것이다.

어휘 Ultimate a. 궁극의, 최종적인 hypothesis n. 가설 predictive a. 예언[예보]하는 explanatory a. 설명적인; 해석의 adequate a. 적당한, 충분한

해석 모든 가설의 궁극적인 가치는 그 예측력 또는 설명력에 있으며, 이는 추가적인 사실들을 적절한 가설에서

추론할 수 있어야 함을 의미한다.

18. ② 논리완성
난이도 ★
해설 생각과 행동에 있어 군중의 속성을 물어보고 있다. 빈칸 다음 문장에서 군중 속에 있는 모든 사람들이 '비슷하게' 생각하고 행동한다고 했기 때문에, 빈칸에도 '똑같이'와 유사한 말이 들어가야 적절하다. 따라서 ②의 homegeneous(동질적인)가 빈칸에 들어가야 한다.
어휘 contradictory a. 모순되는, 상반적인 homogeneous a. 동질적인, 동종의 irrational a. 비이성적인, 불합리한 violent a. 폭력적인, 격렬한
해석 프랑스 사회심리학자인 귀스타브 르 봉(Gustave Le Bon)에 따르면, 군중은 생각과 행동에 있어 동질적이라고 한다. 군중 속에 있는 모든 사람들은 비슷하게 생각하고 느끼고 행동한다.

19. 정답 (A)
난이도 ★
해설 빈칸 뒤에 부정적인 표현이 나타나므로 빈칸에 필요한 것은 '무효화하다'와 관련된 표현이다.
어휘 nullify v. 무효로 하다, 파기하다, 취소하다, 수포로 돌리다 impose v. 지우다, 과하다, 부과하다, 과세하다, 강요하다, 참견하다, 속이다 overhaul v.n. 철저히 조사하다, 분해검사하다, 수리하다, 정밀 검사하다, 철저한 조사, 분해검사, 정밀검사
해석 대통령은 의회에서 통과된, 국가의 이익에 적합해 보이지 않는 법안을 무효화하는 거부권을 행사하였다.

20. ④
해설 실망했다고 한 다음에 역접의 대등접속사 but으로 이어지므로, 실망한 마음을 덜어줄 수 있는 '위안'이 적절하다. Elated(의기 양양한)라는 감정을 느낄 정도로는 볼 수 없다.
어휘 Dismayed a. 놀라는, 당황하는 dismissal n. 해산, 해고 dispirited a. 기가 꺾인, 풀죽은, 낙심한 elated a. 의기양양한, 우쭐한 sadden v. 슬프게 하다 console v. 위로하다, 격려하다
해석 윌리엄(William)은 그 직책을 잃게 됐다는 사실에 당연히 당혹감을 느꼈지만, 그는 해고당할만한 나쁜 짓을 한 적이 없다는 확신에 위안이 되었다.

21. 정답 (C)
난이도 ★★
해설 문장의 내용이 우주를 이해하는 데 어려움을 겪고 있어 고군분투하고 있다고 하였으므로 '난해한'이 가장 적합하다.
어휘 string theory 끈 이론, 현(弦)이론, 스트링 이론 (물리학에서 소립자를 끈 모양의 것(string)으로 다룸으로써, 점으로 다루는 경우에 생기는 많은 수학적 곤란을 회피하는 이론) recondite a. 심원한, 난해한, 숨겨진, 어려운 abstruse a. 심원한, 난해한 implication n. 내포, 함축, 암시, 연루, 관련, 결과 lucid a. 맑은, 투명한, 명료한, 명석한 edifying a. 교훈이 되는, 유익한, 교훈적인 enthralling a. 매혹하는, 사로잡는, 마음을 빼앗는
해석 현(弦)이론은 우주를 이해하는 매우 난해한 모형이다. 많은 물리학자들은 이 이론에서 열 개의 서로 연결된 차원들에 대한 난해한 함축에 대해 무척 애를 먹고 있다.

22. ④
난이도 ★★★
해설 빈칸과 to the world를 합한 것이 have made의 목적보어로 이라크를 가장 잘 설명하는 말이 되어야

한다. 빈칸만을 목적보어로 보면, to the world가 have made를 수식하는 부사구가 되는데 의미가 부적절해지기 때문이다. 즉, Opaque가 to the world와 합하여 한 덩어리의 말을 이루기에 빈칸에 가장 적절하다. 다른 보기들은 to the world와 분리된 구조로 파악되기 쉽다. 빈칸 앞에 seem이 있다면 빈칸과 to the world가 분리되므로 hopeless나 terrible이 가능하다. Noticeable은 긍정적인 의미여서 곤란하다.

어휘 Strip v. 벗기다, 없애다; 제거하다, 비우다 hopeless a. 희망을 잃은, 절박한 noticeable a. 눈에 띄는, 현저한, 두드러진 terrible a. 무서운, 소름 끼치는 opaque a. 불투명한; 불명료한, 이해하기 힘든

해석 이라크는 지금까지 그 나라를 세계에 불투명한 (세계가 이해하기 힘든) 나라로 만들어온 정치에서 이제 벗어났다.

23. ④

난이도 ★★

해설 that의 뒤에 나오는 Islam's basic belief의 동격절로 의미적으로 빈칸에는 어울리는 말은 ④ without이다.

어휘 reminder n. 생각나게 하는 것; 주의, 신호, 조언, 메모 will n. 의지

해석 일상 언어에는 하나님의 뜻이 없이는 세상에 아무 일도 일어나지 않는다는 이슬람의 기본 신념을 생각나게 하는 무수히 많은 것들이 포함되어 있다.

24. ②

난이도 ★★

해설 다른 사람들에게 충고하는 것을 망설여왔다고 한 다음, "어떻게 다른 사람에게 충고할 수 있겠는가?"라고 반문하고 있다. 이는 다른 사람에게 충고할 수 없다는 말이고, 다른 사람을 잘 알지 못할 경우에 그러할 것이므로 빈칸에는 'if~not...'의 의미를 가진 접속사 ② unless가 들어가야 한다.

어휘 hesitate v. 주저하다, 망설이다 give advice to ~에게 조언을 하다

해석 나는 항상 다른 사람들에게 충고하는 것을 망설여왔다. 자신을 아는 만큼 상대를 잘 알지 못하면 다른 사람에게 어떻게 행동해야 할지를 충고할 수 없기 때문이다.

25. ③

난이도 ★★

해설 목적격 관계대명사 which의 선행사인 a few historic remains가 관계사절의 동사 preserve의 목적어인데, 역사적 유적을 오랜 세월의 '파괴'로부터 지켜온 것이므로 빈칸에는 ③이 적절하다.

어휘 remain n. (pl.) 유적, 유물 secrecy n. 비밀; 은둔 oblivion n. 망각 ravage n. 파괴, 횡포 configuration n. 배치, 지형

해석 고대 그리스 문명은 역사적으로 우연히 오랜 세월에도 파괴되지 않고 보존되어온 몇몇 역사적 유적을 통해서만 알 수 있다.

26. ④

난이도 ★★

해설 세미콜론(;) 이하에서 양측 모두가 이전에 표명한 입장을 물러서려 하고 있지 않음을 알 수 있는데, 그것은 곧 협상이 교착상태에 빠졌음을 의미한다. 즉 ④stalemate가 빈칸에 적절하다.

어휘 negotiation n. 협상, 교섭 shrink from ~에서 주춤하다 prolongation n. 연장; 연기 destination n. 목적지, 행선지 conformity n. 적합, 일치 reach a stalemate 교착상태에 이르다

해석 두 당사자 간의 협상은 교착상태에 이르렀다. 어느 쪽도 이전에 표명한 입장에서 물러서려고 하지 않고 있다.

27. ①
난이도 ★★

해설 침략행위와 전쟁은 적대적 행동이라는 점은 같지만 그 강도가 다르다는 점과 빈칸 뒤에 전치사 to를 고려하면, "모든 침략행위가 전쟁과 마찬가지"라는 의미가 되도록 하는 ①이 들어가는 것이 적절하다.

어휘 tantamount a. 동등한, 같은, 상당하는(to) irreparable a. 고칠 수 없는, 만회할 수 없는; 불치의 mete v. (형벌, 보수 따위를) 할당하다, 배분하다, 주다 prerogative a. (관직, 지위 따위에 따르는) 특권의, 특권을 가진

해석 그들 편에서 하는 그 어떠한 침략행위도 전쟁과 다를 바 없는 게 될 것이다.

28. ②
난이도 ★★

해설 두 번째 문장의 주어인 "Happily ever after" and "Till death do us part"는 첫 번째 문장에서 언급한 가장 성스러운 맹세들의 예로 결혼이 이혼으로 끝나는 경우가 너무나도 잦기 때문에 이러한 맹세들이 더 이상 진실하게 들리지 않는다고 했다. 따라서 결혼식 때 하는 맹세들은 지금의 세태를 반영하지 못하는 '낡고 진부한' 표현이 되었다고 할 수 있을 것이다.

어휘 ring v. ~하게 들리다 on the way to ~하는 중인 pertinent a. 타당한, 적절한 obsolete a. 쓸모없게 된; 시대에 뒤진, 진부한, 구식의 recurrent a. 재발하는; 정기적으로 되풀이되는 scrupulous a. 빈틈없는; 양심적인

해석 요즘에는 너무나도 많은 결혼이 결국 이혼으로 끝나버리기 때문에 (결혼식 때 하는) 가장 성스러운 맹세들이 더 이상 진실하게 들리지 않는다. "평생 행복하게"와 "죽음이 우리를 갈라놓을 때까지" 등은 진부해지고 있는 듯한 표현이다.

29. ②
난이도 ★

해설 그녀가 유쾌하고 가벼운 소설을 쓰는 작가로 여겨져 왔다고 했으므로, 비평가들이 감명을 받기 위해서는 그러한 고정관념에서 벗어나는 작품을 선보였다고 해야 할 것이다. 따라서 유쾌하고 가벼운 소설에서 벗어난 말인 ② somberness(침울함)가 빈칸에 적절하다.

어휘 entertaining a. 유쾌한, 즐거운 critic n. 비평가 be struck by ~에 감명 받다, ~을 대단히 좋아하다 consistency n. 일관성 somberness n. 우울함, 침울함 playfulness n. 장난기 absurdity n. 어리석음, 불합리 jocularity n. 익살; 익살맞은 이야기

해석 그녀가 유쾌하고 가벼운 소설의 작가로 종종 여겨져 왔기 때문에, 비평가들은 그녀의 신작은 소설이 보여주는 음울함에 감명을 받는다.

30. ⑤
난이도 ★★

해설 빈칸의 목적어로 '큰 환호성'이 나타나 있는데, 대통령을 기다리던 사람들이 대통령이 모습을 드러냈을 때 어떤 반응을 보였을까를 생각하면, 빈칸에는 ⑤의 break into(갑자기 ~하기 시작하다)가 적절함을 알 수 있다.

어휘 cheer n. 갈채, 환호(성) blow out ~을 불어 끄다; 파괴하다 blow up ~을 폭파하다, 날려버리다 break with ~와 단절하다[절연하다] break out (안 좋은 일이) 발생[발발]하다

해석 오바마(Obama) 대통령의 차가 나타났을 때, 기다리던 군중들이 갑자기 큰 환호성을 지르기 시작했다.

31. ②

난이도 ★★
해설 책의 수를 세는 단위를 나타내는 단어가 무엇인지를 묻는 문제이다. copy는 '(동시에 인쇄된 책, 잡지 등의) 1부, 1권'을 의미하므로 ②가 빈칸에 적절하다
어휘 issue n. 간행물, 출판물; (출판물의) ~호, ~쇄 piece n. 한 조각; (문학, 조각품 등의) 작품 portion n. 일부, 부분; 몫, 할당 edition n. (간행물의, 개정판, 증보판, 문고판 등의) 판(版)
해석 1991년 수스(Seuss) 박사가 사망했을 때, 그가 저술한 아동도서는 이미 2억부 이상 판매되었다.

32. ②
난이도 ★
해설 '투명한'이라는 뜻을 가진 clear를 수식하기에 적절한 것은 '빛나게', '밝게'라는 뜻을 가지고 있는 ② luminously이다.
어휘 film n. 막, 얇은 층 mirror n. 거울 fervently ad. 열렬하게 luminously ad. 빛나게, 밝게, 환하게 impudently ad. 건방지게, 경솔하게 coarsely ad. 조잡하게, 거칠게
해석 금속 필름으로 뒷받침할 때 투명 유리 시트는 밝게 투명한 거울을 만듭니다.

33. ④
난이도 ★★
해설 많은 가족들이 헤어지게 된 것은 심각한 수준의 지진에 의해 발생된 '결과'에 해당한다. 그러므로 '여파', '결과'라는 의미의 ④ aftermath가 빈칸에 적절하다.
어휘 get separated 헤어지다 blot n. 얼룩; 오점 roster n. 근무 당번표, 명부 chunk n. 큰 덩어리 aftermath n. 결과, 여파, 후유증 in the aftermath ~의 결과로[여파로]
해석 그 지진은 심각한 수준이어서 많은 가족들이 그 지진의 여파로 헤어졌다.

34. ② 논리완성
난이도 ★★
해설 빈칸 다음의 when 절에서 and 앞은 글을 어디서 시작해야 할지 모르는 상황이고 and 이하는 쓰고 있는 글을 어디서 끝내야 할지 모르는 상황이다. 그런데 커서가 자꾸 깜빡거리면서 빨리 시작하거나 끝내기를 재촉한다면 글 쓰는 사람을 괴롭힐 것이므로, 빈칸에는 '벌'이라는 의미의 ② nemesis가 적절하다.
어휘 bore v. 지루하게 하다 bliss n. 더없는 행복, 지복 nemesis n. (피할 수 없는) 벌, 천벌 refresher n. 청량음료, 생각나게 하는 것 denouement n. 소설의 대단원, 해결, 결말
해석 컴퓨터 모니터 상에 깜빡이는 커서는 설명할 것은 많지만 어디서 시작해야 할지 모를 때, 그리고 너무 많이 써서 사람을 지루하게 하고 싶지 않을 때에는 하나의 벌이 될 수 있다.

35. ① 논리완성
난이도 ★★
해설 '비교급 than+any other 단수명사'는 '다른 어떤 ~보다도 더 ...하다'의 의미로서, 최상급의 의미를 가진다. 폐가 다른 어떤 장기보다 더 많은 오염물질을 정화한다고 했으므로 정화 작용을 하는 신체 장기 중 가장 중요하다는 뜻이 되도록 ①이 빈칸에 적절하다.
어휘 detoxification n. 약물 중독 치료, 해독 purify v. ~의 더러움을 제거하다, 깨끗이 하다, 정화하다 pollutant n. 오염물질 cardinal a. 가장 중요한, 기본적인 artificial a. 인공의, 인위적인 tertiary a. 제3의, 셋째의 didactic a. 교훈적인, 가르치기 위한
해석 폐는 해독 작용을 하는 중요한 장기 가운데 하나인데, 우리 몸을 방어하기 위해 다른 그 어떤 장기보다도 더 많은 오염물질을 정화한다.

36. ④

난이도 ★★★

해설 세미콜론(;)의 뒤에서 이야기하고 있는 내용은 '상당한 재산을 가진 정치인이 많다'는 것이다. 이는 곧 '소수의 부유한 계층이 사회 혹은 국민을 지배하고 있는 상황'이므로, 빈칸에 적절한 것은 '금권주의 국가'라는 의미의 ④이다.

어휘 bureaucracy n. 관료정치, 관료주의 democracy n. 민주주의, 민주정치 aristocracy n.귀족정치 plutocracy n. 금권정치, 금권주의

해석 미국은 금권주의 국가가 되어가고 있다. 전체 의원 중 절반이 백만장자이고 268명은 평균 백만 달러가 넘는 순자산을 보유하고 있었다.

37. ④

난이도 ★★★

해설 앞뒤의 문장이 역접 관계를 이루고 있다. anything but은 '결코 ~이 아닌'이라는 의미이므로 앞은 '무능하지 않다'라는 의미가 되는데, 따라서 뒤는 그와 역접인 '무능함(fecklessness)'이라는 의미가 적절하다.

어휘 portray v. 그리다 묘사하다 governor n. 주지사 anything but 결코 ~이 아닌 ineffective a. 효과적이지 못한; 무능한 make somebody out (사람의 성격을) 이해하다, 파악하다 epitome n. 완벽한 본보기, 전형 altruism n. 이타주의 brilliance n. 광명; 탁월함, 걸출함 dynamism n. 활력, 패기 fecklessness n. 쓸모없음; 무기력; 무책임

해석 대중매체들은 한때 그 주지사가 전혀 무능하지 않다고 묘사했다. 그러나 그들은 이제 그녀를 무능함의 전형이라고 파악한다.

38. ④

난이도 ★★

해설 빈칸이 sensitive(세심한)와 등위접속사 and를 통해 연결돼 있다는 점을 통해 빈칸에 들어갈 표현을 유추할 수 있다. 학생들 개개인에게 맞는 책을 고를 수 있을 정도의 '안목을 갖춘(discerning)'이라는 표현이 sensitive의 의미와 잘 어울린다.

어휘 sensitive a. 세심한; 감성적인 librarian n. (도서관)사서 caustic a. 신랄한; 부식성의 pedantic a. 현학적인 '지나치게 규칙을 찾는 refined a. 세련된; 정제된 discerning a. 안목이 있는, 통찰력 있는

해석 애머스트 여사(Mrs. Amherst)는 매우 세심하고 안목 있는 사서였기 때문에 학생들 각자에게 어떤 책이 맞는지를 정확히 알 수 있는 능력이 있었다.

39. ①

난이도 ★★★

해설 두 번째 문장의 this classification을 통해, 물질이 고체, 액체, 기체로 '분류'될 수 있음을 알 수 있다. 그러므로 첫 번째 빈칸에 적절한 표현은 classified이다. 한편, 고체, 액체, 기체에 속하지 않는 제 4의 물질상태를 포함시키고자 한다면, 기존의 분류 체계를 확장시켜야 할 것이므로 두 번째 빈칸에는 extended to include가 적절하다.

어휘 matter n. 물질; 물체 state n. 상태, 사정, 형세 classification n. 분류, 분류법 classify v. 분류하다, 등급으로 나누다 extend v. 연장하다; 확장하다, 확대하다 include v. 포함하다 nominate v. 지명하다, 임명하다 exclude v. 배제하다, 제외하다 segregate v. 분리하다, 격리하다; (어떤 인종·사회층)에 대하여 차별 대우를 하다 contract v. 계약을 맺다; 수축시키다 disintegrate v. 분해시키다, 붕괴시키다

해석 물질은 통상적으로 고체, 액체, 기체라는 세 가지 상태 중 하나에 있는 것으로 분류된다. 종종 이러한 분류 체계가 확장되어 제4의 물질 상태인 플라즈마를 포함하기도 한다.

40. ① 논리완성
난이도 ★
해설 that is는 '즉, 다시 말하면'의 뜻으로, 앞에서 언급한 사실을 보다 정확하게 언급할 때 사용한다. 의과대학의 졸업생들이 점점 전문화되는 경향이 있다고 한 다음 한정된 분야에 집중한다고 했으므로 빈칸에는 ①이 적절하다.
어휘 general practitioner 일반 개업의 strange to say 이상하게도 to one's surprise 놀랍게도, 의외로
해석 일반개업의의 시대는 끝났다. 점점 더 많은 의과대학 졸업생들의 전문화되는 경향, 즉, 자신들의 한정된 전문 분야에 집중하는 경향이 있다.

41. ④ 논리완성
난이도 ★★
해설 개성을 유지하기 위해서는 확실한 심리적 안정감이 필요하다고 했으며, 그것이 의미하는 바가 to the effect that 이하에 이어지고 있다. 심리적 안정감을 위해서는 혼란스러운 상황이 되지 않아야 하므로 빈칸에는 ④ chaotic이 적절하다.
어휘 individuality n. 개성, 개인적 성격 to the effect that ~라는 취지 predictable a. 예측[예견]할 수 있는 integral a. 필수적인, 필요불가결한; 완전한 malignant a. 악의에 찬 abundant a. 풍부한, 많은 chaotic a. 대혼란[무질서]의, 난잡한, 혼돈된
해석 개성을 유지하기 위해서, 사람은 확실한 심리적 안정감을 필요로 하는데, 이것은 그들 주변의 세상이 예측 가능한 것이고, 이해할 수 있으며 완전히 무질서하지는 않다는 것을 의미한다.

42. ② 논리완성
난이도 ★★
해설 첫 문장에서 체육관을 선택할 때 집이나 직장에서 걸어갈 수 있는 거리에 위치해야 한다고 했으므로 이는 '근접성'과 관련이 있다. 따라서 체육관의 이용률은 근접성과 상관관계가 있다고 볼 수 있다.
어휘 dweller n. 거주자 end up ~ing 결국에는 ~하게 되다 walkable a. 걸어서 갈 수 있는 demonstrate v. 증거를 보여주다, 입증하다 correlate v. 연관성[상관관계]이 있다. reliability n. 신빙성, 확실성 proximity n. 가까움, 근접성 compatibility n. 양립[공존] 가능성 affordability n. 여유[자격] 있음; 구매 가능성
해석 당신이 도시인이라면 결국 선택하게 되는 체육관은 집이나 직장에서 걸어갈 수 있는 거리에 위치해야 하는데, 연구에 따르면 이런 근접성은 (체육관의) 이용률과 직접적인 상관관계에 있다는 것을 보여준다.

43. ③ 논리완성
난이도 ★
해설 주어가 '투자자'이므로, 빈칸에는 이것과 가장 연관이 있는 표현이 들어가야 한다. 그러므로 '지분(持分)', '(사업 등에서의) 이해관계'라는 의미를 가진 ③stake가 빈칸에 들어가기에 적절하다.
어휘 stack n. 더미, 퇴적; (도서관의) 서가, 서고 flank n. 옆구리; 측면 stake n. 지분(주식 보유분); 이해관계; (내기, 도박 등에) 건 것[돈] flake n. 얇은 조각, 박편(薄片); 조각
해석 그 결과에 상당한 이해관계가 달려 있는 투자자들 중 몇 명은 미국에서 가장 부유한 사람들이다.

44. ④ 논리완성

난이도 ★★
해설 기대수명이란 '어떤 사회에 인간이 태어났을 때 앞으로 생존할 것으로 기대되는 평균 생존 연수'를 뜻한다. 따라서 지금 시점에서 기대 수명이 짧다는 것은 현재 '이른 나이에 사망하는 사람의 수가 많다'는 것을 의미하므로, 빈칸에는 '너무 이르게'라는 의미의 ④가 들어가야 한다.
어휘 pollution n. 오염, 환경파괴, 공해 life expectancy 기대수명 belatedly ad. 뒤늦게 indolently ad. 나타하게 blithely ad. 유쾌하게; 경솔하게 prematurely ad. 조숙하게; 너무 이르게, 시기상조로
해석 공해는 기대수명을 단축시킨다. 몇몇 연구에 의하면, 중국 북부는 남부에 비해 기대수명이 5년 더 짧으며, 매년 160만 명이 공해로 인해 조기에 사망하고 있다.

45. ① 논리완성
난이도 ★★
해설 '~의 대상이다, ~을 받아야 한다'는 의미의 표현은 be subject to 이다. 따라서 빈칸에 적절한 표현은 ①이다.
어휘 in violation of ~을 위반하여 imprisonment n. 투옥, 수용, 감금 be subject to ~의 대상이다, ~을 받아야 한다, ~에 종속하다 subjective a. 주관의, 주관적인
해석 이 규정을 위반하여 독일로 돌아온 것으로 밝혀진 사람들은 최대 3년의 징역에 처해질 수 있다.

46. ⑤ 논리완성
난이도 ★★
해설 여성들도 충분히 잘 해낼 수 있음에도 불구하고 남성들만이 할 수 있다고 생각하는 것은 전체를 간과하고 눈앞의 부분적인 현상에만 사로잡혀 있는 것이므로, '근시안적 사고방식[태도]'이라는 의미의 ⑤가 빈칸에 들어가기에 적절하다.
어휘 gainful a. 이익이 있는, 돈벌이가 되는 adequate a. (어떤 목적에) 적당한, 충분한; (직무를 다할) 능력이 있는, 적임의 disinterest n. 이해관계가 없음; 공평무사, 무욕; 무관심 conviction n. 신념, 확신; 유죄판결 prescription n. 명령, 규정; 처방 short-sightedness n. 근시안적인 사고
해석 많은 여성들이 그들의 일을 할 수 있음에도 불구하고, 고용주들이 가진 근시안적인 사고방식으로 인해 그들은 돈을 많이 벌 수 있는 일자리를 갖지 못하며, 그러한 사고방식 때문에 고용주들은 오로지 남성들만이 충분히 일을 잘 해낼 수 있다고 생각한다.

47. ① 논리완성
난이도 ★
해설 명사 run에는 '연속 흥행'이라는 의미가 있기 때문에, have a long run은 '(영화나 연극 등이) 장기간 흥행하다'라고 해석된다. 한편, 동사 run에는 '(어떤 상태가) 되다, 변하다'라는 의미가 있으며, run short of는 '~이 부족하다'라는 표현이다.
어휘 rescuer n. 구조자, 구원자 food ration 식량배급 run n. 연속, 연속공연 run short of ~이 부족하다 span n. 한 뼘; 짧은 길이[거리, 동안, 기간] v. (시간적으로) ~에 걸치다, ~에 미치다
해석 a. 그 뮤지컬은 70일에 걸쳐 장기간동안 흥행했다.
b. 구조대원들은 배급할 식량이 부족해졌다.

48. ⑤ 논리완성
난이도 ★
해설 명사 stuff에는 '재료', '원료'라는 의미가 있으며, 동사 stuff에는 '~에 채워 넣다, 쑤셔 넣다'의 의미가 있다.

어휘 drawer n. 서랍, (pl.) 장롱 present n. 현재, 오늘날; 선물 v.증정하다; 제출하다; 소개하다 wheel n. 수레바퀴, 핸들 v. 수레로 나르다 frame n. 뼈대, 구조; 틀 v. 뼈대로 만들다, 고안하다 grasp n. 붙잡음; 이해, 납득 v. 붙잡다; 이해하다 stuff n. 재료, 원료, (막연히) 물건 v. 채우다, 쑤셔 넣다

해석 a. 박스를 만드는 데 필요한 재료를 가지고 있습니까?
b. 그들은 옷을 서랍에 쑤셔 넣는다.

49. ③ 논리완성
난이도 ★★
해설 빈칸에는 솔로몬이 직면하고 있는 두 여인을 달리 나타낼 수 있는 표현이 들어가야 한다. 이들은 누가 아기의 진짜 엄마인지에 대해 논쟁하고 있는 상황이므로, 결국 이 두 여인은 '자신에게 아기에 대한 권리가 있음을 주장하고 있는 이들'이라고 볼 수 있다. 따라서 빈칸에는 '(권리의) 청구인'이란 의미의 ③이 들어가는 것이 가장 적절하다.
어휘 motherhood n. 어머니임; 모성, 어머니의 마음 split v. 나누다, 쪼개다 proponent n. 제안자, 발의자; 지지자 defendant n. 피고 claimant n. (권리의) 청구인; (배상 따위의) 원고 descendant n. 자손, 후예
해석 두 명의 여성이 누가 아기의 어머니냐를 놓고 논쟁할 때, 솔로몬 왕은 아기를 둘로 갈라서 (아기에 대한 권리를 주장하는) 각각의 청구인이 절반씩 가질 수 있게 하자는 유명한 제안을 했다.

50. ④ 논리완성
난이도 ★★
해설 빈칸의 뒤에 있는 They는 변호사들을 가리키며, 이 변호사들이 의뢰인들에게 타협하여 합의에 이르도록 권한다고 했으므로, 변호사가 의뢰인을 '협상이 진행되는 동안'에 돕는다고 해야 문맥상 적절하다. 따라서 ④의 negotiations가 빈칸에 들어가야 한다.
어휘 lawyer n. 변호사 client n. 의뢰인 compromise v. 타협하다 reach an agreement 합의에 이르다 prelude n. 전조; 전주곡 paralysis n. 마비; 정체 negligence n. 부주의, 무관심 negotiation n. 협상, 교섭
해석 변호사들은 협상 중에 의뢰인을 돕는다. 그들은 종종 합의에 이르도록 타협할 것을 의뢰인들에게 권한다.

51. ④ 논리완성
난이도 ★★
해설 토지를 경작하지 않으면서 수확만 원하는 사람들은 고통 없이 바라는 것만 원하는 얌체 같은 사람들이다. 이런 부류의 사람에 해당하는 사람은 자유를 지지하는 체하면서도 자유에 따른 (사회적) 불안은 '비난하는' 사람들이라고 볼 수 있다. 따라서 ④의 deprecate(비난하다)가 정답이다.
어휘 profess to v ~을 가장하다, ~인 체하다 agitation n. 동요, 불안; 선동 plow up the ground 토지를 경작하다 confound v. 당황하게 하다; 좌절시키다 condone v. 용서하다, 눈감아주다 denote v. ~을 나타내다, ~의 상징이다 deprecate v. 비난하다, 반대하다
해석 자유를 지지하는 체하면서도 (사회적) 불안을 비난하는 사람들은 토지를 경작하지 않으면서 수확만 원하는 사람들이다.

52. ③ 논리완성
난이도 ★
해설 1940년대 중반에서 1960년대 중반까지 아기들이 많이 태어났다고 했으므로, 인구가 '급증(bulge)'했음을 알 수 있다.

어휘 baby boom 베이비 붐(출생률의 급상승) plight n. 곤경, 역경 thrust n. 밀어붙이기, 쿡 찌르기 bulge n. 급증, 급등 stopgap n. 임시변통

해석 1940년대 중반에서 1960년대 중반까지 태어난 많은 수의 아기들은 인구가 급격히 증가하는 것을 의미하는 '베이비 붐'이 초래했다.

53. ② 논리완성
난이도 ★★

해설 제2차 세계대전에서 3,800만 명 이상이 목숨을 잃었다고 했으므로, 이런 사상자의 수치와 관련된 표현인 ②의 casualty(사상자)가 정답이다.

어휘 count n. 총계, 합계 deadly a. 치명적인 cost v. (목숨 등을) 희생시키다, 잃게 하다 endorsement n. 승인, 보증, 지지 casualty n. (사고의) 사상[부상]자 eyesore n. 눈에 거슬리는 것 setback n. 방해, 후퇴

해석 제2차 세계대전의 '공식적인' 사상자 집계는 없지만, 제2차 세계대전은 3,800만 명 이상의 목숨을 앗아간 역사상 가장 치명적인 전쟁이었음이 분명하다.

54. ④ 논리완성
난이도 ★★

해설 종속절과 주절이 인과 관계를 이루고 있으므로, 빈칸에는 고용주들이 그의 업무에 불만을 제기할 수 없는 이유에 적절한 단어가 들어가야 한다. 따라서 '근면 성실한'이란 뜻의 ④가 가장 적절하다.

어휘 derelict a. 버려진, 유기된; 태만한 dilatory a. 느린, 더딘, 꾸물거리는 asinine a. 나귀 같은; 터무니없는; 어리석은 assiduous a. 근면 성실한, 열심인

해석 그는 자신의 직무를 수행하는 데 성실하였으므로, 그의 고용주들은 그의 업무에 불만을 제기할 수 없었다.

55. ② (논리완성)
난이도 ★★

해설 temper는 '(반대 효과를 갖는 것을 더하여) 누그러뜨리다, 완화시키다, 조절하다'는 의미이다. rules, regulations의 엄격한 적용은 그와 반대 의미를 갖는 common sense로 '조절하고, 완화하는' 것이 적절하다고 볼 수 있다.

어휘 regulation n. 법규 application n. 적용 titillate v. (기분 좋게) 자극하다, 흥분시키다 temper n. 기질, 성질; 울화통 v. 누그러뜨리다, 완화시키다, 조절하다 amass v. 모으다, 축적하다 abrogate v. (법률, 습관 등을)폐지하다; 취소하다

해석 우리는 젊은이들에게 규칙과 법규를 지키게 해야 하지만, 이러한 규칙과 법규의 적용은 상식으로 완화될 필요가 있습니다.

56. ④ 논리완성
난이도 ★★

해설 빈칸 이하의 a floral stylist는 직업에 해당한다. 따라서 빈칸에는 '직장을 구하다'의 뜻을 만드는 land가 들어가는 것이 적절하다. land는 동사로 쓰이는 경우, '(직업, 계약 따위를) 손에 넣다'는 의미가 있다.

어휘 floral a. 꽃의, 꽃 같은 exquisite a. 매우 아름다운, 정교한, 우아한

해석 어린 시절부터 꽃 애호가였던 팻(pat)은 뉴욕에서 꽃 장식가로 취직하여 결혼식에 쓰이는 정교한 종이꽃을 만들었다.

57. ①

난이도 ★★
해설 실수를 인정함으로써 문제를 해결하려면 실수를 통해 '얻을 수 있는' 그 어떤 교훈이든 배워야 할 것이다. 따라서 빈칸에는 ① gleaned가 적절하다.
어휘 hopefully ad. 바라건대, 아마 oversight n. 빠뜨림, 못 봄, 간과, 실패 move on (새로운 일·주제로) 옮기다[넘어가다] glean v. (정보·지식 등을 어렵게 여기저기서) 얻다[모으다] hinder v. 방해하다 hone v. (감각·기술 등을) 연마하다 sustain v. 계속[지속]시키다
해석 우리는 모두 직장에서 실수를 한다. 그리고 아마도 우리 중 대부분은 잘못을 인정하고, 얻을 수 있는 모든 교훈을 배우고, 계속 나아감으로써 이런 실수들을 해결할 것이다.

58. ①
난이도 ★★
해설 강력한 복지제도와 사회기반은 아이들을 키우는 데 긍정적인 영향을 끼칠 것이다. 그러므로 빈칸에는 '도움이 되는'이란 의미의 ① conducive가 적절하다.
어휘 conducive a. 도움이 되는, 공헌하는 (to) prone a. ~하기 쉬운, ~의 경향이 있는 submissive a. 복종적인, 순종하는 vulnerable a. 취약한
해석 아이들을 키우는 데 도움이 되는 강력한 복지 제도와 사회기반에도 불구하고, 덴마크는 가족 당 자녀수가 1.7명으로, 유럽에서 출산율이 가장 낮은 나라 중 하나이다.

59. ④
난이도 ★★
해설 빈칸 앞에 쓰인 지시형용사 that을 통해 앞 문장에서 언급한 내용 혹은 그 내용과 비슷한 의미를 갖는 표현이 빈칸에 들어가야 할 것임을 유추할 수 있다. and 앞에서 "우리는 지도자는 어떤 모습이어야 하는가에 대한 관념을 가지고 있다."라고 했으므로, 빈칸에는 '어떤 대상에 대해 우리가 가지고 있는 관념'을 의미하는 표현이 들어가야 한다. 따라서 '고정관념'이란 의미의 ④ stereotype가 정답이다.
어휘 fit v. ~에 맞다, ~에 적합하다, ~에 어울리다, 꼭 맞다 consideration n. 고려, 참작, 헤아림; 고려사항; 보답 leadership n. 지휘, 지도력, 통솔력, 리더십 pride n. 자존심, 긍지; 자만심, 오만 rational a. 이상적인, 합리적인 stereotype n. 고정관념, 판에 박힌 문구; 상투적인 수단
해석 우리는 지도자는 어떤 모습이어야 하는가에 대한 관념을 가지고 있는데, 그 고정관념은 너무나도 강력해서 누군가가 거기에 만족하는 경우에 우리는 다른 고려사항들에 대해서는 완전히 눈이 멀고 만다.

60. ①
난이도 ★
해설 디저트는 메인코스 요리를 먹은 후에 식사를 마무리 지으며 즐기는 음식이므로, 메인코스 요리를 '보완하거나 보충하는' 역할을 한다고 볼 수 있다.
어휘 treat v. 다루다, 대우하다; 대접하다 splendid a. 빛나는, 훌륭한; 화려한; 멋진 근사한 complement v. 보충하다, 보완하다 complicate v. 복잡하게 하다, 까다롭게 하다 compliment v. ~에게 찬사를 말하다, 칭찬하다; ~에게 아첨의 말을 하다 complimentary a. 칭찬의, 찬사의; 무료의
해석 손님들은 콘서트가 시작되기에 앞서 근사한 디저트를 곁들인 맛있는 메인 코스 요리를 대접받았다.

61. ③
난이도 ★★
해설 빈칸은 test의 목적어 자리이므로, and 뒤의 dedication처럼 '새로운 신앙을 받아들인 사람의 결의와 헌신을 시험하는 항목 혹은 요소'가 될 수 있는 것이 들어가야 한다. 새로운 신앙에 대한 '결연한 의지'

가 이에 해당하므로, ③resolve가 정답으로 가장 적절하다.
어휘 conversion n.변환, 전환; (의견·신앙 등의) 전향, 개종 rigorous a.준엄한; 엄격한, 가혹한 demanding a.너무 지나친 요구를 하는; (일이) 힘든, 벅찬 process n.(사건 등의) 진행, 경과; 공정, 처리 dedication n.봉납, 봉헌; 헌신 faith n.신념; 신조; 신앙심, 믿음 reformatory a.개선[개혁]의, 혁신적인 n.소년원 remittance n.송금; 송금액 resolve n.결심, 결의 revenge n.보복, 복수, 앙갚음; 원한
해석 종교적 개종은 당신이 선택한 새로운 신앙에 대한 당신의 결의와 헌신을 시험하기 위해 고안된 엄격하고도 까다로운 과정이다.

62. ②
난이도 ★★
해설 부사 still은 '여전히'라는 뜻으로 빈칸의 답을 유추하는 데 단서가 된다. 첫 번째 문장에서 "보안상의 이유로 인터넷 접속을 할 수 있는 기기를 사용하지 못한다."라고 했는데, 빈칸 앞에 still이 있으므로, "무선을 통한 연락을 하는 경우에도 여전히 보안에 신경을 써야 한다."는 흐름이 되어야 할 것이다. 따라서 빈칸에는 '신중한', '조심스러운'의 의미를 가진 ②가 들어가야 한다.
어휘 security n. 보안, 방위; 안전 facility n. 쉬움, 평이함; 시설, 설비 contact n. 접촉, 접속, 교신 via prep. ~을 거쳐, ~을 경유하여 dismal a. 음울한, 쓸쓸한, 적적한 discreet a. 분별 있는, 신중한, 조심스러운 discrete a. 따로따로의, 별개의, 분리된; 불연속의 distractive a. 주의를 산만하게 하는 distinguished a. 눈에 띄는, 현저한; 유명한
해석 인터넷 접속을 할 수 있는 기기는 보안상 이 시설에 반입할 수 없습니다. 외부와의 연락은 무선 전신으로만 가능하며, 기기를 사용할 때에도 여전히 매우 조심해야 할 필요가 있습니다.

63. ①
난이도 ★
해설 rather than 전후의 표현은 대조를 이루어야 한다. rather than 앞에 '요구사항을 더한다'는 표현이 있는데, 이것과 대조를 이루도록 rather than 이하는 '더 많은 도움을 가져다준다'는 의미가 되어야 한다. 따라서 빈칸에는 '초래하다', '발생시키다'는 의미의 generate가 적절하다.
어휘 generate v. 산출하다; 발생시키다 distribute v. 분배하다, 배포하다 fascinate v. 황홀하게 하다, 매혹시키다 attribute v. ~의 탓으로 하다; (~의) 행위로[소치로, 업적으로] 하다
해석 장수와 관련하여, 더 넓은 인간관계망이 항상 여성들에게 유리한 것 같지는 않다. 어떤 종류의 유대관계는 도움을 만들어내기보다는 요구사항들을 추가한다.

64. ③
난이도 ★
해설 소비자보호법은 '소비자의 권익을 보호하기 위한 법률'이므로, 그것이 금지하는 대상은 소비자에게 피해를 입힐 수 있는 주장일 것이다. 따라서 빈칸에는 소비자를 오도하거나 오해하도록 만드는 ③이 빈칸에 적절하다.
어휘 prohibit v. 금지하다 claim n. 주장 inefficient a. 효과없는, 쓸모없는 unfulfilled a. 이행되지 않은 misleading a. 호도[오도]하는, 오해의 소지가 있는 insufficient a. 불충분한 distrustful a. 의심 많은, 믿지 않는
해석 소비자보호법은 광고주들이 (소비자들을) 현혹하는 주장을 하지 못하게 금한다.

65. ②
난이도 ★

해설 빈칸 이하의 almost 3%는 물가가 상승한 정도를 나타낸다. 빈칸에는 정도나 비율을 나타내면서 '~만큼, ~정도만큼'의 의미를 갖는 전치사는 by가 정답이다.
해석 물가가 작년 이후로 거의 3% 올랐다.

66. ④
난이도 ★
해설 지구의 지형을 '평평하게 만드는(flatten out)' 바람과 물의 힘은 abrade하는, 즉 '표면을 문질러 긁거나 마모시키는(scrape or wear down its surface by rubbing it)' 힘이다.
어휘 millennia n.천년 flatten v.납작하게 만들다, 평평하게 하다(out) landscape n.풍경; 지형 abrade v.(암석 등을) 마멸시키다; 찰과상을 입히다 villous a.융모(絨毛) 같은 succor v.원조하다, 구조하다, 돕다 exorbitant a.과도한, 지나친, 터무니없는
해석 수천 년 동안, 바람과 물의 마모시키는 힘은 지구의 지형을 평평하게 만드는 역할을 한다.

67. ③
난이도 ★
해설 '신앙의 문제들을 숙고하는 것(pondering questions of faith)'은 진지하고 엄숙한 분위기로 이어지기 쉬운데, 이럴 때 함께 노래하면 좀 더 '즐겁고 재미있게(entertaining)' 신앙에 대해 생각 할 수 있을 것이다.
어휘 ponder v.숙고하다, 곰곰이 생각하다 standardized a.표준화된, 획일적인 abstemious a.자제하는, 금욕적인 entertaining a.재미있는, 즐거움을 주는 conscientious a.양심적인
해석 함께 노래하는 것은 사람들에게 신앙의 문제들을 좀 더 즐거운 방식으로 숙고 할 수 있는 수단을 제공한다.

68. ①
난이도 ★
해설 사람들이 경주마의 우승을 지켜보기에 앞서서 할 수 있는 행동으로 '모여드는 것'이 있다. 따라서 ①이 정답이다. ②와 ④는 사람이 하는 행위로 적절하지 않으며, ③는 '기절하다'는 의미이므로 문맥상 자연스럽지 않다.
어휘 ungainly a. 보기 흉한, 볼품없는 throng v. 떼 지어 모이다, 밀려[모여]들다 taper v. 점점 가늘어지다; 점점 줄다, 적어지다 faint v. 실신하다, 졸도하다, 기절하다 shimmer v. 희미하게 반짝이다, 가물거리다
해석 사람들은 떼를 지어 몰려들어 그 작고 볼품없는 경주마가 챔피언이 되는 것을 지켜보았다.

69. ③
난이도 ★
해설 빈칸은 'of having 20 five-year-olds in the house for a birthday party'와 동격을 이루고 있다. 빈칸의 뒤에서 이것을 줄리의 엄마가 감당하기 어렵다고 했으므로, 빈칸에는 '생일파티를 위해 20명의 아이들이 모인 것이 초래한 어려운 상황'을 가장 잘 표현하고 있는 단어가 들어가야 한다. 그러므로 '소동', '난리법석'이란 의미의 ③이 정답으로 가장 자연스럽다.
어휘 handle v. 다루다; 취급하다, 처리하다 tranquility n. 고요, 평온, 평화로움 exemption n. (의무 등의) 면제 tumult n. 소동, 법석 condensation n. 압축, 응축
해석 생일파티를 위해 5살짜리 아이 스무 명이 집에 모여 일어난 난리법석은 줄리(Julie)의 엄마가 감당하기에는 너무 벅찬 일이었다.

70. ④

난이도 ★

해설 that절의 내용에 대해 미국인들이 우려를 나타내고 있는 상황이므로, that절은 부정적인 내용이 나타나야 한다. 따라서 인도적인 배려 없이 이민자를 추방한다는 의미를 만드는 ④가 빈칸에 적절하다. 즉, 트럼프 대통령이 이민법 시행에 있어 인도적인 재량을 제거하고 철저하게 시행하는 것에 대해 사람들이 우려하고 있다는 것이다.

어휘 pledge n.약속, 맹세, 서약 mass a.대규모의; 집단의 deportation n.국외 추방; (강제) 이송 humane a.인도적인, 인정 있는 suffering n.괴로움, 고통 harmony n.조화, 화합 alternative n.대안, 다른 방도 reinforcement n.보강, 강화 discretion n.결정권, 자유재량

해석 미국인들은 (불법 이민자들의) 대량 추방을 약속한 트럼프 대통령이 이민법을 시행하는 데 있어 인도적인 자유 재량권을 제거할 것을 우려한다.

71. ④   논리완성

난이도 ★

해설 침략(raid), 노예화(enslave), 재앙(disaster)이라는 상황에 알맞은 행위는 '약탈(despoil)'일 것이다.

어휘 raid n.기습, 습격 enslave v.노예로 만들다 bestow v.수여하다, 부여하다 delineate v.기술하다, 묘사하다 burnish v.광을 내다 despoil v.빼앗다, 약탈하다

해석 20살에 그의 집을 약탈하고 그를 노예로 만들었던 로마인들의 침략은 그의 이웃들에게도 마찬가지의 재앙을 가져왔다.

72. ①   논리완성

난이도 ★★

해설 회의장의 우울한(gloomy) 분위기를 바꿀 수 있는 사람이었다면, 그녀의 성격은 '쾌활한(amiable)' 것이라고 보는 것이 적절하다

어휘 a welcome addition (추가되어도) 환영받을만한 인물, 사람을 행복하게 만들어 주는 것 gloomy a.우울한, 암울한 amiable a.사근사근한, 쾌활한 plangent a.구슬픈, 애조를 띤 lackadaisical a.부주의한, 태만한 cadaverous a.유령 같은, 송장 같은

해석 그녀의 쾌활한 성격은 연례회의장의 우울한 분위기에 더해지기에 반가운 일이었다.

73. ③

난이도 ★

해설 세미콜론 다음의 내용과 반대로 '원하는 것을 부모가 즉시 주지 않는' 경우에는 아이가 '좌절감(frustration)'을 느낄 것이지만, 아이가 망가지지 않기 위해서는 참고 기다리게 해야 하므로, 결국 즉시 제공하지 않아 좌절감을 느끼게 하는 것이 아이의 '인내심' 계발을 위해 필요한 것이다.

어휘 appropriate a. 적절한, 적합한 frustration n. 좌절, 실패 ruin v. 파괴하다, 파멸시키다, 망치다 unconditionally ad. 무조건적으로, 절대적으로 grant v. 주다, 수여하다 confidence n. 신용, 신뢰; 확신 indulgence n. 응석을 받음, 멋대로 하게 둠, 관대; 방종 patience n. 인내, 끈기 self-esteem n. 자부심, 자만심

해석 적절한 양의 좌절감은 인내심을 계발하는 데에 반드시 필요하다. 자녀가 원하는 모든 것들을 말하는 순간 무조건적으로 소원을 들어줌으로써 자녀를 망칠 수도 있다.

74. ③

난이도 ★★

해설 기자들이 궁금해 하는 사안에 대해 나중에 논의하겠다고 한 것은 현재는 그 문제와 관련된 질문을 피하는 것이라 할 수 있다.
어휘 scandalous a. 수치스러운, 불명예스러운; 악평이 자자한; 중상하는 fire v. 해고하다, 내쫓다 ponder v. 숙고하다, 깊이 생각하다 sidestep v. (책임 따위를) 회피하다 tackle v. (일ㆍ문제 따위에) 달려들다, 달라붙다
해석 기자들은 대통령이 그 수치스러운 쟁점에 대해 하게 될 말을 매우 듣고 싶어 했으나, 대통령은 그 문제를 나중에 논의할 것이라 말하면서 모든 질문을 회피했다.

75. ①
난이도 ★
해설 종속절에 접속사 Because가 쓰였으므로, 종속절의 내용은 주절의 이유가 되어야 한다. 주절의 내용이 부정적인 것이므로 이것의 원인이 되는 종속절의 내용도 부정적인 내용이어야 한다. 빈칸 뒤에 주어진 명사가 '발언, 말(言)'이므로, '명예를 손상시키는'이란 뜻의 ①이 가장 자연스럽게 이어진다.
어휘 remark n. (말이나 글로 생각 등을 표하는) 발언 senator n. 상원의원 assistant n. 조수, 보좌역 derogatory a. (명예ㆍ품격ㆍ가치 등을) 손상시키는; 경멸적인 despondent a. 낙담한, 의기소침한 destitute a. 빈곤한 desperate a. 필사적인; 절망적인
해석 그 여성은 대통령의 자녀들에 대해 경멸적인 발언을 했기 때문에 상원의원 보좌관직을 잃었다.

76. ④
난이도 ★
해설 '~한 부류의 사람이 아니다'라는 말에는 당사자를 제외한 다른 사람들은 대체로 '~한 성향을 갖고 있다'는 의미를 담고 있다. 따라서 '대개 친한 친구에게는 마음속 깊은 곳의 감정을 어떻게 하는가'를 유추하면 된다. 가까운 친구에게는 대체로 속마음을 터놓고 이야기하기 마련이므로, 빈칸에는 '(비밀 따위를) 털어놓다'라는 의미의 ④가 적절하다.
어휘 innermost a. 마음속에 품은, 내밀한 condone v. 용서하다, 너그럽게 보아주다 concern v. ~에 관계하다, 관여하다 consent v. 동의하다, 찬성하다 confide v. (비밀 따위를) 털어놓다
해석 제인은 친한 친구에게조차도 마음속 가장 깊은 곳의 감정을 기꺼이 털어놓으려는 부류의 사람이 아니다.

77. ⑤ 논리완성
난이도 ★★
해설 철학자로서 교양과목의 중요성에 대한 학문적 근거를 주장할 것이기 때문에 빈칸에는 '정당한 논거, 주장'이라는 의미의 ⑤가 적절하다. ① 무시 ② 조롱 ③ 유보 ④ 애착
어휘 celebrated a. 유명한 make a case for ~의 이유[근거]를 제시하다, ~을 주장하다 liberal arts n. 교양 과목
해석 이 짧지만 설득력 있는 책에서, 유명한 철학자 마사 누스바움(Martha Nussbaum)은 모든 교육 수준에서 교양 과목의 중요성을 열렬히 주장한다.

78. ②
난이도 ★
해설 빈칸에는 바로 뒤에 나오는 '변화 없는(changeless)'이라는 의미와 유사한 의미의 표현이 들어가는 것이 적절하다.
어휘 sterile a. 불모의, 척박한 battalion n. 대대; 대부대, 집단 mutable a. 변할 수 있는 ordered a. 정돈된, 질서정연한 inordinate a. 과도한, 지나친 tendentious a. 과격한, 극단적인

해석 나는 위대한 사회라는 것이 질서정연하고 변화무쌍하며 생산력도 갖추지 못한 개미군단이라고는 생각하지 않는다.

79. ②
난이도 ★★
해설 지불 기일이 되어 매도인이 매수인으로부터 돈을 받기 위해서는 금액이 명시되어 있는 청구서를 매도인이 매수인에게 제출해야 할 것이다. 그러므로 빈칸에는 '전달하다'는 의미를 가진 표현이 들어가야 한다. 따라서 '주다', '제공하다'라는 뜻을 가진 ②가 정답이 된다.
어휘 due a. 지급 기일이 된, 만기(滿期)가 된 bill n. 계산서, 청구서 specify v. 일일이 열거하다, 명기하다, 상술(詳述)하다 amount n. 총계, 총액 suffice v. ~에 충분하다, 만족시키다 furnish v. (필요한 물건을) 공급하다, 제공하다, 주다 ratify v. 비준하다, 재가하다; 확증하다 void v. 무효로 하다, 취소하다
해석 어떤 금액이든 매수인으로부터 매도인에게 지불되어야 할 기일이 되면, 매도인들은 지불기일이 된 금액을 구체적으로 명시한 청구서를 매수인에게 제출해야 한다.

80. ①
난이도 ★★
해설 매트리스는 침대에 쓰는 두툼한 담요인데, 새 집에는 침대와 같은 가구가 없었다고 했으므로, 실제로 매트리스가 있었던 게 아니라 '담요를 쌓아서 매트리스처럼 만들어 사용했다'는 것을 알 수 있다. 따라서 빈칸에는 '임시변통으로 만들다'라는 의미가 들어가는 것이 자연스럽다.
어휘 virtually ad. 사실상, 실질적으로 blanket n. 담요 improvise v. (시·음악·축사·연설 따위를) 즉석에서 하다[만들다]; 임시변통으로 만들다 pretend v. ~인 체하다, 가장하다 forge v. (거짓말 따위를) 꾸며내다; (문서 따위를) 위조하다 retire v. 퇴직시키다, 은퇴시키다
해석 그 새 집에는 가구가 사실상 전혀 없었기 때문에, 나는 담요 더미로 매트리스를 임시변통으로 만들었다.

3회

1. ④
난이도 ★★
해설 부모님이 알파벳으로 알파벳을 통한 단어를 알고, 읽고, 철자법을 처음으로 가르쳐준 것에 대해 감사한 마음을 갖고 살고 있다는 의미가 되어야 한다. initiate는 'initiate+목적어+into+명사'의 형태로 쓰여 '~에게 ...의 초보[원리]를 가르치다'라는 의미로 쓰이므로 ④ initiating이 적절하다.
어휘 gratitude n. 감사, 사의(謝意) by way of ~을 통해; ~을 거쳐 abuse v. 남용[오용]하다; 학대하다 impede v. 지체시키다, 방해하다 maintain v. 유지하다, 지속하다; 주장하다 initiate v. 시작하다; 입문시키다, ~에게 초보[원리]를 가르치다
해석 나는 알파벳으로 나에게 단어를 알고, 읽을 수 있도록 그리고 철자법의 기초를 가르쳐 주신데 대해 부모님께 감사하며 살고 있다.

2. ①
난이도 ★★
해설 leave nothing out과 covered all levels of human experience은 빈칸의 단서가 된다. 푸에블로족은 아무것도 빠뜨리지 않으려는 욕구가 있었고, 구전 전통으로 인해 모든 인간 경험의 모든 단계를 다뤘다고 하였으므로 '포괄적인'이란 의미를 가지는 ① inclusive가 적절하다.
어휘 impulse n. 충동, 충격, 자극 leave out ~을 빼다, 생략하다; 무시하다 oral tradition 구전 necessarily ad. 필연적으로, 반드시 cover v. 포함하다, 다루다 inclusive a. 일체를 포함한, 포괄적인 imitative a.

모방적인; 모조의 incisive a. 날카로운, 예리한, 신랄한 inflexible a. 구부러지지 않는; 강직한
해석 고대 푸에블로족의 세상에 대한 시각은 포괄적인 것이었다. 아무것도 빠뜨리지 않으려는 욕구가 있었다. 푸에블로족의 구전 전통은 필연적으로 인간 경험의 모든 단계를 다루었다.

3. ③
난이도 ★★
해설 세미콜론(;) 뒤에서는 첫 문장의 엄마와 자신과의 거리에 대한 부연 설명하고 있다. 여기서 그 거리감을 '거의 명백한 것'으로 이야기하고 있으므로, 빈칸에도 이와 유사한 의미의 단어가 들어가야 자연스러운 문장이 된다. 그러므로 palpable의 동의어에 해당하는 ③이 가장 적절하다.
어휘 palpable a. 손으로 만질 수 있는; 명백한 intensity n. 격렬, 긴장, 집중, 전념 desperate a. 자포자기의; 절망적인; 필사적인 longing n. 동경, 갈망, 열망 tenuous a. 희박한, 엷은; 미약한 tangible a. 실체적인, 확실한, 명백한 subtle a. 미묘한, 포착하기 힘든
해석 심지어 엄마가 나와 함께 방에 있을 때도, 그러나 이것은 (둘 사이의) 거리감을 훨씬 더 확실하게 해줄 뿐이었다. 어디든 다른 곳에 있기를 강렬하게 바라는 우리의 필사적인 갈망 위에 형성된 거의 명백한 거리감이었다.

4. ②
난이도 ★★
해설 빈칸은 순접의 접속사 and를 통해 부정적 의미의 표현인 hindrance와 연결되어 있으므로 빈칸에도 부정적 의미의 단어가 들어가야 한다. 그래야만 우둔함, 무능, 감각의 기만에 의한 산물이 될 수 있다. 빈칸에는 선택지 중 부정적인 의미를 갖는 ②가 적절하다.
어휘 hindrance n. 방해, 장애, 장애물 proceed v. 나아가다, 계속되다; 착수하다 dullness n. 무딤; 침체 incompetency n. 무능, 무자격; 부적당 deception n. 속임, 기만, 사기 logicality n. 논리에 부합됨, 논법의 정확함 aberration n. 상궤를 벗어남, 착오 infallibility n. 과오가 없음, 절대 확실 acumen n. 예민, 총명, 날카로운 통찰력
해석 그러나 인간의 이해에 대한 단연 가장 큰 장애물과 착오는 우둔함, 무능, 그리고 감각의 기만에서 비롯된다.

5. ①
난이도 ★★
해설 콜론(:)의 뒤에는 앞 문장에서 말한 내용에 대한 부연 설명이 있어야한다. 주어진 문장의 인용문은 앞 문장을 부연 설명해야 하는데, 이 문장에서 핵심이 되는 표현은 accidental이므로, 빈칸에도 이것의 동의어에 해당하는 단어가 들어가야 한다.
어휘 enterprise n. 기획, 계획; 기업, 사업 accidental a. 우연한, 우발적인; 고의가 아닌 fortuitous a. 우연의, 예기치 않은 predictable a. 예언할 수 있는, 예상할 수 있는 concomitant a. 동반하는, 부수하는; 양립하는 inevitable a. 불가피한, 부득이한
해석 스미스(Smith)는 녹음음반을 성공할 가능성이 적은 사업 계획이 거둔 우연한 성과로 여기고 있다. "그들이 문화 속에서 이 아름다운 순간을 포착해낸 것은 완전한 우연이었습니다."

6. ③
난이도 ★★
해설 oil embargo와 an era of energy scarcity의 관계를 통해 석유의 수출을 금지하는 방안은 에너지 부족 시대를 '시작되게' 했을 것임을 알 수 있다.
어휘 embargo n. 출항금지, 금수조치 scarcity n. 부족, 결핍 revolution n. 혁명, 변혁 transact v. 집행하다,

처리하다 shut down 제지하다, 금지하다, 방해하다 usher in (손님을) 안내해 들이다; 예고하다; ~이 시작[도입]되게 하다 accumulate v. 모으다, 축적하다

해석 1973년 중동 석유 수출금지 조치로 에너지 부족 시대가 시작되고 40년이 지난 지금, 미국은 대체로 신기술에 의해 추진되는 에너지 혁명의 한가운데에 있다.

7. ①

난이도 ★

해설 상징은 '사물을 전달하는 매개적 작용을 하는 것을 통틀어 이르는 말'을 뜻하며 관례화된 의미들이 상징물에 부여되어진다. 그러므로 상징(symbol)과 의미(meaning)는 후자가 전자에 대해 '주어지거나 부여되는' 관계이다.

어휘 consist of ~로 이루어져 있다 conventionalize v. 관례에 다르게 하다, 평범하게 하다 accord v. 일치하다, 조화하다; 주다, 부여하다 renovate v. 혁신하다, 쇄신하다 oppose v. 반대하다, 적대하다 generate v. 낳다, 산출하다, 생기게 하다

해석 문화는 관례화된 의미들이 부여되어 있는 일련의 상징들로 이루어져 있다.

8. ④

난이도 ★

해설 포스터가 충분히 큰 글씨로 쓰여 있었다고 했으므로, 그 방 어디서든지 그 포스터를 '읽을 수 있다'고 해야 문맥상 적절하다.

어휘 incorrigible a. (사람, 성격, 나쁜 버릇 등이) 고칠 수 없는, 고쳐지지 않는 undecipherable a. 판독할 수 없는 lethal a. 치명적인, 죽음을 초래하는, 치사의 legible a. 읽기 쉬운, 판독할 수 있는

해석 그 포스터는 그 방 어디서든지 읽을 수 있을 정도로 충분히 큰 글씨로 쓰여 있었다.

9. ②

난이도 ★★

해설 지진 발생 후, 빈칸은 정부가 재난구조를 돕겠다는 의사에 관한 말로 빈칸에는 '약속'이라는 말이 들어가야 적절하다.

어휘 earthquake n. 지진 disaster relief 재난구조 amendment n. 수정, 개정 pledge n. 서약, 약속 concession n. 양보; 승인, 용인 excavation n. 발굴; 출토품, 유물

해석 지진이 발생한 이후, 몇몇 국가들은 재난구조를 돕겠다고 서약했다.

10. ① 논리완성

난이도 ★★

해설 버마는 중국과 인도라는 두 거대 시장으로의 접근성을 확보해주는 지리적인 이점이 있다고 했으므로, 세계에서 마지막으로 남은 미개척 시장으로 '선전되고' 있다고 해야 문맥상 적절하다.

어휘 virgin a. 자연 그대로의, 쓰인 적이 없는 ensure v. 보장하다 access n. 접근 tout v. (사람·물건을) 과대 선전[추천]하다 rebuke v. 몹시 비난하다, 질책하다 spurn v. 퇴짜 놓다, 일축하다 alienate v. ~와 소원하게 하다

해석 버마는 인도와 중국 사이에 위치하여 그 위치가 두 거대한 시장으로의 접근성을 확보해주는 세계에서 마지막으로 남은 미개척 시장이라고 요란하게 선전되고 있다.

11. ② 논리완성

난이도 ★★

해설 예산을 걱정할 필요가 없다는 말은 돈이 풍족하다는 말로 해석될 수 있다. 따라서 빈칸에는 '기부금'이 들어가는 것이 적절하다.
어휘 private a. 사립의, 민간의 institution n. 기관, 시설 budget n. 예산 qualm n. 양심의 가책 endowment n. 기부금 ailment n. 병, 질환 impediment n. 방해, 장애
해석 사립 고등교육기관의 직원들은 예산문제에 대해 걱정할 필요가 없는데, 왜냐하면 이들은 거대한 기부금을 받고 있기 때문이다.

12. 정답 (C)
난이도 ★★
해설 앞부분은 양보의 의미를 갖고 있는 분사 구문 (be동사가 생략되어 형용사만 남게 된 분사구문임)이므로, 주절에서는 그와 반대되는 내용이 있어야 한다. 따라서 황량한 것은 사람이 적은 것을 뜻하기 때문에 괄호 안에 필요한 것은 이와 반대되는 내용인 사람이 많은 것과 관련이 있어야 한다.
어휘 desolate a. 황폐한, 황량한, 쓸쓸한, 외로운, 고독한 invariably ad. 변함없이, 일정불변하게, 항상, 반드시
해석 너무 황량한 곳이긴 하지만 Atyrau로 가는 항공편들은 항상 만석이다.

13. 정답 (E)
난이도 ★
해설 괄호에 이어지는 부분이 into the habits이기 때문에 의미상으로 escape와 loosen, break 등은 불가능하다. put은 'A를 B에 놓다'로 목적어가 필요하다.
어휘 monarchy n. 군주제, 군주 정치, 군주국 offender n. 위반자, 범죄자, 무례한자, 남의 감정을 해치는 것
해석 이 온건한 군주 국가들은 이제 걸프만의 최악의 인권유린국가들인 바레인과 사우디아라비아의 습관에 빠져들 위험을 갖고 있다.

14. ③
난이도 ★★
해설 에어로빅 운동을 열심히 하는 목적은 '날씬하고 호리호리한' 몸매를 얻기 위함이라고 유추할 수 있다.
어휘 resolution n. 결심, 결의 puerile a. 유치한; 철없는, 미숙한 palliative a. 완화하는, 경감시키는; 정상을 참작할 만한 lissome a. (몸이) 호리호리한 superstitious a. 미신을 믿는, 미신적인
해석 올해 결심은 운동을 열심히 해서 나의 에어로빅 강사만큼 날씬하게 되는 것이다.

15. ②
난이도 ★★★
해설 promising의 의미는 '지금은 아직 미숙하지만 발전가능성이 많은'이라고 볼 수 있다. 그러므로 '배우기 시작한 지 얼마 되지 않아 경험이 많지 않은 사람', 즉 '초보자'라는 단어는 promising과 잘 어울린다.
어휘 promising a. 유망한, 촉망되는; 조짐이 좋은 gourmet n. 미식가, 식도락가 tyro n. 초보자 crook n. 사기꾼 envoy n. 사절, 특사
해석 그 올림픽 메달리스트와 같은 반 친구였던 사람은 그녀가 시립 아이스링크에서 훈련하던 촉망받는 초보자였다고 기억한다.

16. 정답 (D)
난이도 ★
해설 because 뒤의 내용과 가장 잘 어울리는 빈칸의 내용은 '뒤죽박죽인' '일관성이 없는'이다.

어휘 incoherent a. 일관성이 없는, 사리가 맞지 않는, 모순된, 뒤죽박죽의 illogical a. 비논리적인, 불합리한, 이치가 닿지 않는, 우둔한, 논리적이 아닌 alternate a.n.v. 번갈아 하는, 고대의, 서로 엇갈리는, 교체, 보결, 대리인, 대역, 번갈아 일어나다, 교체하다, 교대하다 impeccable a. 죄를 범하는 일이 없는, 결함 없는, 비난의 여지없는, 완벽한 infallible a. 결코 잘못이 없는, 틀림이 없는, 확실한, 절대무오류의 impassive a. 감정이 없는, 무감동의, 냉정한, 고통을 느끼지 않는, 무감각한

해석 그의 어젯밤 연설은, 통일성이 없고, 생각을 비논리적으로 구성했고 공식적인 스타일과 비공식적인 스타일을 번갈아 했기 때문에 일관성이 없었다.

17. ①
난이도 ★

해설 이 문장은 because로 연결된 두 절로, false와 가장 유사한 의미인 spurious가 빈칸에 적절하다.

어휘 Spurious a. 가짜의, 위조의; 허울 좋은 equitable a. 공정한, 공평한, 정당한 elemental a. 원소의; 기본적인 feasible a. 실현 가능한; 적당한

해석 그것은 부적절하고 잘못되었기 때문에 가짜 개념이다.

18. ③
난이도 ★★

해설 for가 이유의 접속사로 쓰였으며, 만성적인 우울증으로 겪고 있는 사람들에게 추천될 책이라면 재미있는 내용이 '가득한, 충분한' 책이라고 볼 수 있다.

어휘 devious a. 빗나간, 그릇된 devoid of ~이 없는, 결여된 replete with ~로 가득한, 충분한 tantamount to ~에 버금가는

해석 그 책은 만성적인 우울증으로 겪고 있는 독자들에게 적극 추천된다. 왜냐하면 그 책은 재미있고 유머가 풍부한 이야기들로 가득하기 때문이다.

19. ②
난이도 ★★

해설 운명을 변화시키려는 시도를 반대한 것은 자신의 운명이 피할 수 없는 것이라고 느꼈기 때문일 것이다. 따라서 빈칸에는 ② ineluctable이 적절하다

어휘 lot n. 운, 운명(=fate) tangible a. 만져서 알 수 있는, 확실한 ineluctable a. 피할 수 없는, 불가피한 meandering a. 종잡을 수 없는; 두서없이 이야기하는 equivocal a. 확실치 않은; 어정쩡한

해석 긴 여행을 통해, 그 영웅은 자신의 운명이 피할 수 없는 것이라고 느꼈고 자신의 운명을 변화시키려는 그 어떤 시도조차 하지 않았다.

20. ③
난이도 ★★

해설 빈칸의 앞에 땅의 면적을 나타내는 표현인 3 acre가 있으므로, 빈칸에는 '건물의 신축이나 작물의 재배 등을 위해 측량을 실시한 대지 혹은 땅'을 의미하는 plot이 들어가야 한다.

어휘 spell n. 한 동안의 계속, 한 차례; 잠시 동안 deferral n. (예산의) 집행연기 plot n. (특정 용도의) 작은 땅 조각, 터, 대지 gust n. 돌풍, 질풍; 소나기

해석 팔려고 내놓은 3에이커의 대지가 나의 집 옆에 있다.

21. ④
난이도 ★★

해설 매우 가난한 이들을 도와주었다면, 그 사람의 마음은 타인을 배려하고 아끼는 마음이 충분했을 것이다. 따라서 빈칸에는 '테레사수녀의 마음속이 사랑으로 가득 차 있었다'는 의미가 되도록 '축적', '저장', '저장 장소' 등의 뜻을 가진 ④가 들어가야 한다.

어휘 disposal n. 처분, 처리; 양도, 매각 emulation n. 경쟁, 경쟁심; 대등하게 되려는 본뜸 petition n. 청원, 탄원, 진정 reservoir n. 저수지, 저장소; 저장, 축적

해석 가장 가난한 사람들을 도와주었던 테레사 수녀(Mother Teresa)는 마음 속이 사랑으로 가득 차 있던 분이셨다.

22. ③

난이도 ★

해설 '큰 변화를 가져오겠다고 약속했다'라는 문장 뒤에 but이 왔으므로, but의 뒤에는 이와 반대되는 내용이 있어야 한다. 그러므로 '실제로는 변화가 거의 없었다'는 의미를 갖는 표현인 ③이 빈칸에 들어가야 한다.

어휘 erudite a. 박식한, 학식이 있는 exponential a. (증가율 등이) 기하급수적인, 급격하게 증가하는 infinitesimal a. 극소의, 극미한; 무한소의 integral a. 완전한, 완전체의; 필수의

해석 정부는 다음 해에는 큰 변화를 가져오겠다고 약속했었지만, 국민들의 생활에서 나아진 것은 매우 적었다.

23. ①

난이도 ★★

해설 빈칸의 뒤에서 비닐봉지가 분해되는 데 수천 년이 걸릴 수 있다고 했다. 'so ~ that' 구문을 고려하면 이는 비닐봉지의 재료인 플라스틱이 분해되는 데 많은 시간이 소요되기 때문일 것이라 유추할 수 있다. 그러므로 빈칸에는 that절 이하에 쓰인 break down과 같은 의미를 가진 표현이 들어가야 하며, ①decay가 정답이 된다.

어휘 plastic bag 비닐봉지 break down 분해하다 decay v. 썩다, 부패하다 refuse v. 거절하다, 거부하다 remain v. 여전히 ~이다 destroy v. 파괴하다 reserve v. 보유하다, 예약하다

해석 플라스틱이 썩는 데 너무나 오랜 시간이 걸려서 과학자들은 비닐봉지가 분해되는 데 수천 년이 걸릴 수 있다고 주장한다.

24. ①

난이도 ★

해설 '멕시코가 황금이 발견된 것을 모른 채 캘리포니아를 미국에 넘겨주었다'는 내용이 되도록 '양도했다'는 뜻의 ① cede가 빈칸에 적절하다. allocate는 '할당', bestow는 넘겨받는 대상 앞에 전치사 on을 쓴다.

어휘 signer n. 서명자 treaty n. 조약[협정]문서 cede v. 양도하다, 할양하다 allocate v. 할당하다, 책정하다 bestow v. 수여하다, 주다 bequeath v. 유언으로 증여하다

해석 1848년에 멕시코가 캘리포니아를 미국에 양도했을 때, 협정 문서에 서명한 사람들은 캘리포니아에서 황금이 발견되었다는 걸 알지 못했다.

25. ③ 논리완성

난이도 ★★

해설 여론조사 결과에 따르면, 설문에 응답한 사람들 중 과반수가 "의사들이 환자들에게 예전만큼 신경을 쓰지 않는다"는 것에 동의하고 있다. 이는 사람들이 전에 비해 의사들을 높게 평가하거나 존경하지 않는다는 것으로 볼 수 있다. 따라서 ③이 빈칸에 들어갈 표현으로 적절하다.

리드원 SENTENCE COMPLETION

어휘 general public 일반대중 Callup poll 갤럽 여론전화 animosity n. 악의(惡意), 원한, 증오 curiosity n. 호기심; 골동품 esteem n. 존중, 존경, 경의 privacy n. 사적[개인적] 자유; 사생활, 프라이버시
해석 일반대중은 예전에 비해 의사들에 대해 존경심을 덜 갖고 있는 듯하다. 갤럽(Gallup)에서 실시한 여론조사에 따르면, 설문에 응답한 사람들 중 57%가 "의사들이 환자들에게 예전만큼 신경을 쓰지 않는다."는 데 동의했다.

26. ④
난이도 ★★
해설 or로 연결된 두 절이 종속절이고 콤마 다음의 you will find이하가 주절인데, 의미상 As(~이므로)나 Just as(~이듯이)나 While(~인 반면에)은 적절하지 못하고 Either는 접속사가 아니라 부사이므로 알맞지 못하다. ④의 Whether는 Whether A or B(A이든 B이든)로 쓰이면 양보의 뜻으로, 이어지는 주절과 자연스럽게 연결되므로 ④가 빈칸에 적절하다.
어휘 e-commerce n. 전자상 거래 suitable a. 적절한, 알맞은
해석 당신이 직접 운영하는 가게에서 인터넷으로 팔기 시작할 계획이든, 다른 사람들의 가게를 위해 전자상거래 사이트를 설계하기를 원하든, 당신이 바로 여기서 딱 알맞은 SellEasy 솔루션을 찾을 것이다.

27. ④
난이도 ★★
해설 reel, sway, like a drunken man과 문맥상 상응하는 표현인 '휘청거리다'는 의미의 ④가 정답으로 적절하다.
어휘 reel v. 줄을 감다; 비틀거리다 sway v. 흔들리다 goad v. 자극하다, 선동하다 primp v. 단정하게 차려입다 evanish v. 소멸하다, 죽다 dodder v. 몸을 떨다, 휘청거리다
해석 그는 쓰러지지 않기 위해 술주정뱅이처럼 휘청거리면서 비틀대고 흔들거렸다.

28. ①
난이도 ★★
해설 '새로운 망원경에 의해'라는 표현을 통해 빈칸의 답을 유추할 수 있다. 망원경은 멀리 있는 대상을 관측하기 위한 것이므로, '천체'에 대한 연구임을 미루어 짐작할 수 있다.
어휘 sidereal a. 항성의, 별자리의 faunal a. (특정 시대·공간의) 동물상의 sepulchral a. 무덤 같은, 음산한 alluvial a. 충적층의
해석 항성에 대한 연구는 그 새로운 망원경에 의해 크게 발전했다.

29. ④
난이도 ★★
해설 세미콜론(;) 다음에서 남의 말을 듣기만 하는 것은 그의 스타일이 아니라고 했다. 따라서 매튜는 말을 유창하게 잘하고 입심이 좋은 사람임을 알 수 있다.
어휘 heedful a. 주의 깊은, 세심히 귀 기울이는 pessimistic a. 비관적인, 염세적인 tubbish a. 통통하게 살이 찐, 통통한 모양의 voluble a. 말을 잘 하는, 입심이 좋은
해석 말을 잘하는 사람인 매튜(Matthew)를 정신과 의사라고 상상하기란 어려웠다. 다른 사람이 말을 하는 동안 듣기만 하는 것은 그의 스타일이 아니었다.

30. ②
난이도 ★★

해설 콘서트 장소에 입장한 후에 아직 연주회나 공연이 시작되지 않았다면, 시작하길 기다리면서 빈둥거리거나 이곳저곳을 어슬렁거릴 것이다.

어휘 trickle v. 드문드문[조금씩] 오다[가다]; (비밀 따위가) 조금씩 새다 venue n. 행위[사건]의 현장; (경기·회의 따위의) 개최지 swipe v. (신용 카드 같은 전자 카드를 인식기에) 읽다; 스마트폰 화면의 위에서 손가락을 떼지 않고 문자를 입력하거나 화면을 넘기다 scroll v. 표시 화면 내용을 순차적으로 올리다[내리다] lather v. 거품이 일다; 땀투성이가 되다; 때리다 saunter v. 산책하다, 어슬렁거리다, 빈둥거리다 err v. 잘못하다, 실수하다 canter v. 느린 구보로 나아가다.

해석 일반적인 콘서트에서, 관객들은 조금씩 행사 장소로 들어와서, 음악이 시작되기를 기다리면서 어슬렁거리며, 핸드폰을 꺼내서 손가락으로 화면을 넘기거나 내리면서 시간을 보낸다.

31. ③
난이도 ★

해설 세미콜론(;)의 뒤에서 유명 영화배우의 솔직하고, 거만하지 않고, 가식적이지 않은 모습에 대해 이야기하고 있으므로, 그녀가 우리에게 깊은 인상을 준 것은 진실하고 솔직한 모습이라 할 수 있다.

어휘 superiority n. 우월, 우위, 탁월; 거만함 self-assertiveness n. 주제넘음 showiness n. 화려, 겉만 번지르르함 up-and-coming a. 전도유망한, 떠오르는, 활기찬 out-of-fashion a. 유행이 지난, 구식이 된 up-to-date a. 최신의, 최신식의

해석 우리는 모두 그 유명 영화배우가 알고 보니 매우 진솔하다는 것에 감명을 받았다. 그녀는 말하는 데 있어서 솔직했고, 거만함이나 자기주장 또는 과시욕에 대한 어떤 감정도 전혀 보이지 않았다.

32. ③ 논리완성
난이도 ★★

해설 첫 번째 문장에서 "어떤 일의 부차적인 면이 주요 사건들보다 더 빨리 우리의 관심을 사로잡는다."라고 했는데, "각주(책의 부차적인 면)가 본문(주된 내용)보다 더 흥미를 끈다."라는 두 번째 문장의 내용은 첫 번째 문장의 내용에 대해 비슷한 사례를 언급한 것이므로, 빈칸에는 ③ Similarly가 적절하다.

어휘 affair n. 일, 용건 attendant a. 수반하는, 부수의 footnote n. 각주(脚註); 보충 설명

해석 어떤 일의 부차적인 면이 종종 그것들이 수반하는 주요 사건들보다 더 빨리 우리의 관심을 사로잡는다. 이와 마찬가지로 (책의) 각주가 본문보다 더욱 흥미를 끄는 책이 많이 있다.

33. ① 논리완성
난이도 ★

해설 '미국 의회에서 고용 차별은 금지되었지만, 오늘날에는 새로운 대상으로 흡연자들이 차별받고 있다'고 했으므로, 고용 차별이 여전히 이루어지고 있다는 의미가 되기 위해서는 빈칸에 ①head가 들어가야 한다. raise[rear] one's head는 '머리를 쳐들다,' '나타나다'라는 뜻으로 사용된다.

어휘 outlaw v. 불법화하다, 금지하다 job discrimination 고용 차별 on the basis of ~에 근거하여 paycheck n. 봉급(지불 수표)

해석 미국 의회가 인종, 성, 국적, 종교 그리고 나이 등에 근거한 고용 차별을 금지하고 20년도 지나지 않은 지금, 고용 차별은 다시 추악한 모습을 드러내고 있다. 오늘날의 새로운 대상은 흡연자들이다.

34. ② 논리완성
난이도 ★★

해설 세미콜론(;)의 뒤에는 앞 문장을 부연 설명하고 있는데, '생존은 다른 종들과의 상호작용에 달려있다'고 했다. 그러므로 지구상의 어떠한 생명체도 혼자서 생존이 불가하다고 봐야 옳다. 빈칸에는 ②isolated가

적절하다.
- **어휘** survival n. 생존 reliance n. 의존, 의지 interdependent a. 서로 의존하는, 서로 돕는 symbiotic a. 공생의, 공생하는 deteriorating a. 악화중인 isolated a. 고립한, 격리된, 분리된 perishable a. 썩기 쉬운; 죽을 운명의 divergent a. 서로 다른; 기준에서 벗어난
- **해석** 지구상의 어떠한 생명체도 고립되어 있지 않다. 생존은 다른 종(種)들과의 상호 작용에 달려있다. 다른 종에 의존도가 매우 높은 수준에 이르러 유기체들이 상호 의존하는 정도가 되면, 과학자들은 그 유기체들이 공생하는 것으로 여겼다.

35. ② 논리완성
- **해설** 주절에서 공감의 가치를 높게 평가했는데, 빈칸 뒤에 부정적인 의미의 hostility(적개심)가 주어져 있으므로, 이것을 완화시킨다는 뜻을 가진 표현이 빈칸에 나타나야 한다. 따라서 ②를 제외한 나머지는 모두 ②와 반대의 결과를 가져오므로 정답이 될 수 없으며 ②가 정답이 된다.
- **어휘** empathy n. 감정이입, 공감 priceless a. 대단히 귀중한, 돈으로 살 수 없는 commodity n. 필수품, 물자; 상품; 유용한 것 invariably ad. 변함없이, 항상 hostility n. 적의(敵意), 적개심, 적대 행위 facilitate v. ~을 쉽게 하다; (행위 따위를) 돕다; 촉진[조장]하다 defuse v. (폭탄, 지뢰의) 신관을 제거하다; ~의 긴장을 완화하다 consolidate v. 결합하다, 합체(合體)시키다; 공고[견고]히 하다, 강화하다 spread v. 펴다, 펼치다; 퍼뜨리다
- **해석** 공감은 항상 적대감을 완화시키기 때문에 더없이 귀중하다.

36. ③ 논리완성
- **해설** 첫 두 문장에서 안전벨트를 매지 않아 사상자가 발생했다고 했으므로, 안전벨트를 한 사람은 큰 부상을 입지 않았을 것이라 유추할 수 있다. 빈칸 뒤에 '가벼운 부상'이라는 표현이 주어져 있으므로, 빈칸에는 '(손해, 부상 따위를) 받다, 입다'는 의미의 표현이 들어가야 한다.
- **어휘** spine n. 등뼈, 척추 minor injury 경미한 부상 foster v. 기르다, 양육하다; 조장하다 육성하다 neglect v. 무시하다; 간과하다, 방치하다 sustain v. 떠받치다; 부양하다; (손해 따위를) 받다, 입다 hide v. 숨기다, 감추다
- **해석** 톰(Tom)과 짐(Jim)은 안전벨트를 매고 있지 않기 때문에 차에서 내동댕이쳐졌다. 짐은 사망했고 톰은 척추가 부러졌다. 안전벨트를 매고 있던 제3의 인물은 오직 가벼운 부상만을 입었다.

37. ③ 논리완성
난이도 ★
- **해설** 형용사 round에는 '대략'의 의미가 있으며, in round figures는 '대략적으로'라는 표현이다. 부사 round에는 '(방향이 생각이) 반대 방향으로', '역으로'라는 의미가 있으며, the other way round는 '반대로', '거꾸로'라는 표현이다.
- **어휘** cheap a. 값이 싼, 싸구려의 crack up (중압감을 못 이기고 정신적으로나 육체적으로) 무너지다[쓰러지다]; 마구 웃기 시작하다 odd a. 기묘한, 이상한; 홀수의 concern n. 관계, 관련; 관심 round a. 약; 대략 ad. (방향, 생각이) 반대 방향으로, 역으로 in round figures 대략적으로 the other way round 반대로, 거꾸로 block a. 뭉뚱그린; 덩어리의 v. 막다, 방해하다
- **해석** a. 저 모자는 싸지 않다. 그것은 대략적으로 100달러이다.
  b. 그 여자아이가 마구 웃은 게 아니에요. 그 반대였어요. 그 아이의 엄마가 마구 웃었어요.

38. ④ 논리완성
난이도 ★

해설 step down은 '(높은 지위에서) 사직[사임]하다'는 뜻을 갖고 있고, cool down은 '(노여움, 열의 따위가) 식다, 가라앉다'는 뜻이다.
해석 a. 대통령은 신병(身病)을 이유로 지난달에 사임했다.
　　　b. 아버지의 화가 다 가라앉을 때까지는 아버지를 만나지 마라.

39. ③ 논리완성
난이도 ★
해설 플로리다 산 감귤과 캘리포니아 산 감귤을 비교하는 내용이므로, 빈칸에는 감귤과 관련이 깊은 단어가 빈칸에 들어가야 한다. 따라서 빈칸에는 '과즙이 많다'는 의미의 succulent가 가장 적절하다.
어휘 citrus n. 감귤류(귤, 리몬, 오렌지 등) 과일 sundry a. 여러 가지의, 갖가지의 succinct a. 간결한 succulent 즙(수분)이 많은; 마음의 양식이 되는 subsequent a. 뒤이어 일어나는, 뒤이은
해석 일부 사람들은 플로리다(Florida) 산 감귤이 캘리포니아(California) 산 감귤 보다 과즙이 더 많다고 느낀다.

40. ④ 논리완성
난이도 ★★
해설 더 좋은 급여의 새 직장을 제안 받았을 때, 그 제안을 어떻게 받아들였겠는가를 묻는 문제이기 때문에 빈칸에는 '무조건적으로', '주저하지 않고'라는 의미의 ④가 들어가는 것이 자연스럽다.
어휘 accept v. 받아들이다, 수락하다 offer n. 신청; 제의, 제안 at loose ends 무엇을 할 것인지 미정인, 이렇다 할 작정도 없이 in a rut 틀에 박혀, 판에 박혀 on the tip of one's tongue 말이 입에서 맴도는, 생각 날 듯 말 듯 한 without reservation 주저하지 않고, 기탄없이, 무조건 tongue in cheek 농담으로, 비꼬아
해석 더 좋은 급여의 새 직장을 제안 받은 후에, 톰(Tom)은 기탄없이 그 제안을 받아들였다.

41. ② 논리완성
난이도 ★★
해설 manufacture은 동사로 빈칸에는 이를 수식하기 위한 부사가 들어가야 한다. 한편 as 이하의 '비용을 절약하게 된다는 것'은 효율성과 관련된 것이다. 따라서 빈칸에 적절한 표현은 '효율적으로', '능률적으로'라는 의미의 ②이다.
어휘 sophisticated a. 정교한; 고도로 세련된 manufacture v. (대규모로) 제조하다 in the long-term 장기적으로 efficient a. 능률적인 efficiently ad. 능률적으로, 효율적으로 efficiency n. 능률 efficacious a. 의도된, 효과가 있는, (약, 치료 따위가) 효험이 있는 effectively ad. 유효하게, 효과적으로
해석 제품을 보다 효율적으로 제조하는 것이 장기적으로 비용을 절약할 것이기 때문에 그 회사는 이를 위해 정교한 장비에 대규모로 투자했다.

42. ④ 논리완성
난이도 ★★
해설 실제로 실천하겠다는 의지 없이 야심 찬 계획들만 세우면, 그런 계획은 실현될 가망성이 없는 '허망한' 계획일 것이다.
어휘 implement v. 시행하다, 이행하다 ambitious a. 야심 있는 auspicious a. 상서로운, 길조의 expeditious a. 급속한, 신속한 propitious a. 순조로운; 상서로운 forlorn a. 쓸쓸한; 버림받은; 절망적인; 허망한
해석 시행하려는 정치적 의지가 없이 그런 야심 찬 계획들은 종종 허망하다.

43. ② 논리완성

난이도 ★★
해설 주절에서 '화재가 발생할 수 있다'고 했으므로, 빈칸에는 ②의 combustible(가연성의)이 적절하다.
어휘 spontaneous a. 자연발생적인 hay n. 건초 coal n. 석탄 store v. 저장하다 in bulk 대량으로 intangible a. 무형의 combustible a. 불붙기 쉬운, 타기 쉬운, 가연성의 shoddy a. 가짜의 hefty a. 크고 튼튼한
해석 자연발생적인 화재는 건초나 석탄과 같이 가연성 물질이 대량으로 저장되어 있을 때 발생할 수 있다.

44. ③ ('the 비교급, the 비교급' 구문)
난이도 ★★
해설 'the 비교급+주어+동사' 형태가 주어져 있으므로, 뒤에도 'the 비교급+주어+동사' 형태가 와서 '~할수록 점점 더 .... 하다'는 의미의 표현이 되어야 한다. 따라서 이러한 형태가 제시돼 있는 ③이 정답으로 적절하다.
어휘 soar v. 높이 날다, 날아오르다
해석 우리가 높이 날아오를수록, 날 수 없는 사람들에게 우리는 더 작게 보인다.

45. ① 논리완성
난이도 ★★
해설 앞에서는 '경의를 표하지만' 뒤에서는 '비웃는' 것은 '아부하는' 또는 '비굴한(obsequious)' 태도라고 볼 수 있다.
어휘 touch one's cap to ~ 에게 약간의 경위 표시만을 하다, 인사치레를 하다 sneer v. 비웃다, 냉소하다 obsequious a. 아부하는; 비굴한 winsome a. 마음을 끄는, 매력[애교] 있는 intrepid a. 두려움을 모르는, 용맹스러운 effulgent a. 찬란히 빛나는, 눈부신
해석 비굴한 마을 사람들은 그녀의 앞에서는 경의 표했지만, 등 뒤에서는 그녀를 비웃었다.

46. ③ 논리완성
난이도 ★★
해설 '독사인 것으로 오인된다(be mistaken)'라는 말에는 실제로는 독이 없을 것이며 '무해하다'라는 의미를 포함하고 있다.
어휘 garter snake 가터 뱀(독이 없는 줄무늬 뱀) spot v. 발견하다 venomous a. 독이 있는 inveterate a. 상습적인, 뿌리 깊은, 고질적인 ingenuous a. 솔직 담백한, 꾸밈없는 innocuous a. (뱀, 약 따위가) 무해한, 독이 없는, 해롭지 않은 inane a. 어리석은, 우둔한; 무의미한
해석 마당, 공원, 정원 등에서 종종 발견되는 독이 없는 가터 뱀은 가끔 독사로 오해받는다.

47. ④ 논리완성
난이도 ★★
해설 어머니가 보호 장비 없이 오토바이 운전의 위험성을 알고 아들에게 할 수 있는 행동은 헬멧을 쓰라고 '부탁하는 것'이 될 것이다.
어휘 headgear n. 머리 보호 장구 earnestly ad. 진심으로, 진지하게; 열심히 implicate v. (연루되었음을) 보여주다, 시사하다 reject v. 거부하다, 거절하다 implore v. 애원하다, 간청하다
해석 머리 보호 장구 없이 오토바이를 모는 것의 위험성을 알고 있었기 때문에, 어머니는 아들에게 헬멧을 쓰라고 진지하게 애원했다.

48. ② 논리완성
난이도 ★★

해설 보편교육이 모든 인위적인 불평등을 '제거한다'고 했다. 따라서 빈칸에도 같은 맥락으로 모든 형태의 계급제도를 '타파한다'고 해야 문맥상 적절하다.
어휘 destine v. 예정하다 hierarchy n. (사회나 조직 내의) 계급제도 uphold v. 옹호하다 overthrow v. 타도하다, 전복시키다 disguise v. 변장하다
해석 보편교육은 모든 형태의 계급제도를 타파하고 모든 인위적인 불평등을 제거하게 될 힘이다.

49. ④
난이도 ★★
해설 빈칸 다음의 and의 뒤에서 "전공이 자신의 성별과 어울리지 않는 경우에는 그 즉시 거부한다."라고 했다. 이 말을 뒤집어서 보면, '만약 전공이 자신의 성별과 어울린다면, 그 전공을 유지할 것'이라고 볼 수 있다. 따라서 빈칸에는 '(계획 따위가) 존립할 수 있는', '실행 가능한'이라는 의미의 ④viable이 들어가는 것이 가장 자연스럽다.
어휘 subconsciously ad.잠재의식적으로 match v.~에 필적하다, ~의 호적수가 되다; ~에 어울리다, 걸맞다 option n.선택권, 선택의 자유; 선택할 수 있는 것 reject v.(요구·제의 등을) 거절하다, 각하하다 outright ad.철저하게, 완전히; 당장, 즉시 detrimental a.유해한, 손해되는 ignoble a.성품이 저열한; 비열한, 야비한; (태생·지위가) 비천한 untenable a. 지킬 수 없는, 유지할 수 없는 viable a.(계획 따위가) 실행 가능한, 실용적인
해석 대학에서 전공을 선택할 때, 많은 학생들은 무의식적으로라도 그 전공의 '성별'에 대해 고려하게 된다. 만약 어떤 전공이 자신의 성별과 어울리면, 그들은 그 전공을 실행 가능한 선택으로 여기지만, 자신의 성별과 어울리지 않는 경우에는 그 전공을 즉시 거절한다.

50. ②
난이도 ★★
해설 treason, bribery, or other high crimes and misdemeanors는 빈칸 뒤에 있는 전치사 for와 conviction 뒤의 전치사 of에 공통으로 연결되는 목적어임에 유의한다. 주어진 글은 대통령과 같은 주요 공직자가 중대 범죄로 유죄판결을 받는 경우에 면직될 수 있다는 내용으로, 빈칸에는 유죄판결을 받기에 앞서 이루어져야 하는 절차에 해당하는 표현이 들어가야 한다. 따라서 빈칸에 적절한 것은 '고위공무원에 대한 의회의 소추(訴追)행위'를 의미하는 ②탄핵(impeachment)이다.
어휘 vice-president n.부통령 remove v.~을 옮기다, 제거하다; 해임하다, 면직시키다 office n.업무, 직무, 직책 conviction n.신념, 확신; 유죄판결 treason n.반역; 배신, 배반 bribery n.뇌물; 뇌물을 주는[받는]행위 misdemeanor n.경범죄, 비행 perjury n.거짓맹세, 위증(죄) impeachment n.비난, 탄핵; 고발 embezzlement n.횡령, 착복, 유용 resignation n.사직, 사임; 포기, 단념
해석 미국의 대통령, 부통령, 그리고 모든 공무원들은 반역, 뇌물 수수 혹은 다른 중대 범죄와 비행으로 탄핵되어 유죄판결을 받는 경우 면직된다.

51. ②
난이도 ★
해설 두 번째 문장 이하에서 면접에 늦게 도착하는 것이 치명적이라는 것과 그 이유에 대해 설명하고 있다. 따라서 빈칸에는 '시간을 엄수하는'이라는 뜻을 지닌 형용사인 ② punctual이 적절하다.
어휘 deadly a.치명적인 honest a.정직한, 성실한 punctual a.시간[기한]을 엄수하는; 어김없는 resistant a.저항하는, 반항하는 cheerful a.기분 좋은 confident a.자신감 있는
해석 시간을 엄수하라. 면접에 늦게 도착하는 것은 치명적일 수 있다. 그 어떤 고용주도 제 시간에 출근하지 않을 정도로 무책임한 사람을 고용하길 원하지 않는다. 사무실에 들어가기 전에 긴장을 덜 수 있도록 10-15

분 일찍 면접 장소에 도착하도록 하라.

52. ③
난이도 ★

해설 grapple은 전치사 with와 함께 '~와 맞붙어 싸우다', '~을 해결[극복]하려고 고심하다'는 의미를 나타낸다.

어휘 proposal n.신청; 제안, 제의; 계획, 안(案) grapple v.붙잡다, 쥐다, 파악하다; 맞붙어 싸우다(with); 해결[극복]하려고 고심하다(with) various a.가지가지의, 여러 가지의; 변화가 많은 invariably ad.변함없이; 항상

해석 다양한 문제들의 해결 방법에 관한 그들의 제안은 변함없이 큰 도움이 되었다.

53. ②
난이도 ★★

해설 be based upon은 '~에 기초하다, 근거하다'라는 뜻이므로, upon의 목적어로는 '기초', '초대'라는 뜻을 가진 ②foundation이 가장 자연스럽다.

어휘 acceptance n.받아들임; 수락, 승인 individually n.개성, 개인성; 개체 commemoration n.기념, 축하; 기념식 foundation n.창설, 창립; 기초, 토대; 재단 retaliation n.보복, 앙갚음 transliteration n.바꿔 씀, 음역(音譯)

해석 모든 부부는 자신들과 서로의 개성을 진정으로 받아들이는 것이 성숙한 결혼이 기반으로 할 수 있는 유일한 방법이라는 사실을 배운다.

54. ④
난이도 ★★

해설 빈칸의 용어에 대한 설명을 읽고 그 용어를 추론하는 문제이다. '지속가능성(sustainability)'은 원래 생물이 다양하게 번식해나가는 특성을 일컫던 용어이나, 지금은 환경파괴 없이 계속해서 공동의 이상을 추구해가는 사회생태학적의미로 확장되었다.

어휘 property n. 재산, 자산; 성질, 특성 biological a. 생물학적인 diverse a. 다양한, 가지각색의 productive a. 생산적인; 다산의 indefinitely ad. 무기한으로, 언제까지나; 막연히 define v. (성격 따위를) 규정짓다, 한정하다; (말의) 정의를 내리다 process n. 경과, 과정 characterize v. ~의 특색을 이루다, 특징짓다 initiation n. 개시; 입문 profitability n. 수익성, 이익률 commitment n. 위임; 서약, 약속 sustainability n. 지속가능성

해석 지속 가능성은 다양성과 생산성을 무한히 유지하려는 생물계의 특성이다. 그것은 또한 공통된 이상을 추구하는 것이 특징인 사회생태학적 과정으로 정의될 수 있다.

55. ⑤
난이도 ★

해설 주지사는 공해를 줄이기 위한 계획을 제안했을 것이므로, 빈칸 다음의 up with와 상응하면서, '~을 제안하다'라는 의미로 쓰일 수 있는 ⑤가 빈칸에 적절하다.

어휘 come up with ~을 제안[제시]하다

해석 그 주지사는 혁신적인 공해 감소 계획을 제안했다.

56. ② 논리완성 :
난이도 ★

해설 어떤 가수가 콘서트를 슬프게 시작했다가 중간에 화를 내며 나가버리고 끝날 무렵에는 행복한 표정으로 다시 등장한다면, 그 가수가 '변덕스러운(mercurial)' 것을 알 수 있다.

어휘 halfway through 중간[가운데쯤]에(= when half finished, at the middle point) rage n.격노; 격렬; 열의, 열정; 감동 mercurial a.변덕스러운; 쾌활한, 명랑한; 수은의 judicious a.신중한, 판단력 있는 shrewd a.상황 판단이 빠른; 기민한 sturdy a.(물건이) 튼튼한; (사람이) 다부진

해석 그 변덕스러운 가수는 종종 슬픈 기분으로 콘서트를 시작하고, 중간에 화를 내며 떠났다가는, 끝에 가서 더할 나위 없이 행복해하며 돌아오곤 했다.

57. ② 논리완성 :

난이도 ★★

해설 집을 벗어나지 않은 채로 몇 개월 동안 진행되는 농구시즌 전체를 TV로 시청했다면, 그 사람의 다리 근육은 운동부족으로 인해 '쇠약해질(atrophy)' 것이다.

어휘 infuse v.(특성을) 불어넣다, 스미게 하다 atrophy n.(영양 부족 등에서 오는) 위축(증); 쇠약; 기능의 퇴화 v.위축하다, 쇠약해지다 whet v.(욕구·흥미를) 돋우다[동하게 하다] lug v.(무거운 것을 힘들게) 나르다 [끌다]

해석 집을 벗어나는 일 없이 농구시즌 전체를 시청하고 난 뒤, 그는 자신의 다리 근육이 이미 쇠약해지기 시작했음을 깨달았다.

58. ②

난이도 ★

해설 주어진 문장은 빈칸이 없어도 충분히 의미가 통하는 상황이고 빈칸 앞에 even(조차도)이 있으므로, 빈칸에는 enemies를 더 부정적으로 만드는 형용사가 들어가야 한다. 따라서 '화해할 수 없는' 이란 의미를 가진 ②가 빈칸에 적절하다. 나머지는 그 의미상 enemies와 호응하지 않는다.

어휘 transform v. (외형을) 변형시키다; (성질, 기능, 구조 등을) 바꾸다 docile a. 유순한, 다루기 쉬운 implacable a. 달래기 어려운, 화해할 수 없는; 앙심이 깊은 congenial a. 같은 성질의, 마음이 맞는 benevolent a. 호의적인, 친절한, 인정 많은

해석 정치계에서는 화해할 수 없는 적조차도 친구로 변할 수 있다.

59. ④

난이도 ★★

해설 and 앞에서 '파산을 신청할 것'이라 했는데, 이는 사업을 그만두겠다는 것을 말한다. 따라서 빈칸에는 '청산하다'는 의미의 ④가 들어가야 한다. ①과 ②는 사업을 계속 진행하는 경우에 할 수 있는 행위이며, '상환하다'라는 뜻의 ③은 '사업'을 목적어로 할 수 없다.

어휘 file v. (신청, 항의 등을) 제출[제기]하다 bankruptcy n. 파산, 도산; 파탄 audit v. 회계감사하다; (설비 등을) 검사하다 streamline v. 유선형으로 하다; 능률적으로 하다; 합리화[간소화]하다 reimburse v. (빚 따위를) 갚다; 상환하다 liquidate v. (부채를) 갚다, 변제하다; (회사 따위를) 청산하다

해석 그 회사는 몇 주 안에 파산신청을 하고 사업을 청산할 계획이다.

60. ②

난이도 ★★★

해설 'comfortably established'는 빈칸에 들어갈 표현을 다시 언급하고 있으므로, '안락하게 자리를 잡다'라는 의미를 만드는 ensconced가 빈칸에 적절하다.

어휘 established a. 확실히 자리를 잡은 castigate v.크게 책망하다; 혹평하다 ensconce v.안락하게 자리를

잡다 coerce v. 강압하다, 강제하다 excoriate v.(피부가) 벗겨지게 하다, 찰과상을 입히다; 혹평하다, 비난하다
해석 1860년대에 작가 레오 톨스토이(Leo Tolstoy)는 러시아의 툴라(Tula) 지역에 가족과 함께 자리 잡았다. 편안하게 그곳에 정착해 있는 동안 그는 『전쟁과 평화(War and Peace)』를 썼다.

61. ② 논리완성
난이도 ★★
해설 '낭비벽(spendthrift habits)'으로 인해 '걱정할 만한(concerned) 상황이 벌어졌다면 그것은 금전적으로 불안한 상태를 말한다. 따라서 빈칸에는 '위태로운, 불안정한(precarious)'이라는 표현이 적절하다.
어휘 concerned look 걱정스러운 표정 spendthrift habits 낭비벽 bumptious a.오만한, 거만한, 건방진 precarious a.불안정한, 위태로운 recherche a.매우 공들인, 매우 희귀한, 매우 세련된 facile a.(별 생각 없이) 안이한; 손쉬운
해석 데이비드(David)의 얼굴에 나타난 걱정스러운 표정으로 볼 때, 그의 낭비벽으로 인해 그가 금전적으로 위태로운 상황에 처했음이 분명했다.

62. ②
난이도 ★★
해설 '경찰들이 아이들을 경찰차에 태워주고 무전기로 서로 이야기를 나누게 한 것'은 경찰업무 체험이라고 볼 수 있다. '아이들에게 아이스크림을 나눠주며 그날을 마무리했다'고 하는 것이 문맥과 상응하므로, the day와 어울리는 표현은 ② wound up이다.
어휘 squad car 경찰차 blow up 폭파하다, 터뜨리다 wind up 마무리 짓다 turn up 나타나다[찾게 되다] look up 찾아보다
해석 경찰들은 아이들을 경찰차에 태워서 데리고 다녔고, 무전기를 통해 서로 이야기를 나누게 해줬으며, 아이들에게 아이스크림을 나눠주면서 그날을 마무리했다.

63. ④
난이도 ★★
해설 위조범들은 어떤 물건을 조작해 진짜처럼 보이게 하는 사람들이므로, 인위적으로 그림을 수정해 그림의 시기를 조작할 수 있다고 볼 수 있다. 따라서 빈칸에는 ④ fabricate가 적절하다.
어휘 counterfeiter n.(돈이나 상품의) 위조자[범] go to great lengths ~하려고 무엇이든 하다 bake v.(열로) 굽다[굳히다] verify v.입증하다 preserve v.보전하다, 유지하다 invalidate v.틀렸음을 입증하다; 무효화하다 fabricate v.꾸며내다, 조작하다; 위조하다
해석 위조범들은 그림에 금이 가도록 열을 가하는 것을 포함해서 그림이 그려진 시기를 조작하기 위해 무엇이든 할 수 있다.

64. ①
난이도 ★★
해설 앞에서 '다섯 시간 동안 낚시를 하고서 시간이 많이 흘렀음'을 언급했으므로, 빈칸을 포함하고 있는 문장은 '오늘은 여기까지 하고 그만하자'는 의미가 되는 것이 자연스럽다. call it a day가 이와 같은 의미를 갖는 관용표현이므로, ①이 정답이 된다.
어휘 set v.(해가) 지다, 날이 저물다 call it a day 하루를 마치다, 하루의 일을 마치다 windup n. 결말; 종료; 마무리
해석 5시간 동안 낚시를 하고 나니, 시간은 오후 6시가 다 돼 가고 있었다. 그래서 아빠는 "오늘은 여기까지

하고 그만하자."라고 말씀하셨다.

65. ②
난이도 ★
해설 폭력행위가 '눈덩이'처럼 커지기 시작한다고 했으므로, 마침내 '눈사태'처럼 걷잡을 수 없는 폭력사태가 된다고 해야 문맥상 자연스럽다.
어휘 snowball v.눈덩이처럼 커지다 irresistible a.걷잡을 수 없는, 억누를 수 없는 earthquake n. 지진 avalanche n.(눈·돌·흙 등의) 사태; (사태처럼) 갑자기 쏟아져 내리는 것; (불행·일·편지 등의) 쇄도 holocaust n.(특히 전쟁·화재로 인한) 대참사 flood n.홍수
해석 폭력행위는 눈덩이처럼 커지기 시작해, 마침내 걷잡을 수 없는 눈사태 같은 폭력사태가 된다.

66. ④
난이도 ★★
해설 '진리에 대한 사랑이 그가 가지고 있는 철학의 핵심'이라고 했으므로, 그가 자신의 견해를 기꺼이 고치려 하는 경우는 자신의 견해에 진리가 결여되어 있음을 말한다. 다시 말해 '타당하지 않음'이 밝혀지는 때를 말할 것이다. 그러므로 빈칸에는 ④가 들어가는 것이 적절하다.
어휘 core n. 핵심 revise v. 개정하다, 수정하다 adequate a. 적당한, 충분한 evidence n. 증거; 흔적 diversity n. 차이, 변화, 다양성 opacity n. 불투명, 불명료 popularity n. 인기; 유행 validity n. 정당성, 타당성
해석 진리에 대한 사랑이 그 교수가 가지고 있는 철학의 핵심이다. 그는 자신의 견해가 타당성이 부족하다는 증거가 충분히 제시되면 언제나 그것을 수정할 준비가 되어 있다.

67. ①
난이도 ★★
해설 빈칸 앞의 주어가 wildfire(산불)이고 빈칸 뒤의 목적어가 넓은 면적의 땅(acres)이다. 따라서 빈칸에는 산불이 땅을 '삼켜버렸다'는 의미로 ①이 들어가야 한다.
어휘 wildfire n. 들불, 산불 engulf v.(늪,파도 등의 속으로) 삼켜 버리다, 휩쓸다 drown v. 물에 빠뜨리다, 익사시키다 invigorate v. 원기를 돋우다, 북돋다 pacify v. 달래다, 진정시키다
해석 남부 캘리포니아에서 신속히 번져가는 산불이 7시간이 채 못 되어 25,000에이커로 추정되는 땅을 삼켜버렸다.

68. ④
난이도 ★★
해설 감정이 지배하게 되면 냉철하게 생각하기 어려울 것이므로 emotion과 thinking은 서로 대립하는 관계에 있다. 따라서 생각을 하지 않는 (without thinking) 상태가 된다는 것은 결국 emotion이 우위에 있는 상황임을 의미하게 된다. 그러므로 빈칸에는 '감정이 우리를 지배한다'는 의미를 만드는 ④가 들어가야 한다.
어휘 emotion n. 감정; 감동 put up with ~를 참다, 인내하다 come up with ~을 제안[제공]하다; (해답 등을) 찾아내다; 생각해내다 make up for 벌충하다, (부족한 것을) 메우다 get the better of ~에게 이기다
해석 때때로 우리의 감정이 우리를 압도해서 우리는 먼저 생각하지 않고서 말하거나 행동한다.

69. ①

난이도 ★★
해설 슈퍼푸드란 영양학 권위자가 섭취를 권장한 건강식품을 뜻하며, 이것은 면역체계에 긍정적인 역할을 할 것이라 짐작할 수 있다. 따라서 빈칸에는 '늘리다', '증가시키다'라는 의미의 ①이 들어가야 한다.
어휘 immune system 면역체계 ramp up 늘리다, 증가시키다 give up 포기하다 pick up (어떤 정보를) 알게 되다; (습관,재주 등을) 들이게[익히게]되다 catch up 따라잡다
해석 면역체계를 강화시켜 줄 다양한 슈퍼푸드가 있다.

70. ②
난이도 ★★
해설 빈칸 앞의 By는 수단을 나타내는 전치사이므로, 자신의 과오나 실수를 어떻게 함으로써 스스로에게 솔직해질 수 있는지가 빈칸의 내용이 된다. 그러므로 빈칸에는 '자백하다', '인정하다'라는 의미의 ②가 들어가야 한다.
어휘 trip v. 과오를 범하다, 실수하다 get away with (나쁜 짓을 하고도) 처벌을 모면하다[그냥 넘어가다] own up to (잘못을) 인정[자백]하다 look down on 경시하다, 업신여기다 turn away from 외면하다, 돌보지 않다
해석 당신이 과오를 범하거나 실수를 저지른 부분을 인정함으로써, 당신은 자신에게 솔직해진다.

71. ①
난이도 ★★
해설 빈칸은 할머니의 죽음이 할아버지에게 남겨줬을 감정 혹은 상태를 나타내며, 동사 fill과 호응하는 표현이 빈칸에 들어가야 한다. 따라서 '공허감'을 의미하는 ① void가 정답이다. ②는 전자의 요건은 충족하나, 후자의 요건은 충족하지 못한다.
어휘 void n. 공허감 grief n. 깊은 슬픔, 비탄, 비통 dormant a. 잠자는, 휴면 중인, 활동을 중단한 residue n. 나머지, 잔여, 잔류물, 찌꺼기
해석 할아버지는 취미가 많으시지만, 할머니가 돌아가시고 할아버지의 삶에 남겨진 공허감은 결코 채워지지 않았다.

72. ①
난이도 ★★
해설 '어린 나이에 비범한 능력이 나타나다'는 표현은 '신동', '영재'라는 의미하므로 ①이 빈칸에 들어가야 한다.
어휘 exceptional a. 예외적인, 이례적인; 비범한, 빼어난 emerge v. 나타나다 prodigy n. 천재, 신동, 영재 orator n. 연설자, 강연자 proprietor n. 소유자, 경영자 tenant n. 세입자, 임차인
해석 음악의 역사에는 모든 세대마다 유명한 신동, 즉 어린 나이에 비범한 음악적 능력을 나타나는 사람들이 있었다.

73. ④
난이도 ★★
해설 빈칸에는 그 뒤의 that절과 동격을 이룰 표현이 필요한데, 'TV가 강한 중독성을 가지고 있다'는 말은 사람들이 일반적으로 그러하다고 믿고 있는 사실에 해당한다. 따라서 빈칸에는 '진부한 말', '뻔한 문구' 등의 의미를 가진 ④가 들어가는 것이 가장 적절하다.
어휘 huge a. 거대한, 막대한 amount n. 총계, 총액; 양(量) statistical a. 통계상의, 통계의 anecdotal a. 일화의, 일화 같은 evidence n. 증거; 흔적 obviously ad. 분명히, 명백하게 confirm v. 확실히 하다,

확증하다 potent a. 유력한, 힘센; (약 따위가) 잘 듣는 addictive a. (약 따위가) 중독성인, 습관성인 property n. 재산, 자산; 특성, 특질 provision n. 준비; 공급; 조항 ordinance n. 법령; 조례 remonstrance n. 항의; 충고 truism n. 자명한 이치; 판에 박힌 문구
해석 엄청난 양의 통계적이고 일화적인 증거는 TV가 강한 중독성을 가지고 있다는 진부한 말이 사실임을 분명히 확인시켜 주었다.

74. ①
난이도 ★★
해설 예기치 못한 사고는 계획에 차질을 주게 될 것이다. 그런데 빈칸 앞에 부정어 not이 있으므로, 빈칸에는 '차질을 주는 것'과 반대되는 표현이 들어가야 한다. 따라서 '(계획을) 실행하다'라는 의미의 ①이 정답이 된다.
어휘 unexpected a. 예기치 않은 implement v. (약속·계약·계획 등을) 실행[실시]하다; (조건 등을) 충족하다, 채우다 compliment v. ~에게 찬사를 말하다, 칭찬하다 torment v. 괴롭히다 ferment v. 발효시키다; (감정 등을) 들끓게 하다
해석 그에게 일어난 뜻밖의 사고로 인해, 존은 그의 야심찬 계획을 실행할 수 없었다.

75. ②
난이도 ★★
해설 designed의 뒤에 2개의 부정사구가 순접의 접속사로 연결되어 있다. 그러므로 이 문제는 and 이하의 '단순히 글을 읽고 뜻을 이해하는 것을 넘어서는 답을 찾도록 하기' 위해서는 학생들의 정신을 어떻게 해야 하는가를 묻는 문제임을 알 수 있다. 따라서 빈칸에는 '자극하다', '격려하다'라는 의미의 ②가 들어가야 한다.
어휘 impede v. 방해하다, 지연시키다 stimulate v. 자극하다; 격려하다, 고무하다 encroach v. (서서히) 침입하다, 잠식[침해]하다 diverge v. 빗나가다; 빗나가게 하다
해석 그 교수는 지성을 자극하여 학생들로 하여금 단순히 글을 읽고 뜻을 이해하는 것을 넘어서는 답을 찾도록 하려는 질문을 몇 가지 던졌다.

76. ⑤ 문의 구성
난이도 ★★
해설 빈칸 뒤에 명사가 있으므로 앞의 명사를 수식하기 위해서는 전치사가 필요하다. 그러므로 부사인 ①과 '형용사+명사'의 형태인 ②를 가장 먼저 정답에서 제외할 수 있다. ③, ④, ⑤는 모두 전치사로 쓰일 수 있지만, ③은 '~뿐만 아니라', ④는 '~까지'의 뜻이므로 문맥상 적절하지 않다. 그러므로 '~가 까이에, ~근처에'라는 뜻의 ⑤가 빈칸에 적절하다.
어휘 kindergarten n.유치원 shorten v.짧게 하다; 삭감하다 commute v. (열차 등으로) 통근하다 nearly ad.거의, 대체로 besides prep. ~뿐만 아니라 ad.그 밖에, 따로 near prep.~의 가까이에, ~의 곁에
해석 존슨(Johnson) 씨 가족은 통근 시간을 줄이기 위해 유치원 가까이에 있는 아파트로 이사하기로 결정했다.

77. ③ 논리 완성
난이도 ★★
해설 너무 비싸다는 것은 구입한 것이 '지불한 돈만큼의 값어치를 하지 못한다'는 뜻이다. 빈칸 앞에 부정어 not이 있기 때문에, 빈칸에는 '지불한 돈만큼의 대가를 얻다', '본전을 뽑다'라는 의미를 만드는 worth가 들어가야 한다.
어휘 expensive a.돈이 드는, 값비싼 expense n.지출, 비용 price n.가격, 대가(代價) worth n.가치, 값어치

리드원 SENTENCE COMPLETION 141

get one's money's worth 지불한 만큼의 대가를 얻다, 본전을 뽑다 quality n.질, 품질; 특성 present n. 선물

해석 캐시(Kathy)는 남자친구에게서 받은 생일선물이 정말 마음에 들었지만, 그 선물이 너무 비싸다고 생각했다. 캐시는 남자친구에게 그가 지불한 돈만큼의 대가를 얻지 못했다고 말했다.

78. ②
난이도 ★

해설 두 번째 문장은 첫 번째 문장의 내용을 부연 설명하고 있으며, '린 파레스가 호스피스 시설에서 지낸 경험에 대해 열광하며 말했다'고 했으므로, 빈칸에는 이 내용과 호응하는 긍정적인 의미를 갖는 형용사인 ② growing이 적절하다.

어휘 hospice n.호스피스 review n.평론 enthuse v.감격[열광]하다; 열변을 토하다, 열광해서 말하다(about) awful a.두려운, 무시무시한 glowing a.열렬한; 극찬하는 indifferent a.무관심한; 냉담함 typical a.전형적인, 모범적인

해석 많은 사람들이 호스피스에 대해 극찬하는 논평을 한다. 린 페어스(Lynn Pares)는 2013년에서 2014년까지 콜로라도 주의 가족 호스피스 시설에서 지낸 경험에 대해 열광하며 말했다.

79. ②
난이도 ★★

해설 두 번째 문장 뒤에는 '학교에 다니는 동안 처음으로 사랑에 빠졌다'고 한 첫 번째 문장의 내용에 대한 부연설명이다. 따라서 빈칸에는 첫 번째 문장에 쓰인 fall in love와 같은 의미를 갖는 관용어구인 have a crush on이 되도록 ② crush on 이 적절하다.

어휘 fall in love 사랑에 빠지다 have a dream about ~에 대해 꿈꾸다 have a crush on ~에 홀딱 반하다 have a problem with ~에 동의하지 않다 have a rumor about ~에 대한 소문이 있다.

해석 "나는 학교에 다니는 동안 처음으로 사랑에 빠졌다."라고 그녀가 말했다. "나는 3학년이었을 때, 덩치 큰 남자에게 반했었다. 지금은 이름이 생각나지 않지만 좋았었다."

80. ③
난이도 ★

해설 비행기의 속도와 배의 속도를 비교하고 있는데 앞의 첫 문장에서 비행기 항공사와 배 조종사는 비슷한 일을 하는데 비행기항공사가 더 빨리 일을 해야 하는 이유는 ③ 이 적절하다.

어휘 navigator 항해사, 조종사

해석 비행기의 조종사의 일은 배 항해사의 일과 아주 비슷하다. 비행기 조종사는 비행기가 배보다 빠르게 여행하기 때문에 더 빨리 작업해야 한다.

4회

1. ②
난이도 ★

해설 양보의 접속사인 Although로 인해 주절과 종속절의 내용이 반대가 되어야 한다. 즉, 준 학사 학위를 다 마칠 때까지는 이 시설에 머물 수 있다고 생각했지만, 집이 없는 시련은 그녀와 그녀의 학업에 부정적인 영향을 미쳤다는 의미가 되어야 한다. ordeal과 비슷한 의미를 갖고 있는 ② toll이 적절하다. toll은 'take a toll on'으로 쓰여 '~에 큰 피해[타격]를 주다'라는 의미를 나타낸다.

어휘 facility n. 설비, 시설, 기관 associate's degree 준학사 학위 ordeal n. 엄격한 시련, 고난 take a toll on ~에 큰 피해[타격]를 주다 pity n. 불쌍히 여김, 동정 toll n. 희생, 대가 root n. 뿌리; 근원,

원인
해석 에이샤(Aesha)는 자신이 준학사 학위를 다 마칠 때까지는 이 시설에 머물 수 있을 거라고 믿지만, 집이 없는 시련은 그녀와 그녀의 학업에 큰 타격을 주었다.

2. ③
난이도 ★
해설 성적증명서와 같은 서류상의 기록이 매우 중요하게 되었다는 내용이다. 어떤 사람에 대해서 서류상에 나타나는 사항과 비교되는 대상은 그 사람이 직접 보여주는 모습일 것이므로, 빈칸에는 전치사 in이 들어가서 '직접, 몸소'의 의미가 되도록 하는 것이 적절하다.
어휘 transcript n. 베낀 것; 사본; (학교의) 성적 증명서 sacred a. 신성한 document n. 문서, 서류 passport n. 여권 security n. 안전; 안심; 보안, 방위; (미래를 위한) 보장
해석 성적증명서는 미래를 보장해주는 수단이 되는 신성한 문서가 되었다. 서류상으로 어떻게 보이는가가 직접 대면했을 때 어떻게 보이느냐보다 더 중요하다.

3. ③
난이도 ★
해설 빈칸은 뒤의 명사 ridicule을 수식하는 역할을 하고 있다. 따라서 이것과 가장 자연스럽게 상응하는 표현인 '통렬한', '신랄한'이란 의미의 ③이 적절하다
어휘 dominate v. 지배하다, 통치하다; 좌우하다 patronize v. 보호하다, 후원하다, 장려하다 constant a. 변치 않는, 일정한, 항구적인 threat n. 위협; 협박 ludicrous a. 익살맞은, 우스운 lulling a. 달래는, 달래는 듯한 incisive a. 날카로운, 통렬한, 신랄한 useless a. 쓸모없는, 무익한
해석 도슨(Dawson)은 그들을 후원하는 것뿐만 아니라 그의 신랄한 비웃음으로 항상 위협하는 것을 통해서도 이 사람들을 지배하고 있다.

4. ②
난이도 ★★
해설 'not only A but also B'는 'A뿐만 아니라 B도'라는 뜻으로, A와 B의 표현은 동일한 흐름으로 이어져야 한다. 주어진 문장에서 A에 해당하는 표현은 '현재의 위험 감수 흐름을 조장하는 것'이므로, B도 같은 흐름으로 '위험한 행동을 하게 만든다'는 의미가 되어야 한다. 따라서 문맥상 encourage와 비슷한 의미를 가진 표현이 필요하며, '낳다, 야기시키다'라는 의미의 ②가 이런 조건에 가장 적절한 단어이다.
어휘 unsettling a. 어지럽히는, 동요시키는, 불안하게 하는 paradox n. 역설, 패러독스 emphasis n. 강조, 역설 security n. 안전; 보완, 방위 certainty n. 확실성; 확신 encourage v. 용기를 돋우다, 격려하다 current a. 통용하고 있는, 현행의 risk-taking n. 위험 부담, 위험 감수 prevent v. 막다, 방해하다; 예방하다 spawn v. 산란하다; 대량생산하다; 야기하다 offset v. 상쇄하다, 차감계산하다 retard v. 속력을 늦추다, 지체시키다
해석 불안할 정도로 역설적이게도, 우리 문화가 안전과 확실성을 강조하는 것은 현재의 위험 감수 파도를 부추길 뿐만 아니라 미래에 더 위험한 행동을 야기하게 될 수도 있다.

5. ④
난이도 ★★
해설 '한 순간 부모님을 사랑하고, 다음 순간에는 미워한다'는 것은 사랑의 감정이 교차하는 것을 의미한다. 따라서 빈칸에는 이와 같이 '서로 양면적인 감정이 함께 존재하는 것', '애증이 엇갈리는 것'을 나타내

는 ④가 들어가야 한다.
어휘 inane a. 공허한, 어리석은 flippant a. 경박한, 건방진, 무례한 irrevocable a. 취소할 수 없는, 결정적인 ambivalent a. 반대감정이 병존하는, 애증이 엇갈리는
해석 한 순간은 부모님을 사랑하고 다음 순간에는 미워하면서 주는 부모님에 대한 상반된 감정이 교차하는 것에 혼란스러워졌다.

6. ② 논리완성
난이도 ★★
해설 다윈이 책에서 명시한 명제가 인간의 신체적인 어떤 것을 다루고 있다고 했는데, 그것이 바로 '직립자세' 이다. 따라서 빈칸에는 신체적 '특징'이 들어가는 것이 적절하다.
어휘 advance v. 발전시키다; (학설·이론 등을) 주창하다, 제기하다 proposition n. 제안, 주장, 명제 physical a. 신체의 entity n. 본질, 실체 upright a. 직립의 posture n. 자세 mishap n. 불행한 사건, 사고, 재난 attribute n. 특징 maneuver n. 작전행동; 묘책, 책략 remnant n. 나머지; 단편, 파편; 유물
해석 다윈(Darwin)은 인간이 고유한 신체적 특징을 가지고 있다는 명제를 발전시켰는데, 그의 책은 이 본질적 특징, 즉 직립자세에 대한 언급으로 시작된다.

7. ②
난이도 ★★
해설 확실치 않은 화재에 대해서 조사관들이 대기 중의 산소 때문에 발생했다는 뻔한 보고서를 보내면 보험회사 측에서는 조사관을 신뢰하지 못하게 되어, 조사관들은 일자리를 '지키지 못할 것'이라고 볼 수 있다.
어휘 Insurance company 보험회사 determine v. 결심[결정]하다; 알아내다, 밝히다 send back ~을 돌려주다, 되돌려 보내다 presence n. 있음, 존재함
해석 보험회사는 확실치 않은 화재의 원인을 파악하기 위해서 조사관들을 보낼지도 모른다. 조사관들이 그 화재가 대기 중의 산소에 의해 발생됐다는 보고서를 회신한다면 그들은 자신들의 일자리를 오랫동안 지키지 못할 것이다.

8. ⑤
난이도 ★
해설 인터넷에 있는 많은 오락거리에도 불구하고 사람들은 혼자만의 도피처로 독서를 갈망한다고 했다. 그리고 빈칸의 뒤에서 그 이유에 대해 설명하고 있으므로 이유의 접속사 ⑤ since가 적절하다.
어휘 Diversion n. 기분 전환, 오락 yearn for 동경하다, 갈구하다 solitary a. 고독한, 혼자의, 외톨이의 reflection n. 심사숙고; 반성, 자기성찰 private a. 사적인, 비밀의
해석 인터넷에 있는 많은 오락거리에도 불구하고, 책은 인터넷에서 찾기 힘든 개인적인 요법인 자기성찰을 위한 공간을 제공해주기 때문에 사람들은 여전히 혼자만의 도피처로 독서를 갈망한다.

9. ③ 논리완성
난이도 ★★
해설 톰 스킬링의 직업을 묻는 문제이다. 방송국에서 눈이 어떻게 올 것인지에 대해 이야기하고 있기 때문에 ③의 meteorlogist(기상캐스터)일 것이다.
어휘 in waves 파도와 같이 연달아 stertch n. 한도, 범위; 일련의 기간 astrologer n. 점성술사 astronomer n. 천문학자 meteorologist n. 기상학자, 기상캐스터 sportscaster n. 스포츠 방송 아나운서
해석 시카고에는 화요일 오후에서 목요일 오후까지 눈이 6-8인치나 올 수 있는데, WGN의 기상캐스터인 톰 스킬링(Tom Skilling)에 따르면, 눈이 '한 번에 다 오고 그치는 것이 아니라 연달아 올 것'이라고 한다.

(WGN: 미국 일리노이(Illinois) 주 시카고 TV 방송국)

10. 정답 (A)
난이도 ★★
해설 '사람들이 돈을 버는 기회가 늘어났다'는 것과 '노년의 무언가 때문에 아이들을 보험처럼 취급한다'는 점을 고려하면 빈칸에 알맞은 것은 '가난함, 경제적 궁핍' 등이다.
어휘 destitution n. 빈곤, 결핍, 곤궁 detention n. 붙듦, 저지, 지체, 구류, 구금, 유치 detestation n. 증오, 혐오, 몹시 싫은 사람 solidarity n. 결속, 단결, 공동 일치, 연대책임 solvency n. 지급능력, 자력, 용해력
해석 교육과 건강에의 접근이 더 향상되면서, 사람들은 생계를 잇기 위한 새로운 기회들을 보게 되었으며, 더 이상 아이들을 노년의 궁핍함에 대해 필요한 보험처럼 간주하지 않게 되었다.

11. ③
난이도 ★★
해설 동쪽 하늘에서 해가 떠오르는, 즉 일출의 상황이므로 이 상황을 가장 적절하게 표현한 '광채(effulgence)'가 답이 됨을 알 수 있다.
어휘 parity n. (특히 보수·지위의) 동등함, 동격 peccadillo n. 사소한 잘못[실수] effulgence n. 광휘, 광채 truce n. 휴전
해석 동쪽 하늘에 떠오르는 태양의 광채를 화폭 위에 잡아두는 것은 어떤 화가에게나 쉽지 않은 도전이다.

12. ①
난이도 ★★
해설 점심치고는 상당히 많은 양의 식사를 했으므로, 그녀는 이탈리아 음식에 대해 '식탐이 많은, 게걸스러운' 면이 있다고 볼 수 있다.
어휘 rigatoni n. 리가토니(바깥쪽에 줄무늬가 있는 튜브 모양의 파스타) serving n. (음식의) 1인분 tricolor a. 3색의, 3색기의 midday n. 정오, 한낮 gluttonous a. 게걸들린; 탐욕스러운, 욕심 많은; 열중하는 crestfallen a. 풀이 죽은, 의기소침한 abstemious a. (음식·술·오락을) 자제하는 nefarious a. 범죄의; 비도덕적인; 사악한, 흉악한
해석 그레이스(Grace)는 특히 이탈리아 음식에 관해서라면 게걸스러워서, 1파운드의 리가토니, 7개의 고기 완자, 삼색 샐러드 2인분을 그녀의 점심으로 먹었다.

13. ③
난이도 ★★
해설 to부정사의 뒤에는 태아를 대상으로 초음파 검사도를 작성하는 이유 혹은 목적이 나와야 한다. 따라서 빈칸에는 발달 단계별로 정상적인 성장이 진행되고 있음을 '확인하기 위해'라는 표현이 적절하다.
어휘 ultrasound n. 초음파; 초음파 검사 sonogram n. 〈의학〉 초음파를 이용한 검사도 fetus n. (특히 임신 8주 이후의) 태아 forestall v. 미연에 방지하다 confer v. 상의하다; 수여하다 ascertain v. (옳은 정보를) 알아내다[확인하다] precipitate v. (특히 나쁜 일을) 촉발시키다
해석 아마도 가장 잘 알려진 초음파 응용은 태아의 성장이 정상적으로 진행되고 있음을 확인하기 위해 초음파 검사도를 태아의 다양한 발단 단계별로 작성하는 것일 것이다.

14. 정답 (D)
난이도 ★★

해설 unlike로 연결되어 있기 때문에 빈칸에는 reclusive와 반대되는 단어가 나와야 한다. 따라서 빈칸에 '은둔한', '쓸쓸한'의 반대되는 '남과 잘 어울리는', '사교적인'이 가장 적합하다.

어휘 gregarious a. 군거하는, 군생하는, 사교적인, 교제를 좋아하는 celebrity n. 명성, 유명인, 명사 reclusive a.n. 속세를 떠난, 은둔한, 쓸쓸한, 적적한, 은둔자, 속세를 떠나 사는 사람 shun v. 피하다, 비키다, 멀리하다 congenial a. 같은 성질의, 마음이 맞는, 같은 정신의, 같은 취미의, 적합한, 인상이 좋은 tenacious a. 고집이 센, 완강한, 집요한, 끈끈한

해석 유명인들 틈에서 한 가운데 있을 때에 가장 행복해 했던 사교적인 Capote와는 달리, Faulkner는 그의 말년에 다소 은둔적이면서 다른 사람과 함께 있는 것을 싫어하였다.

15. 정답 (D)
난이도 ★★

해설 뒷부분의 내용은 인터넷에 따라 빈익빈 부익부가 된다는 것이므로, 빈칸에는 불균형을 '악화시키다' '심화시키다'라는 표현이 적합하다.

어휘 arguable a. 논할 수 있는, 논의의 여지가 있는 arguably ad. 논증할 수 있는 일이지만, 아마도 틀림없이 exacerbate v. 악화시키다, 더하게 하다, 격분시키다 disparity n. 부동, 부등, 불균형, 불일치, 상위, 차이 lag behind 뒤처지다 wane v.n. 이지러지다, 작아지다, 쇠약해지다, 감퇴하다, 쇠미, 쇠퇴, 감퇴 obviate v. 없애다, 제거하다, 회피하다, 미연에 방지하다 vindicate v. 정당함을 입증하다, 증명하다, 주장하다, 요구하다

해석 인터넷에 접속이 가능한 나라들은 점점 더 경쟁력이 생겨나고, 그 반면 인터넷에 접속이 안 되는 나라들은 뒤처지기 때문에, 아마도 인터넷은 부유한 나라들과 가난한 나라들 사이의 불균형을 더 악화시키는 것 같다.

16. ②
난이도 ★★

해설 전치사 of의 목적어가 필요한데, 빈칸 다음에서 형용사 formal과 과거분사 rehearsed가 and로 연결되어 있다. 따라서 이를 보어로 취하는 be동사의 동명사형태 being의 의미상의 주어는 주절의 주어인 the performance이다.

해석 형식적이고 예행연습을 잘 하는 대신, 공연은 자발적이고 모순적이며 상호 존중적이었다.

17. ④
난이도 ★★

해설 빈칸 뒤의 문장에서 동사는 might have lain인데, 이것은 가정법 과거완료의 귀결절에 쓰이는 동사 형태이다. 그러므로 빈칸에는 가정법 과거완료의 조건절 표현 혹은 조건절을 대신할 수 있는 표현이 들어가야 하며, 조건절을 대신하여 쓰이는 접속부사 ④ Otherwise(그렇지 않다면) 가 정답으로 적절하다. 이 때 Otherwise는 If Jones hadn't come to collect the rent의 의미이다.

어휘 landlord n. 주인, 임대주 collect the rent 임대료를 받다 past due 기일을 넘긴, 만기가 지난 God knows 누가[어찌] 알겠나

해석 "제가 그 상황을 설명할게요. 당신 아버지의 집주인인 존스(Jones)씨가 시체를 발견했어요. 존스씨가 기일을 넘긴 집세를 받으러 왔어요. 그렇지 않았다면 당신의 아버지가 얼마나 오랫동안 거기에 죽은 채로 있었을지 누가 알겠어요"

18. ③
난이도 ★★

해설 빈칸과 빈칸 이하의 country they come from은 삽입된 절로 양보의 부사절을 이끄는 복합관계대명사 whatever는 no matter what으로 대신 쓸 수 있다. 따라서 빈칸에는 ③이 적절하다.
어휘 come from ~의 출신이다 Sherpa n. 셰르파(히말라야에 사는 부족. 등반가들을 위한 안내나 짐 운반 등의 일을 자주 함) summit n. 정상, 꼭대기
해석 어느 나라에서 왔든, 거의 모든 등산가들은 그들의 장비를 운반하고 정상으로 가는 어렵고 위험한 여정을 돕기 위해 셰르파라고 불리는 원주민들을 이용한다.

19. ②
난이도 ★★
해설 현재의 무기들과 과거의 무기들을 비교하고 있다. 그러므로, 빈칸에는 복수명사 weapons를 받는 지시대명사 those가 들어가야 적절하다.
어휘 multiply v. 증대[증가]시키다 warmaker n. 주전론자, 전쟁도발자, 전쟁광(=warmonger) the moment 현재
해석 과학은 주전론자들의 힘을 명백하게 증대시켰다. 현재의 무기들은 과거의 무기들보다 더 많은 사람들을 더욱 은밀하게 그리고 보다 불쾌하게 죽일 수 있다.

20. ③
난이도 ★★
해설 세 개의 절이 등위접속사 and에 의해 병치되어 있으므로, 빈칸의 뒤에는 scale을 꾸며주는 말이 되어야 한다. 각각 실험대상자들의 성과가 척도와 비교되는데, 이때 척도는 이미 정해진 것을 '보여주는' 것이어야 하므로 ③의 indicating이 빈칸에 들어가야 하며, indicating은 which indicates의 의미이다.
어휘 subject n. (의학, 심리학의) 피(被)실험자, 실험재료 do a task 일을 완수하다 mark v. 나타내다, 표시하다 scale n. 척도, 기준
해석 실험대상자들은 정해진 시간 이내에 그들의 과제를 완수하라는 지시를 받고, 그들의 성과는 기록되며, 각자의 성과는 같은 나이의 아이들에게서 기대될 수 있는 것을 나타내는 척도와 비교된다.

21. ③
난이도 ★★★
해설 접속부사 instead가 쓰였으므로, instead 앞뒤의 문장은 서로 의미상 대비를 이루어야 한다. 앞 문장에서 구체적인 자료나 사례가 없음을 언급하고 있으므로, 뒷 문장은 진부한 말만 내뱉고 있다는 내용이 되는 것이 가장 자연스럽다. 즉, 행동은 하지 않고 말만 앞세우고 있는 상황에 대한 내용이 된다.
어휘 job bonanza 대규모 일자리 창출 qualm n. 양심의 가책, 불안한 마음; 현기증 barograph n. 기압기록계 platitude n. 진부한 이야기; 단조로움, 평범함 misgiving n. 의혹, 불안감
해석 그 어떤 사업타당성 연구도 환경영향평가 보고서도, 경영사례도, 재무 계획도 발표된 적이 없다. 대신에, 어떻게 일자리를 대량으로 창출하고 가난을 끝낼 것인지에 관해 다니엘 오르테가(Daniel Ortega)가 이끄는 샌디니스타(Sandinista) 정부로부터 진부한 말만 나오고 있다.

22. ④
난이도 ★★
해설 spend one's way는 '돈을 써서 문제를 해결하다'는 의미이다. 돈을 마음껏 쓰기 위해선 돈을 많이 가지고 있어야 할 것이므로, 빈칸에는 '재벌의'라는 의미를 가진 ④ plutocratic이 적절하다.
어휘 hit the market 시장에 나오다, 매물로 나오다 spend one's way 돈을 써서 문제를 해결하다 standings n. 순위표, 랭킹 adnominal a. 명사를 수식하는 errant a. (모험을 찾아) 편력하는; 길을 잘못 든; (사상·

행위가) 잘못된 georgic a. 농업의, 농사의 plutocratic a. 금권정치의, 재벌의
해석 만약 남아있는 쿠바의 남아있는 선수들이 모두 동시에 시장에 나온다면, 뉴욕 양키즈와 같은 재벌 구단들이 돈을 써서 다시 한 번 정상에 오를 수 있을 것이다.

23. ①
난이도 ★★
해설 양보의 접속사 While이 이끄는 절에서 '정크푸드가 종종 당뇨병을 증가시킨 원인으로 비난받고 있다'고 했으므로, 주절은 이와 의미상 대조를 이루어야 한다. 빈칸 앞에 another를 고려하면, 주절의 내용은 '정크푸드 뿐만 아니라, 고급 음식 또한 당뇨병을 증가시키는 원인일 수 있다'가 되어야 한다. 따라서 빈칸에는 '범인', '(문제를 일으킨) 장본인'이란 의미의 ① culprit이 들어가야 한다.
어휘 jink food 정크푸드(높은 칼로리에도 불구하고 낮은 영양가를 가진 패스트푸드나 인스턴트식품) diabetes n. 당뇨병 gourmet n. 미식가 gourmet food 고급요리 culprit n. 범인 (문제를 일으킨) 장본인 dynamo n. 발전기 misogynist n. 여성차별주의자 pundit n. 전문가, 권위자 decoy n. 유인하는 장치, 미끼
해석 정크푸드는 당뇨병을 증가시키는 원인으로 종종 비난받지만, 과학자들은 고급 요리가 또 다른 범인이라고 말한다. 당뇨병 전문가인 코헨(Cohen) 박사에 따르면, 많은 사람들이 레스토랑에서 내놓는 식사에 종종 패스트푸드만큼 지방, 소금, 설탕이 많이 들어 있다는 것을 인지하지 못하고 있다.

24. ②
난이도 ★★
해설 두 번째 문장은 첫 번째 문장의 주절의 의미를 부연 설명을 하고 있다. 그러므로 빈칸에는 penny-wise와 가장 비슷한 표현이 들어가야 하며, ②frugal이 이에 적합한 단어 이다.
어휘 financial crisis 금융위기 unscathed a. 다치지 않은, 상처를 입지 않은 hark back (말, 사고 따위에서) 과거지사로 되돌아가다, ~을 상기하다 penny-wise a. 푼돈을 아끼는 abstruse a. 심원한, 난해한 frugal a. 검약한, 소박한 inchoate a. 이제 막 시작한, 초기의; 미완성의 irascible a. 성을 잘 내는, 성미가 급한 rapacious a. 욕심 많은, 탐욕스러운; 강탈하는
해석 상대적으로 타격을 적게 입은 채 금융위기를 벗어난 아시아인들은 할아버지 할머니가 살아가던 검소한 생활방식으로 되돌아가고 있다. 그러나 푼돈을 아끼는 것이 우리가 삶에서 더 좋은 것들을 얻을 수 있는 추진력을 잃었다는 것을 의미하지는 않는다.

25. ①
난이도 ★★
해설 regard A as B 구문은 'A를 B로 간주하다'는 뜻으로, 이때 B에는 A와 대등하거나 밀접한 관계가 있는 표현이 나타나야 한다. 주어진 문장의 경우, A의 자리에 '불법 공격'이라는 표현이 와 있으므로, B에 해당하는 빈칸에는 불법공격과 밀접한 관계가 있는 '약탈이나 침략'이라는 의미를 가진 표현이 들어가는 것이 적절하다.
어휘 spoliation n. (특히 중립국에 대한) 강탈, 약탈, 파괴 interstice n. (pl.) 간격, 틈새 reparation n. (손실에 대한) 보상, 배상 detonation n. 폭발
해석 우리는 중립국에 대한 이러한 불법 공격을 약탈행위로 간주하며, 그러한 행동을 즉각 중지하고 적절한 배상을 할 것을 요구한다.

26. ②
난이도 ★★
해설 '아주 외진 곳에서만 발견할 수 있다'라고 한 것에서 코알라가 많이 죽임을 당했다는 것을 알 수 있다.

어휘 sublime v. 고상하게 하다, 높이다 decimate v. (특정 지역의 동식물이나 사람들을) 대량으로 죽이다; 심하게 훼손하다 infuriate v. 격분시키다 avert v. 피하다; 막다
해석 질병과 서식의 파괴로 매우 많은 수가 죽었기 때문에, 코알라는 지금 유칼리나무 숲 속의 아주 외진 곳에서만 발견할 수 있다.

27. ④
난이도 ★★
해설 빈칸의 뒤에는 the body at the other end와 동격 관계에 있다. 입과 반대편 끝 부분에 있는 기관을 설명할 수 있는 표현이 들어가야 하는데, 첫 문장에 '고약한 냄새가 나는'이라는 뜻을 지닌 unsavory란 표현이 있음을 고려하면, 빈칸에 적절한 표현은 '배설물의'라는 의미의 ④이다.
어휘 transmit v. (병을)옮기다, 전염시키다; (화물 등을)보내다; (지식을)전하다 unsavory a. 고약한 냄새가 나는; 맛없는; 불쾌한 infection n. 전염, 감염 cranial a. 두개골의 limbic a. 대뇌 변연계(邊緣繫)의 cerebral a. 대뇌의 fecal a. 배설물의, 대변의
해석 그것은 가장 불쾌한 전염 방식에 의해 전염되고 있는데, 알이 몸의 다른 끝부분, 즉 몸의 배설기관을 빠져나온 후에 입을 도달하는 그런 방식이다.

28. ②
난이도 ★★
해설 성배를 추구하는 사람들에게 성배는 구원과 영생에 대한 비밀을 풀어주는 것이다. 그와 마찬가지로, 절대 영도를 찾는다는 것은 일부 과학자들에게는 자연의 비밀을 풀어 줄 역사상 최대·최고의 사건으로 여겨졌을 것이다. 서로 다른 두 가지의 연관성을 빗대는 유비추론(analogy)이 사용되고 있으므로, '~와 유사한(analogous to)'이라는 의미의 표현이 들어가는 것이 적절하다.
어휘 quest n. 탐구, 탐색 absolute zero 절대 0도(-273.16℃) the Holy Grail 성배(聖杯, 중세의 전설로, 그리스도가 최후의 만찬에 썼다는 술잔) cognate with ~와 관련이 있는, 유사한 analogous to ~와 유사한 conductive to ~에 좋은, ~에 도움이 되는 subordinate to ~에 종속된
해석 이론적으로 가능한 가장 낮은 온도인 절대 0도에 대한 탐구는 일부 과학자들에게 마치 성배 추구와 유사한 것이 되었다.

29. ④
난이도 ★★★
해설 belie의 의미는 '진실을 가려서 사람이나 사물에 대한 사실과 다른 생각이나 이미지를 만들어내다'로, 즉 '착각하게 하다'라는 의미이다. 인도주의자로 알려지지는 않았지만, 고통 받는 이들에 대한 그의 책임감은 사실이었다고 했다. 따라서 겉으로 '무관심(indifference)'해 보이는 그의 태도로 인해 그의 참된 면모는 숨겨지고 인도주의자가 아니라는 '착각을 불러일으켰을(was belied)'인 것이다.
어휘 humanitarian a. 인도주의적인 n. 인도주의자 belie v. 착각하게 만들다; 거짓임을 보여주다 outward a. 표면상의, 겉보기의, 외형의 bliss n. 더없는 행복, 지복 mirth n. 웃음소리, 즐거움, 유쾌 smartness n. 세련됨, 멋 indifference n. 무관심, 무심
해석 비록 그가 특별히 인도주의자로 잘 알려지지는 않았지만, 고통받는 이들에 대한 그의 깊은 책임감은 실제였고, 겉으로 보이는 무관심한 모습이 그의 진짜 모습을 착각 받게 만들고 있었다.

30. ② 논리완성
난이도 ★★
해설 두 문장이 역접의 접속사 but으로 연결되어 있으며 but의 뒤에서 현재 주식 중개인들이 신흥시장에 대한

투자 이유를 재평가하고 있다고 했다. 재평가하고 있다는 것은 투자에 신중을 기하고 있다는 말이므로, 과거에는 누구나 망설임 없이 신흥시장이 주식을 매입했을 것이다. 즉, 신흥시장 주식을 투자 자산의 필수 구성 요소로 삼았을 것이다. 따라서 빈칸에는 ②가 적절하다.

어휘 portfolio n. (개인이나 기관의) 유가증권 보유일람표 reassess v. 재평가 하다 rationale n. (특정한 결정, 행동 방침, 신조 등의) 이유[근거]   remedy n. 치료; 구제(책) ingredient n. 구성 요소 diagnosis n. 진단   alteration n. 변경

해석 브릭스(BRIC) 국가(브라질, 러시아, 인도, 중국)와 같은 신흥시장들은 과거에는 주식 중개인들에게 있어서 일반적인 유가증권 보유일람표의 필수 구성요소였지만, 현재는 많은 투자자들이 자신들의 투자 이유를 재평가하고 있다.

31. ④ 논리완성

난이도 ★★

해설 빈칸 앞의 wishful thinking은 unrealistic goals의 선택을 가능하게 하는 것이라고 할 수 있는데, 습관적으로 비현실적인 목표를 세우게 되는 것은 그 유발 원인인 부질없는 기대가 강하여 현실적 목표를 세우게 하는 상식적 이해력을 무시하기 때문일 것이다. 따라서 빈칸에 들어갈 적절한 표현은 ④ override가 적절하다.

어휘 habitually ad. 습관적으로, 상습적으로 wishful thinking 부질없는 기대, 희망사항(에 불과한 일) grip n. 파악력, 이해력; 지배력; (남의) 주의를 끄는 힘 support v. 지지하다, 후원하다, 원조하다 underscore v. 강조하다, 뒷받침하다 provoke v. (감정 따위를) 일으키다; 신경질 나게 하다; 유발시키다; 자극하여 ~시키다 override v. (결정 따위를) 무효로 하다, 뒤엎다; ~에 우월하다, 압도하다

해석 습관적으로 비현실적인 목표를 선택하는 사람들은 부질없는 기대가 상식에 대한 제어능력(상식적 이해력)을 무시하도록 허용한다.

32. ① 논리완성

난이도 ★★

해설 despite 의 뒤에서 '사회 전반적으로 음주를 기피하는 분위기가 있음'을 언급하고 있으므로, 이와 양보적 관계에 있는 주절에서는 '캠퍼스에서는 아직도 과음하는 문화가 남아 있음'이 나타나야 한다. 따라서 빈칸에는 ①이 들어가야 한다.

어휘 binge drinking 폭음(暴飮) define v. (성격, 내용 따위를)규정짓다, 한정하다; (말의)정의를 내리다, 뜻을 밝히다 episode a. 일시적인, 우연적인   consumption n. (에너지, 식품, 물질의)소비량; (상품의) 소비 abstainer n. 금주가, 금연가 persist v. 지속하다, 존속하다; 집착하다, 고집하다   disappear v. 사라지다, 소멸되다 dwindle v. 줄다, 작아지다, 축소[감소]되다; (명성 따위가) 약화되다 insist v. 주장하다, 강요하다; 고집하다

해석 미국인들 사이에 술 소비량이 전반적으로 감소하고 있고 금주하는 사람들의 수가 늘어나고 있음에도 불구하고, 일시적인 과음으로 정의되는 폭음(暴飮)이 캠퍼스에서는 계속 이어지고 있다.

33. ③ 논리완성

난이도 ★

해설 톰을 음주운전 혐의로 고발한 것은 그가 술을 마셨다는 징후를 발견했기 때문일 것이다. 그러므로 빈칸에는 '술이나 약물에 취해 있는 상태'를 의미하는 ③이 들어가는 것이 적절하다.

어휘 trooper n. 기병; 기마 경관; 주(州) 경찰관 arrest v. 체포하다, 구속하다; 저지하다 drive under the influence 음주운전을 하다, 마약에 취한 상태로 운전하다 demolition n. 해체, 파괴; 폭파 sobriety n. 절주(節酒); 절제; 침착, 냉정 intoxication n. 취함, 취한 상태; 흥분, 중독

해석 한 경찰관이 톰(Tom)이 술에 취해 있다는 징후를 발견했고, 그러고는 그를 체포하여 음주운전 혐의로 고발했다.

34. ① 논리완성
난이도 ★★
해설 '일어나는 모든 일은 일어나야 하는 일이며, 그 일이 발생하는 것을 방지하기 위해 할 수 있는 일은 아무것도 없다는 견해' 와 상응하는 단어는 ①의 '숙명론' 이다.
어휘 fatalism n. 숙명론, 운명론 anarchism n. 무정부주의 opportunism n. 기회주의 materialism n. 물질주의
해석 숙명론은 일어나는 모든 일은 반드시 일어나야 하는 일이며, 그 일은 피할 수 없었을 것이라는 견해이다. 어떤 사고가 발생하거나 어떤 사람이 죽는 경우, 그것을 방지하기 위해 할 수 있었던 일은 아무것도 없다.

35. ③ 논리완성
난이도 ★★
해설 공개적으로 말할 권한이 없는 사람이 어떤 정보에 대해 말했다면, 그는 하면 안 될 행동을 한 것이 된다. 따라서 그는 자신의 신원이 드러나는 것을 원하지 않을 것이므로, 빈칸에는 '익명을 요구했다' 는 의미가 되도록 ③이 들어가는 것이 가장 자연스럽다.
어휘 authorized v. ~에게 권한을 주다, 위임하다 publicly ad. 공공연히, 공적으로 investigation n. 조사, 연구 material n. 재료, 요소; 자료 obtain v. 얻다, 획득하다 supply n. 공급, 지급; 보급품 implication n. (뜻의)함축, 암시 nomination n. 지명, 임명 anonymity n. 익명, 익명의 사용 appointment n. 임명, 지명
해석 수사에 관해 공개적으로 말할 권한이 없기 때문에 익명을 요구한 한 경찰관은 머리(Murray) 박사가 잭슨(Jackson) 씨에게 사용할 약품들을 어플라이드 파머시(Applied Pharmacy)에서 구했다는 사실이 여러 자료들로부터 나타났다고 말했다.

36. ④ 논리완성
난이도 ★★
해설 as 이하에서는 건물이 똑같아 보이지 않는 이유를 설명해야 한다. 따라서 빈칸에는 '변화', '탈바꿈' 이란 의미의 ④가 들어가는 것이 적절하다.
어휘 undergo v. (영향, 변화, 조처, 검사 따위를) 받다; (시련 등을) 경험하다, 당하다 architectural a. 건축학의, 건축상의 firm n. 회사 manifestation n. 표현, 표시, 명시 transferral n. 이동, 이전 opportunity n. 기회, 호기 transformation n. (완전한) 변화, 변신 transition n. 변이; 과도기
해석 그 아파트 건물은 지역 건축회사에 의해 완전한 변화를 막 겪었기 때문에 (이전과) 똑같아 보이지 않는다.

37. ② 논리완성
난이도 ★
해설 but 뒤에서 음식의 맛이 썩 좋지 못한 것에 대해 언급했으므로 빈칸에는 이와 반대가 될 수 있는 내용이 나타나야 한다. 즉, 패스트푸드의 긍정적인 측면인 '식사를 빨리 해결할 수 있다는 점' 은 '편의성' 이나 '편리함' 과 관련되어 있으므로, ②가 들어가는 것이 적절하다.
어휘 second rate 이류의, 썩 훌륭하지 못한 vacant a. 공허한, 빈; 사람이 없는 convenient a. (물건이) 편리한, 사용하기 좋은 permanent a. 영속하는, 불변의 valuable a. 귀중한, 값비싼 conspicuous a. 눈에 잘 띄는; 뚜렷한
해석 대부분의 직원들은 가까이에 있는 패스트푸드 레스토랑이 식사를 빨리 해결하기에 편리한 장소라고 생각하고 있지만, 그곳의 음식이 썩 훌륭하지 못하다는 데 모든 직원이 동의한다.

38. ① 논리완성

난이도 ★

해설 경솔하고 우둔하다는 것과 유사한 표현이 빈칸에 들어가야 하므로, ①의 deficient(결함 있는, 불완전한)가 적절하다.

어휘 dialect n. 방언, 사투리 reveal v. 보여주다, 밝히다 deficient a. 부족한, 결핍된; 결함 있는 discriminatory a. 차별적인 elastic a. 신축성[탄력]이 있는 eloquent a. 웅변인; 유창한

해석 방언의 다양성에 대한 오해는 일부 방언들이 부족하고 부주의하거나 심지어 우둔함을 보여준다는 흔한 주장을 초래해왔다.

39. ④ 논리완성

난이도 ★★

해설 '자유롭게 끓어오르는[넘치는]' 모습과 유사한 표현 빈칸에 들어가야 문맥상 적절하다. 따라서 ④의 swirling(소용돌이침)이 정답이다.

어휘 opposite n. 정반대의 것 condescending a. (손아랫사람에게) 일부러 공손한 distortion n. 왜곡 expulsion n. 축출, 추방 swirl v. 소용돌이치다. 뛰어오르다

해석 정반대의 것들이 뒤섞여 소용돌이치는 것은 당신의 마음에서 자유롭게 끓어오를 새로운 관점을 위한 여건을 마련해준다.

40. ④ 논리완성

난이도 ★★

해설 주어진 글 속에 언급된 '본능보다는 실험에 의존했다', '철저하다'라는 표현이 나오므로 '빈틈없는' 이란 의미의 ④가 빈칸에 잘 어울리고 이러한 과학자를 수식하는 표현으로서도 자연스럽다.

어휘 mordant a. 신랄한, 통렬한 meretricious a. 야한, 저속한; 겉만 번지르르한 supercilious a. 거만한, 건방진, 젠체하는 scrupulous a. 양심적인; 꼼꼼한, 면밀한, 빈틈없는

해석 카버(Carver)는 다른 사람들이 자신의 실험을 재현할 수 있도록 상세하게 기록을 남겼다. 그는 본능보다는 주의 깊은 실험에 더욱 의존하는 철저하고, 빈틈없는 과학자였다.

41. ① 논리완성

난이도 ★★

해설 단가 정책를 시행하는 가게에서 쇼핑하기를 선호한다고 하였으므로, 그는 상인들과 물건값을 두고 '실랑이를 벌이는 것(haggle)'을 원치 않는다고 볼 수 있다.

어휘 one-price policy 단일가격제, 정찰제 article n. (특히 세트로 된 물건의 개별) 물품[물건] haggle v. (특히 물건값을 두고) 실랑이를 벌이다, 흥정을 하다 fumble v. 더듬다; 서투르게 다루다 fugle v. 지도자가 되다; 모범이 되다; 신호하다 ramble v. 걷다, 거닐다; 횡설수설하다

해설 나는 상인과 흥정할 때마다 내가 산 물건들에 대해 정당한 가격을 지불했는지 확신이 서지 않기 때문에, 단가 정책을 시행하는 가게에서 쇼핑하기를 선호한다.

42. ① 논리완성

난이도 ★★

해설 'so ~ that ....'는 '너무 ~하여 ... 하다'의 뜻이므로 빈칸에는 '강력하다(strong)'는 뜻과 문맥상 조화를 이루는 표현이 들어가야 한다. 따라서 '무적의(impregnable)'라는 의미의 ①이 빈칸에 가장 적절하다.

어휘 medieval a. 중세의, 중세적인 fortress n. 요새 enemy n. 적, 장애물 troop n. 병력, 군대 tactic n. 전략, 전술 impregnable a. 난공불락의, 무적의, 확고한 penetrate v. 관통하다, 침투하다 enforceable a. 실행할 수 있는, 강요할 수 있는 jeopardize v. 위태롭게 하다, 위험에 빠뜨리다

해석 그 중세의 요새는 너무나도 튼튼해서 적군이 그 어떤 전술이나 무기를 사용하더라도 난공불락의 상태로 남아있었다.

43. ④ 논리완성
난이도 ★★

해설 (A)에서 as는 이유의 접속사로 사용되었다. 본인을 따르지 않았다는 이유 때문에 적을 내쫓는 데 도움을 주지 않는다고 했으므로, 이 적들이 골칫거리가 될 것이라고 유추할 수 있다. thorn in one's sides[flesh]는 '~의 골칫거리[걱정거리]'라는 뜻으로 쓰이므로 ①과 ④가 빈칸에 적절하다. 그런데 flesh는 (B)의 빈칸에는 문맥상 적절하지 않으므로 ④ sides가 정답이 된다.

어휘 disobey v. (~에) 따르지 않다 drive out ~을 몰아내다 snare n. 덫, (위험한) 유혹 take sides 편을 들다 civil war 내전 break out 발발하다 a thorn in one's side[flesh] ~의 골칫거리[걱정거리] limb n. 손발

해석 (A) 너희가 나를 따르지(순종하지) 않기 때문에 나는 너희의 적들을 내쫓지 않을 것이며, 그들은 너희에게 골칫거리가 될 것이다. 그들의 신은 너희들 덫에 빠뜨릴 것이다.
(B) 이웃 국가에서 발발하는 내전에서 편을 들지 않는 것이 우리 정부의 일관된 정책이다.

44. ② 논리완성
난이도 ★★

해설 첫 번째 문장은 "과거에는 결혼이 감정적인 이유에서가 아니라 경제적인 이유로 이루어졌다."라는 의미를 담고 있다. 이를 통해, 남자들은 돈을 많이 갖고 있는 여자들과 결혼을 했을 것을 알 수 있다. 따라서 빈칸에는 '혼인지참금'이란 의미의 ②가 적절하다.

어휘 affair n. 일, 용건, 업무, 직무 pocketbook n. 지갑, 핸드백 wed v. ~와 결혼하다; (남자가) ~을 아내로 맞다; (여자가) ~에게 출가하다 affection n. 애정, 호의; 감정, 감동 dowry n. 신부의 혼인지참금

해석 과거에는, 대부분의 결혼이 마음과 관련된 일이라기보다는 지갑과 관련된 일이었다. 남자들은 혼인지참금을 가지고 있는 여자들과 결혼했다.

45. ① 논리완성
난이도 ★★

해설 양보의 접속사 Although가 이끄는 종속절이 내용이 주절의 내용과 대조를 이루어야 한다. 주절에서 public life에 속하는 civil justice에 대해 존중한다고 했으므로, 종속절에는 주절과 양보를 이루는 표현이 와야 한다. opt out of 는 '~에서 손을 떼다, 벗어나다'는 의미를 가지므로, ①이 빈칸에 들어가기에 적절하다.

어휘 Epicurean a. 에피쿠로스 학파의, 쾌락주의의 seek v. 찾다, 추구하다; 시도하다 civic a. 도시의; 시민의 opt out of (활동, 단체)에서 탈퇴하다[손을 떼다]

해석 에피쿠로스 학파는 공적인 생활에서 벗어나는 것을 추구했지만, 시민 재판을 존중했다.

46. ②
난이도 ★★

해설 and의 뒤에 언급된 "학문적 장래성이 입학허가의 유일한 기준이어야 한다."라는 말에는 대학이 학문을 하는 곳이라는 의미를 포함하고 있다. 다르게 표현하면, '학문적 우수성의 장려가 대학의 목적'이라는 것이 되므로, 빈칸에는 '~를 위해서'의 의미를 가진 ②for the sake of가 적절하다.

어휘 promote v.진전[진척]시키다, 조장하다, 장려하다 scholarly a.학자다운, 학문적인, 박학한 excellence n.우수, 탁월, 뛰어남; 장점, 미덕 promise n.약속; (성공에 대한) 기대, 희망, 가망 sole a.오직 하나의, 유일한 criterion n.(비판, 판단의)표준, 기준 admission n.입장, 입학; 입장료 in lieu of ~을 대신하여 for the sake of ~을 위하여 independent of ~에 관계없이 on a par with ~와 똑같이, 동등하게
해석 어떤 사람들은 대학은 학문적 우수성을 장려하기 위해 있으며 학문적 장래성이 입학허가의 유일한 기준이어야 한다고 말한다.

47. ①

난이도 ★★

해설 긴 시간 함께 지냈던 옛 상관을 conservative로 묘사한 것에 고려하면, 결국 신임 상사는 'conservative와 반대되는 면모'를 갖고 있을 것이다. 따라서 빈칸에는 이런 면모를 나타낼 수 있는 표현이 들어가야 한다. '보수적'이라는 말에 일반적으로 '고루하고 답답하다'는 뉘앙스가 있음을 감안하면, 빈칸에는 '신선한 공기' 혹은 '청량제와 같은 사람'이라는 뜻의 ①a breath of fresh air가 들어가는 것이 가장 자연스럽다.

어휘 conservative a.보수적인, 보수주의의 supervisor n.감독관, 관리자, 상사, 지도교수 a breath of fresh air 청량제 같은 사람[것], 신선한 공기 a drop on the ocean 새 발의 피 as clear as mud 물에 물 탄 듯, 술에 술 탄 듯, 불명확한 up in the air 아직 미정인

해석 매우 오랫동안 보수적인 상관을 모신 끝에, 저는 우리의 신임 상사가 청량제같이 신선한 사람이라는 사실을 알리게 되어 기쁩니다.

48. ②

난이도 ★

해설 '호텔 예약을 확인하다'는 뜻으로 쓸 때, reservation과 함께 관용적으로 쓰는 동사는 ②confirm이다.

어휘 in reference to ~와 관련하여 inform v. ~에게 알리다 notify v. ~에게 통지하다 communicate v. 전달하다, 통보하다 conform v.(규칙, 관습 등을) 따르다, 순응하다

해석 오늘 아침 우리의 전화 통화와 관련하여, 나는 당신의 호텔에 4일간 숙박할 2개의 객실에 대한 예약을 서면으로 확인하기를 원합니다.

49. ①

난이도 ★★

해설 그가 회계 담당자로 뽑힌 이유가 빈칸에 나타나야한다. 즉, 금전관계를 철저하고 꼼꼼하게 처리해 온 사람이 적임자가 될 것이므로, ①이 빈칸에 적절하다

어휘 treasurer n. (클럽, 조직의) 회계 담당자 scrupulous a. 빈틈없는, 꼼꼼한 munificent a. 인색하지 않은 prodigious a. 거대한, 막대한 impervious a. 통하지 않는, 스며들게 하지 않는 incorrigible a. 고질적인

해석 그는 한 클럽의 회계 담당자로 뽑혔는데, 그가 항상 자신의 채무를 변제하는 데 빈틈이 없었기 때문이었다.

50. ③

난이도 ★★

해설 도적떼의 생존자들이 다시는 무기를 들 수 없게 되었다는 결과를 통해 마을사람들이 그들을 철저히 '궤멸시켰다(rout)'는 것을 알 수 있다.

어휘 bandit n.(길에서 여행객을 노리는) 노상강도 exude v.(특정한 느낌을) 물씬 풍기다[줄줄 흐르다] coax v.구슬리다, 달래다 rout v. 궤멸시키다, 완패시키다 sway v.(전후*좌우로 천천히) 흔들리다[흔들다]

해석 마을사람들은 그 도적들을 워낙 철저히 궤멸시켰기에, 대부분의 생존자들은 다시 무기를 집어 들라치면

눈물부터 나올 지경이었다.

51. ①
난이도 ★★
해설 sanity로 살아가는 일상생활을 superficiality의 삶으로 보는 철학자들은 사물의 본질을 깊이 있게 보는 profundity에 도달하려면 일반 사람들에게는 madness로 보일 정도가 되어야 한다고 생각했을 것이다.
어휘 sanity n.온전한 정신상태; 분별 superficiality n.천박함, 피상적임 profundity n.(어떤 주제에 대한 처리*이해 등의) 깊이; 심오함 delusion n.망상; 착각 impunity n.처벌을 받지 않음 quandary n.진퇴양난
해석 흄(Hume)의 계승자들 가운데에서는, 분별은 천박함을 의미하고, 심오함은 어느 정도의 광기를 의미하는 것이었다.

52. ③
난이도 ★★
해설 행위의 주체가 환자들이고 빈칸 뒤에 질환의 이름이 있으므로, 빈칸에는 '(질병 등에) 걸리다'는 의미를 가진 ③이 들어가야 한다.
어휘 neurological a. 신경의, 신경학의 symptom n. 징후, 조짐, 증상 syndrome n. 증후군, 일련의 징후 auto-immune dysfunction 자가 면역 장애 assign v. 할당하다, 배당하다; 지정하다 permeate v. 스며들다, 침투하다 contract v. 계약하다; 수축시키다; (병에) 걸리다 inhale v. 빨아들이다, 흡입하다
해석 72명의 중증 신경증 환자들 가운데, 40명이 위험한 자가 면역 장애 질환인 길랑-바레(Guillain-Barre) 증후군에 걸려 있었다.

53. ⑤
난이도 ★★
해설 빈칸의 앞에서 '한국 사람들과 북한 사람들 사이에 서로 공유하고 있는 것이 거의 없다'고 했으므로, 빈칸 뒤에 주어진 것들만이 그들이 서로 공유하고 있는 것으로 남아 있다는 의미가 되도록 해야한다. 따라서 빈칸에는 '~을 제외하고'라는 뜻의 ⑤가 적절하다.
어휘 break n.탈출, 도망 foreign a.낯선, 눈에 익지 않은 reunification n.재통일 apart from ~을 제외하고
해석 북한 사람들이 한국으로 가기 위해 탈북을 하게 되면, 그들은 완전히 낯선 세계에 도착하게 된다. 한국인들은 그들 스스로를 형제자매로 여길지 모르지만 역사와 재통일을 향한 열망을 제외하고는 그들 사이에 공유된 것이 거의 없다.

54. ③
난이도 ★★
해설 from은 '원천(source), 출발점'을 의미하는 전치사이고 off는 '분리, 이탈'을 의미하는 전치사이다. 거리를 걷다가 불쑥 가게 안으로 들어오는 경우, 거리에서 출발하여 들어온 것이 아니라 걸어가던 거리에서 이탈하여(벗어나) 들어온 것이므로 ③ off가 정답이다.
어휘 walk in 안으로 들어가다 portfolio n.손가방, 작품집 jumble n.뒤범벅, 잡동사니 routine a.일상의; 판에 박힌 long-lost a.오랫동안 보지[소식을 듣지] 못한
해석 한 남자가 거리를 걷다가 불쑥 들어와 그림들이 들어있는 손가방을 열어 보이는데, 거기에는 오래전에 잃어버린 레오나르도 다빈치(Leonardo da Vinci)의 작품이 일반적인 저가의 그림들과 뒤섞여 있다.

55. ②   논리완성
난이도 ★★

해설 빈칸은 that 절과 동격 관계에 있는데, that 절 안의 인용문은 마르크스가 '진리나 삶에 대한 생각을 간결하고 날카롭게 표현한 말'을 말한다. 따라서 빈칸에는 경구라는 의미의 ②가 적절하다.

어휘 dictum n.(권위자의) 공식 견해; 격언, 금언 admonition n.훈계, 충고 aphorism n.금언, 격언; 경구 euphoria n.행복감; 도취 apprehension n.염려, 우려; 체포; 이해 prefiguration n.예상, 예측

해석 "인간은 자신의 역사를 만든다. 하지만 자신이 원하는 그대로는 아니다." 라는 마르크스의 경구는 자주 반복되는 격언이 되었다.

56. ③ 논리완성
난이도 ★★

해설 not of 다음의 a single text(단 하나의 원본)는 모방의 대상이 하나로 정해져 있다. 이에 비해 but of 다음의 texts(여러 원본)는 하나로 정해져 있지 않은 것을 말한다. 따라서 빈칸에는 '(수*양*크기 따위가) 정해져 있지 않는', '일정하지 않은' 이란 뜻을 가진 ③이 들어가야 한다.

어휘 pastiche n.혼성곡 imitation n.모방, 모조; 모조품 proportionate a.균형 잡힌, 비례를 이룬, 적응한 premonitory a.예고의; 전조의 indefinite a.불명확한; 일정하지 않은, 한계가 없는 insolvent a.지급불능의, 파산한 discard v.(쓸데없는 것*습관*신앙 따위를) 버리다, 폐기하다

해석 모방작품은 종종 단 하나의 원본을 모방하는 게 아니라, 여러 원본이 가진 균일하지 않은 가능성들을 모방하는 것일 것이다.

57. ① 논리완성
난이도 ★★

해설 '어안이 벙벙해진(be amazed)' 이유에 대해 묻는 문제이다. 그때까지 가장 '단조롭고 평범한 (pedestrian)' 연사로 취급받던 사람이 청중들을 '흥분시키고(electrify)', '환호하게(cheer)' 만드는 것을 보았다면 '어안이 벙벙해질' 만 할 것이다.

어휘 be amazed 어안이 벙벙하다, 깜짝 놀라다 heretofore ad.지금까지는, 이전에는 electrify v.열광시키다, 흥분시키다 cheer v.환호성을 지르다, 환호하다 pedestrian a.평범한, 단조로운, 상상력이 없는 enthralling a.마음을 사로잡는, 매우 재미있는 auspicious a.상서로운, 길조의, 경사스런 versatile a.다재다능한

해석 우리는 대중 연설가들 중 가장 앞서 이곳에 온 사람이 단 한 번의 연설로 청중들을 흥분시키고 그들을 일어서게 할 수 있다는 사실에 놀랐다.

58. ③ 논리완성
난이도 ★★

해설 형벌의 '잔혹함(cruel severity)'은 판사의 재량권을 통해 '완화시키고, 경감시킬(mitigate)' 수 있는 대상이다.

어휘 be bound to V ~할 의무가 있다 uphold v.옹호하다, 지키다 discretion n.재량(권), 신중함 severity n.혹독함, 엄혹함 enforce v.집행하다, 실시하다 reinstate v.복귀시키다, 회복시키다 mitigate v.완화시키다, 경감하다 provoke v.유발하다, 도발하다

해석 판사는 법을 지키게 되어있지만 일부 형벌의 잔혹함을 완화시키기 위해 그의 재량을 자유롭게 사용할 수 있다.

59. ③
난이도 ★★

해설 this incident에 대한 부연 설명이 없는 상태이므로, 주절에서 언급하고 내용을 this incident의 결과로

파악하는 것이 가장 자연스럽다. in the wake of가 '~을 계기로', '~의 여파로'라는 의미이므로, ③이 정답이 된다.

어휘 incident n. 사건, 분쟁 reach out to ~와 접촉하려[연락을 취하려] 하다, 접근하다 outrage n. 격분, 격노 on one's behalf ~을 대신하여, ~을 대표하여 mock n. 조롱; 흉내 spite n. 악의, 원한 in the wake of ~의 여파로, ~의 결과로 pity n. 불쌍히 여김, 동정

해석 이 사건을 계기로, 많은 친절한 사람들이 어머니를 대신하여 분노를 표출하기 위해 어머니에게 다가왔다.

60. ①
난이도 ★★

해설 until의 뒤에서 and 앞의 절은 and 뒤의 절과 인과관계에 있다. 지팡이와 같은 것들을 버팀목으로 사용해야 하는 결과를 초래할 수 있는 것은 우리 몸의 뼈대가 나빠질 경우라 할 수 있을 것이다. 따라서 빈칸에는 '(질, 가치가) 떨어지다, 악화되다'라는 의미의 ①이 적절하다.

어휘 barring prep. ~이 없다면, ~을 제외하고는 structure n. 구조, 구성, 뼈대, 체계 prop up 버티다, 버팀목을 대다 cane n. 지팡이 deteriorate v. (질, 가치가) 떨어지다, 약화되다, 저하되다 fortify v. 강하게 하다, 튼튼히 하다 rehabilitate v. 원상태로 되돌리다, 복원하다 ripen v. 익다, 원숙하다

해석 질병에 걸리지 않는다면, 노화로 뼈대가 나빠져서 지팡이 같은 것들로 몸을 받쳐 주어야 할 때까지 우리는 평생 똑바로 선 채로 걷는다.

61. ④
난이도 ★★

해설 the opportunity의 뒤에는 동물들이 행복할 수 있는 조건 혹은 상황에 대한 내용이 언급되고 있다. 따라서 빈칸에는 빈칸 뒤의 전치사 in과 함께 '~에 있다[존재하다]', '~에 좌우되다'라는 의미의 ④가 들어가야 한다.

어휘 creaturely a. 생물의, 동물적인 compose v. 조직하다, 구성하다; 작곡하다 dwindle v. 줄어들다, 작아지다 belie v. 거짓임[그릇됨]을 나타내다 consist in ~에 있다, ~에 존재하다

해석 어떤 동물이든, 행복은 동물로서 타고난 성질 – 본질적인 돼지다움이나 늑대다움 – 을 표출할 기회를 가질 수 있느냐에 달려 있는 듯하다.

62. ③
난이도 ★★

해설 세금의 부과는 수입, 재산, 소득 등의 감소를 의미하므로, 부과 받는 당사자에게는 분노를 유발할 수 있는 일이다. 그러므로 빈칸 뒤에 '분노'라는 의미의 명사가 주어져 있기 때문에, '이끌어 내다', '생기게 하다'라는 의미의 ③이 빈칸에 적절하다.

어휘 congressional a. 의회의, 국회의 endowment n. 기증, (기금) 기부; 기부금 outrage n. 격분, 분개 hinder v. 방해하다, 훼방하다 dismiss v. (고려할 가치가 없다고) 묵살[일축]하다; 해고하다 elicit v. (진리 따위를 논리적으로) 이끌어 내다; (대답·웃음 따위를) 유도해 내다 concede v. 인정하다; 양보하다

해석 부유한 사립대학들의 기부금에 세금을 부과하려는 의회의 계획은 그 대학들로부터 분노를 불러일으켰다.

63. ①
난이도 ★★

해설 앞에서 '의회의 5분의 1만이 선거로 선출될 것임'을 언급했으므로, and 뒤에는 의회의 나머지를 선출하는 방법에 대한 내용이 나타나야 한다. 그러므로 '의회의 5분의 4는 정당에서 지명하는 방법을 통해 선출된다'는 내용을 만드는 ①이 빈칸에 들어가기에 적절하다.

어휘 chamber n. 응접실; 회관; 회의소; 의원(議院), 의회 appoint v. 지명하다; 임명하다 hail v. 환호하여 맞이하다, ~에게 인사하다 admonish v. 훈계하다, 타이르다 banish v. 추방하다; 내쫓다
해석 새 의회의 5분의 1만이 국민들에 의해 선출되고 나머지는 정당에 의해 지명될 것이다.

64. ③
난이도 ★
해설 결국, 우리가 아니라 사기꾼이 돈을 가지게 된 것이다. 따라서 우리를 부자로 만들어줄 거라는 생각은 그가 우리를 '속이거나 착각하도록 만든' 것이라 할 수 있다.
어휘 con man n. 사기꾼, 협잡꾼 trick ~ into … ~을 속여서 …하게 하다 persecute v. 박해하다, 학대하다 harass v. 괴롭히다, 애먹이다 delude v. 속이다, 착각하게 만들다 violate v. [법률·맹세·약속·양심 따위를] 어기다; 어지럽히다, 방해하다
해석 그 사기꾼이 우리에게는 양심을 심어주어 그가 우리를 부자로 만들어줄 거라고 생각하게 만든 대신, 그는 우리를 속여 자신에게 수백 달러를 주게 만들었다.

65. ④
난이도 ★★
해설 의사의 검진을 통해 알 수 있게 되는 것은 '만성 무기력증'에 대한 원인이다. 보기 중에 몸이 겪는 증상에 해당하는 것은 ④뿐이다.
어휘 checkup n. 대조; 점검; (정기) 건강진단 chronic a. 만성적인, 고질적인 depression n. 의기소침; 우울증; 불경기, 불황 levity n. 경솔, 경박; 변덕 larceny n. 절도죄 liaison n. 연락, 접촉, 섭외 lethargy n. 혼수상태; 무기력, 무감각
해석 의사로부터 정밀 건강검진을 받지 않으면, 당신의 만성 무기력증이 육체적 질병에 의한 것인지 아니면 우울증에 의한 것인지 알기 어려울 것이다.

66. ①
난이도 ★★
해설 연습장에서 열심히 노력을 통해 실전에서의 성공 여부를 가늠할 수 있다. 그러므로 빈칸은 성공의 '전조(前兆)'의 역할을 한다고 할 수 있다.
어휘 precursor n. 선구자, 선각자; 선봉; 전조(前兆) barrage n. (질문 따위의) 연발; 일제사격 volition n. 의지, 의지력; 결단 calamity n. 재난; 재해
해석 연습장에서의 고된 노력은 경기장에서 거두게 될 성공의 전조(前兆)가 될지도 모른다.

67. ①
난이도 ★★
해설 자립과 의존은 반대되는 개념을 가지고 있으므로, 무언가에 의존하게 됐다는 것은 자립하려는 경향이나 의지가 '약해졌다'는 것을 뜻하게 된다. 따라서 빈칸에는 '위축'이란 의미의 ①이 들어가야 한다.
어휘 self-help n. 자립 corporation n. 법인, 협회; 주식회사 bureaucracy n. 관료정치, 관료제도 atrophy n. 위축; (기능의) 감퇴, 쇠퇴 impact n. 충돌; 충격; 영향 culpability n. 과실이 있음, 비난을 받을 만함 enigma n. 수수께끼 persistence n. 고집, 완고, 버팀; 영속, 지속
해석 자립이라는 오랜 전통의 위축은 개인을 국가, 기업 및 기타 관료제도들에 의존하게 만들었다.

68. ⑤
난이도 ★★

해설 세미콜론의 뒤에서 '개별 주체가 스스로와 반목하고 있다'고 했는데, 이는 곧 자아가 하나의 통일된 성향을 갖고 있지 않다는 것을 말한다. 따라서 이를 '자아가 분열되어 있다'고 달리 표현할 수 있을 것이므로 빈칸에는 ⑤가 적절하다.

어휘 foundation n. 창설, 창립; 설립; 기초, 토대 detail v. 상술하다, 열거하다 conception n. 개념, 생각 at odds with ~와 사이가 좋지 않은, ~와 불화하여 confusing a. 혼란스러운 optional a. 임의의 unconscious a. 무의식적인 hidden a. 숨은, 숨겨진 divided a. 분할된, 나누어진

해석 프로이트(Fraud)는 자아를 분열되어 있는 것으로 이해하는 기초를 확립했다. 그는 개별적인 주체가 항상 자기 자신과 반목하고 있다는 개념을 상세하게 설명했다.

69. ④
난이도 ★★

해설 빈칸에는 바로 뒤에서 재 진술되고 있는 '규제하다, 관리하다(order)'라는 의미와 순접 관계에 있는 표현인 '훈련하다, 단련하다(discipline)'가 들어가는 것이 적절하다.

어휘 vesicate v. 수포를 생기게 하다 derail v. 탈선시키다 harbinger v. 미리 알리다 discipline v. 훈련하다, 단련하다

해석 그의 주된 임무는 자신의 분야를 단련하고, 관리하는 것이었지만, 또한 동물을 연구하는 것이 새로운 화학만큼이나 과학적이라는 사실을 보여주는 것이기도 했다.

70. ①
난이도 ★★★

해설 성장 잠재력이 큰 분야인데도 투자 유치 실적을 내기 어렵다는 것은 투자자들에게 성장이 가져다주는 투자수익 가능성에 대한 기대보다 위험에 대한 거부감이 더 크다는 말이다. 이런 '보수적인' 투자자들은 다른 투자자들에 비해 위험을 더욱 '싫어하는(averse)' 투자자들이라 할 수 있다.

어휘 track record 실적 averse a. ~을 싫어하는, ~을 반대하는 adapted a. ~에 적당한, 알맞은 adherent a. 부착하는, 묶여 있는 exposed a. 노출된

해석 이 분야는 성장 잠재력이 크지만 기업들이 주식 시장의 전통적이고 보수적인 투자자들, 즉 위험을 더욱 싫어하는 투자자들을 유치할 만한 실적을 수립 할 시간을 갖지 못할지도 모른다.

71. ①
난이도 ★★

해설 비공개 자산을 신고하는 것에 사람들이 나선 이유는 형벌을 면제해주는 국세청의 '사면조치' 때문이라고 할 수 있다. 따라서 ① amnesty가 빈칸에 적절하다.

어휘 declaration n. (세관·세무서에의) 신고 undisclosed a. 밝혀지지 않은, 비밀에 붙여진 come forward 나서다, 앞으로 나오다 amnesty n. 대사(大赦), 특사; 사면 truce n. 정전, 휴전 indictment n. 기소, 고소, 고발 repeal n. 취소, 폐지, 철폐

해석 비공개 자산을 신고하는 것에 대한 국세청의 사면조치는 많은 사람들이 나서는 결과로 이어졌다.

72. ②
난이도 ★★

해설 세미콜론(;)의 뒤에서 항생제가 새로운 유행성 전염병에 어떠한 효과도 내지 못했다고 했으므로, 그 전염병은 고치기 어렵다는 점을 알 수 있다. 따라서 ② intractable이 빈칸에 적절하다.

어휘 epidemic n. 유행병, 전염병 antibiotic n. 항생제, 항생물질 have an effect upon ~에 영향을 미치다, 효과를 내다 submissive a. 순종적인, 고분고분한 intractable a. (병이) 잘 낫지 않는, 고치기 어려운

corrigible a. 교정(矯正)할 수 있는, 쉽게 고칠 수 있는 irresponsible a. 무책임한
해석 새로운 유행성 전염병은 고치기 어려운데, 알려진 항생제 중에 그 병에 효과가 없기 때문이다.

73. ⑤ 논리완성
난이도 ★★
해설 황열병이 남아메리카와 아프리카에서 유행하고 있다고 했으므로, 이들 나라는 방문객들이 황열병에 걸리는 것을 예방하기 위해 입국하기 전 '예방접종'을 요구할 것이다.
어휘 yellow fever 황열병 identify v. 확인하다, 밝히다 estrange v. 이간시키다, 소원하게 하다 expel v. 내쫓다, 쫓아버리다 suspect v. 의심하다 vaccinate v. ~에게 백신 [예방] 접종을 하다
해석 황열병은 남아메리카와 아프리카에서 여전히 유행하고 있다. 그리고 많은 나라들은 방문객들이 입국하기 전에 그들에게 예방접종을 요구한다.

74. ② 논리완성
난이도 ★★
해설 콜론의 뒤에는 바로 앞의 내용, 즉, '수학자들이 특유의 미적(美) 감각을 가지고 있음'에 대해 부연 설명을 하고 있다. 그러므로 빈칸에는 '아름다움에 대한 인식' 혹은 '아름다움에 대한 감각'과 유사한 의미의 ②가 적절하다.
어휘 mathematician n. 수학자 distinctive a. 독특한, 특이한; 차이를 나타내는 strive v. 노력하다 compelling a. (너무나 흥미로워서) 주목하지 않을 수 없는; 설득력 있는, 강력한 dictate v. 구술하다; 명령하다, 지시하다 logic n. 논리, 논리학 feasibility n. 실행할 수 있음, 가능성 aesthetics n. 미학(美學) obligation n. 의무, 책임 intellect n. 지성, 지력
해석 수학자들은 독특한 미적 (美的) 감각을 가지고 있다. 그들은 논리학뿐만 아니라 미학 (美學) 의 지시에 따라 자신들의 생각과 결과를 분명하고 설득력 있게 말하려 노력한다.

75. ① 논리완성
난이도 ★★
해설 빈칸의 뒤에서 빈칸에 들어갈 표현에 대해 부연 설명하고 있다. 필연적 관련성이 없다는 것은 '독단적' 이고 '임의적' 이라는 것이므로, 빈칸에는 ①이 적절하다.
어휘 aria n. 아리아, 가곡 tempo n. 박자, 템포 conductor n. 지휘자 relation n. 관계, 관련 arbitrary a. 임의적인; 독단적인 compelling a. 주목하지 않을 수 없는 [눈을 뗄 수 없는] ; 설득력 있는 meticulous a. 지나치게 세심한, 소심한 premature a. 조숙한; 시기상조의
해석 그 오페라의 가장 유명한 아리아가 연주되는 동안 오케스트라의 지휘자가 선택한 박자는 앞서 연주된 박자와 필연적 관계없이 임의적인 것처럼 보였다.

76. ③ 논리완성
난이도 ★
해설 빈칸 뒤의 '유언', '유언장'을 고려하면, '수혜자, (유산 등의) 수령인' 이란 의미의 ③이 빈칸에 가장 적절하다.
어휘 will n. 유언, 유언장 suspect n. 혐의자, 용의자 murder case 살인사건 benefaction n. 은혜를 베풂, 희사(喜捨) benefactor n. 은혜를 [자선을] 베푸는 사람, 은인; (학교 등의) 후원자; 기부자 beneficiary n. 수익자; (연금•보험금 등의) 수령인 benevolence n. 선행, 자선
해석 죽은 사람이 남긴 유언의 수혜자는 그 살인사건의 유력한 용의자였다.

77. ④ 논리완성
난이도 ★
해설 apparent의 경우, apparent than real(그렇게 보일 뿐 실제로는 아닌)과 heir apparent(법정 추정 상속인)로 둘 다 쓰 일 수 있으므로 ④가 정답이다.
① 가짜의 ② 공공의 ③ 불법의 ⑤ 지정된
어휘 reluctance n. 마음이 내키지 않음, 난색 heir n. 상속인, 후계자
해석 그가 마음 내켜하지 않는 것은 그렇게 보일 뿐, 실제로는 그렇지 않다.
그는 올슨(Olsen) 씨의 법정 추정 상속인으로 간주되었다.

78. ③ 논리완성
난이도 ★★
해설 prodigious의 경우, 수량이 '엄청난', 능력 따위가 '놀라운'이라는 의미로 사용할 수 있기 때문에, 두 빈칸에 공통으로 들어갈 수 있다. 따라서 ③이 정답이다.
① 불안정한 ② 생산적인 ④ 선포된 ⑤ 문제가 많은
어휘 generate v. 만들어내다 impress v. 감동을 주다, 깊은 인상을 주다
해석 이 사업은 엄청난 양의 현금을 만들어낸다.
그는 그를 만났던 모든 사람들에게 놀라운 기억력으로 깊은 인상을 남겼다.

79. ③
난이도 ★★
해설 그의 바지가 흘러내렸다고 했으므로 당황하거나 부끄러워할 상황이지만, 뒤에 but이 나왔으므로 '당황하거나 부끄러워하지 않았다'는 내용이 이어져야 한다. 따라서 ③의 unabashed (부끄러워하지 않는)가 빈칸에 적절하다.
① 아연실색한, 겁먹은 ② 흥분한 ④ 위안이 되는
어휘 trouser n. (한 벌의) 바지 upcoming a. 다가오는, 곧 있을
해석 그의 바지가 흘러내렸지만, 그는 부끄러워하지 않는 것 같았고 곧 있을 여행에 관해 계속해서 이야기했다.

80. ③
난이도 ★★
해설 보고 있는 물체가 '희미해지거나' 듣고 있는 물체의 소리가 '약해질' 때, 그 물체는 멀어지고 있는 것이다. 따라서 이와 유사한 표현인 ③의 recedes(희미해지다, 약해지다)가 정답이다.
① 쿵하고 부딪히다 ② 빠른 걸음으로 가다 ④ 외치다, 떠들어대다
해석 당신이 보거나 들을 수 있는 물체가 희미해질(약해질) 경우, 그 물체는 당신으로부터 멀어지고 있는 것이다.

5회

1. ④
난이도 ★
해설 because의 뒤에는 주절에 대한 이유가 기술되므로 그녀가 놀라운 예술가라는 것에 경의를 표해야 한다는 말이 빈칸에 적절하다. pay homage to는 '~에게 경의를 표하다'라는 뜻으로 쓰인다.
어휘 Hyperbole n. 과장(법), 과장어구 hubris n. 지나친 자신, 오만 hindrance n. 방해, 장애 homage n. 존경, 충성
해석 그녀는 매우 놀라운 예술가이기 때문에 우리는 그녀에게 경의를 표해야 한다.

2. 정답 (D)

난이도 ★★

해설 하향과 상향을 비교하면서 대립관계를 설명하고 있다. 따라서 앞에는 orderly의 반의어, 뒤에는 dumb의 반의어가 필요하다.

어휘 innovation n. 혁신, 기술혁신, 일신, 쇄신, 새로이 도입된 것 chaotic a. 혼돈된, 혼란한, 무질서한 unhinged a. 돌쩌귀를 벗긴, 떼어놓은, 어지러운, 혼란한 garbled a. 왜곡된, 부정한, 내용이 달라진, 알아보기 어려운 assiduous a. 근면한, 주도면밀한 disarming a. 적의를 없애는, 경계심을 풀게 하는, 안심시키는, 붙임성 있는 wicked a. 악한, 사악한, 부정의, 불의의, 악의 있는, 심술궂은, 장난기 있는, 위험한

해석 위에서 아래로 (하향식으로) 일어나는 혁신은 질서 정연하지만 바보 같은 경향이 있다. 밑에서 위로 (상향식으로) 일어나는 혁신은 혼란스럽기는 하지만 똑똑한 경향이 있다.

3. 정답 (A)

난이도 ★★

해설 빈칸의 목적어는 노력이 아닌 결과이므로 빈칸에 어울리는 것은 '갚아주다, 보상해주다'의 뜻을 가진 pay off이다.

어휘 pay off 빚을 갚다, 보복을 하다, 성과가 나다, 이익을 가져오다 take up 집어 올리다, 손에 쥐다, 시간을 잡다, 손님을 잡다, 태우다, 보호하다, 후원하다, 흡수하다, 착수하다, 정하다, 모으다 set off 출발하다, 폭발시키다, 가동시키다, 일으키다, 유발하다, 상쇄하다 put up 올리다, 짓다, 세우다, 내걸다, 게시하다, 제출하다, 보여주다, 보이다, 가장하다, 저장하다, 지명하다, 제공하다

해석 젊은이들이 어려서부터 일찍 깨달아야 할 것은, 세상은 결과에 대해 보상을 해 주지 노력에 대해 보상을 해주지 않는다는 것이다.

4. 정답 (A)

난이도 ★★

해설 뒤에서 '전혀 지혜가 없음'을 언급하는데 이와 대응되기 위해서는 빈칸에 '무지'가 필요하다.

어휘 ignorance n. 무지, 무학, 모름 accomplishment n. 성취, 완성, 수행, 업적, 공적, 이행

해석 소크라테스는 자신의 무지를 이해하는 것이 자신이 가진 가장 큰 이해라고 주장했다. 그는 변명(Apology)이라는 책에서 "나는 내가 작든 크든 어떤 지혜도 없다는 것을 안다"고 말했다.

5. 정답 (D)

난이도 ★★

해설 grow out of는 '~으로부터 자연스럽게 생겨나다/자라나다'라는 의미이다. turn out of는 조합자체가 불가능하고 choose out of '~중에서 선택하다', stand out of '~에서 떨어져 서 있다'로서 의미상 불가능하고, make out of는 make의 목적어가 필요하기 때문에 문법적으로 알맞지 않다.

어휘 optimism n. 낙천주의, 낙관, 낙관론, 무사태평 grow out of ~에서 자라나다 keen a. 날카로운, 예리한, 강렬한, 격심한, 예민한, 열심인

해석 내가 너에게 이야기하고 싶었던 것은, 낙천주의에 대한 나의 작품은 인간 본성의 긍정적인 측면에 대한 예리한 관심으로부터 자연스럽게 생겨났다는 것이다.

6. ④ 논리완성

난이도 ★★

해설 사장은 연봉이 5백만 달러인데, 조립라인 노동자들의 연봉은 2만 달러라고 했다. 따라서 이 회사의 비난의

이유는(노동자들의 급여에 대한) 회사의 '구두쇠' 정책일 것이다. 따라서 ④의 miserly(인색한)가 빈칸에 들어가야 한다.

어휘 assembly line 조립라인 refute v. 반박하다, 반론하다 tactic n. 전술, 작전, 책략 mean a. 평균의 annual income 연소득, 연봉 arrogant a. 오만한, 거만한 generous a. 후한, 너그러운 genuine a. 진짜의, 진품의 miserly a. 인색한, 구두쇠인

해석 어떤 회사에서, 사장의 연봉은 5백만 달러이고 99명의 조립라인 노동자들의 연봉은 2만 달러에 불과하다. 사장은 (자신을 포함한) 이들 100명의 평균 연봉이 6만9천8백 달러라고 주장함으로써 그 회사의 구두쇠 정책에 대한 비난을 반박하려고 할 수도 있다.

7. ④ 논리완성

난이도 ★★

해설 J 선생님이 빈칸 앞에서 교과서를 공부할 때 서두르지 말라고 했으며, 마찬가지로 빈칸 뒤에도 서두르지 말라는 뜻으로 "이것은 경주가 아니에요"라고 말했다. 따라서 빈칸에는 ④의 "느긋하게 해요"가 들어가야 문맥상 적절하다.

어휘 independently ad. 독립적으로; 자유롭게 at one's own pace 자신만의 속도로, 자신에게 맞는 속도로 text n. 교과서 for the duration of ~의 기간 동안 be in a rush 서두르다 go on to ~로 넘어가다 race n. 경주, 경기 make up one's mind 결단을 내리다, 결심하다 take one's time 천천히[느긋하게] 하다

해석 그때 J 선생님은 강좌기간 동안 우리가 각자 자유롭게, 우리에게 맞는 속도로, 교과서를 통해 공부할 것이라고 발표했다. "서두르지 말아요."라고 J 선생님은 충고했다. "느긋하게 해요. 다음 연습문제로 넘어가기 전에 각각의 연습문제를 이해하세요. 이것은 경주가 아니에요."
① 자기 나름의 방식으로 해요   ② 올바르게 해요
③ 결단을 내려요   ④ 느긋하게 해요

8. ②

난이도 ★★

해설 비인격적이며 융통성 없는 관료주의적 태도에 대해 느꼈을 감정으로 적절한 것을 찾는 문제이다. '좌절당한(stymied)' 느낌이 빈칸에 가장 적절하다.

어휘 impersonal a. 인간미 없는; 비인격적인 inflexible a. 융통성[신축성] 없는, 고지식한 bureaucracy n. 관료주의, 요식 체계 exemption n. 면제, 공제 vindicate v. (특히 남들은 달리 생각할 때) ~의 정당성을 입증하다 stymie v. (계획 등을) 방해하다[좌절시키다] disembarrass v. 곤란으로부터 해방하다, (걱정 등을) 벗겨 주다; ~을 안심시키다 gesticulate v. 몸짓[손짓]으로 가리키다[나타내다]

해석 우리는 그 법규의 적용을 면제받으려 시도할 때마다 비인격적이고 융통성 없는 관료주의로 인해 거듭 좌절감을 느꼈다.

9. ②

난이도 ★★

해설 '주제를 벗어나고, 이해할 수 없는 말도 안 되는 허튼소리'라고 한다면, '횡설수설(gibberish)'일 것이다.

어휘 off-topic a. 화제[주제]를 벗어난, 화제와 무관한 unintelligible a. 이해할 수 없는 nonsense n. 터무니없는[말도 안 되는] 생각[말], 허튼소리 kernel n. (견과류·씨앗의) 알맹이 gibberish n. 횡설수설 coherence n. 일관성 virtuosity n. (고도의 연기·연주) 기교

해석 그의 글에 대한 첫 두 논평은 주제를 벗어났고 이해할 수 없는 말도 안 되는 허튼소리들로서, 완전히

횡설수설이었다.

10. ①
난이도 ★★
해설 두꺼운 책을 꼼꼼히 다 읽는 것이 어처구니없는 일이라고 본다면, 그 두꺼운 책의 '요약본(precis)'을 참고하는 편이 나을 것이다.
어휘 absurd a. 불합리한, 전혀 터무니없는 read through ~을 꼼꼼히 읽다 thick volume 두꺼운 책 refer to ~을 보다, ~을 참조하다 precis n. 요약 bibliopole n. 서적상; (특히 진서·고서의) 서적상[서점] epitaph n. 묘비명 choreographer n. 발레 편성가; 안무가
해석 마감시한까지 그 두꺼운 책을 꼼꼼히 다 읽는다는 것은 완전히 어처구니없는 일이므로, 인터넷을 살피는 일은 그만두고 그 소설을 이해하기 위해 그것의 요약본을 참고하시오.

11. 정답 (A)
난이도 ★★
해설 빈칸의 뒤에서 아무도 그와 어울리려 하지 않았다고 했으므로, 빈칸에는 '사람들로부터 버림을 받는 사람이 되었다'는 내용이 필요하다.
어휘 pariah n. 최하층 천민, 추방당한 사람, 버림받은 사람, 부랑자 vagabond n. 부랑자, 방랑자, 무뢰한, 깡패 delegate n.v. 대표자, 대리(인), 파견위원, 대의원, 대리로 보내다, 대리로 내세우다, 대리로 파견하다, 위임하다 trailblazer n. 선구자, 개척자, 새 길을 만드는 사람
해석 폴은 자기 집을 밝은 오렌지색으로 칠한 후, 그 동네에서 버림받은 사람이 되었다. 그 구역에 사는 사람 중에는 아무도 그하고 어울리려 하지 않았다.

12. 정답 (C)
난이도 ★★
해설 뒷 문장에서 영어는 다른 많은 언어에서 유래했다고 했으므로, '파생적인'이 적합하다.
어휘 derivative a.n. 끌어낸, 모방한, 유래하는, 파생적인, 이차적인, 파생물, 파생어, 유래물, 파생상품 metrical a. 운율의, 운문의, 측량용의, 계량적인 laconic a. 간결한, 간명한, 말수 적은 complacent a. 만족한, 자기만족의, 은근한
해석 영어는 파생 언어이다. 영어는 다른 많은 언어에서 유래한 단어들로 구성되어 있다.

13. 정답 (C)
난이도 ★★
해설 메리가 요가 후에 토크쇼를 보며 하는 행동을 찾는 문제로, 주어진 선택지 중에서는 문맥상 '휴식'이 가장 적합하다.
어휘 respite n.v. 연기, 유예, 휴식, 연기하다, 유예하다 behest n. 명령, 간절한 부탁 censure n. 비난, 혹평, 질책, 책망, 견책, 비난하다, 나무라다, 혹평하다 subterfuge n. 둔사, 구실, 핑계, 속임수
해석 두 시간 동안 요가를 한 후에 메리는 휴식을 취하고 초콜렛 프로틴 쉐이크를 음미하면서 아침 토크쇼를 보기로 결정했다.

14. ②
난이도 ★★
해설 다문화적 융통성이 교실에서는 제한되었다는 것은 그 교실이 다양성이 반영되지 않았다는 것을 알 수 있다. 그러므로 빈칸에는 diversity가 적절하다.

어휘 Flexibility n. 융통성, 구부리기 쉬움, 신축성 distinctive a. 특유[독특]한; 뚜렷한, 구별이 되는 multicultural a. 여러 문화가 공존하는, 다문화의 uniformity n. 획일성, 일관성 diversity n. 차이; 변화; 다양성 invariability n. 불변성 literacy n. 지식, 읽고 쓰는 능력
해석 우리나라의 문화적 다양성이 반영되지 않은 교실에서 다문화국가의 특징인 지적 융통성은 제지를 받아 왔다.

15. ①
난이도 ★★
해설 Spin은 '(미디어에 대한) 정보 조작, 언론 플레이'의 뜻을 가진다. Who의 뒤에서 실수로 인한 영향을 최소화하고 후보자들이 언론에 나오는 것을 보기 좋게 한다고 했으므로 빈칸에는 ① Spin controllers가 적절하다.
어휘 minimize v.최소로 하다; 최저로 어림잡다 gaffe n.과실, 실수 candidate n.후보자; 지원자 spin controller 공보 비서관 tax attorney 세금전문 변호사 modulator n.조정하는 사람
해석 공보 비서관은 실수로 인한 영향을 최소화하며 이외에도 일반적으로 후보자들이 언론에 나타나는 모습을 개선하기 위해 노력하는 사람들이다.

16. ④
난이도 ★★
해설 확실한 승자가 없는 상황이거나 최종 결과에도 승자가 없다는 것은 경쟁이 치열한 상태를 말한다. 따라서 '막상막하의 접전, 공동우승'을 뜻하는 ④가 빈칸에 적절하다.
어휘 Stalking horse (진짜 목적을 숨기기 위한) 구실[위장], 허수아비 입후보자 parallel runner 평행을 달리는 사람 close call 위기일발, 구사일생 dead heat 동시 우승, 무승부, 공동우승; (시합 등에서의)접전[호각]
해석 확실한 승자가 없을 것 같거나 혹은 최종 결과에서 확실한 승자가 없는 것처럼 보이면 해설자는 공동우승에 대해 이야기한다.

17. ②
난이도 ★★
해설 '많은 비판과 경쟁이론이 출현하고 있다'는 사실과 '대다수의 경제학자들에 의해서 받아들여지고 있다'는 사실은 양보관계에 있다. 따라서 빈칸에는 '~에도 불구하고'라는 의미의 ② despite가 적절하다.
어휘 on the ground of ~의 이유로 with regard to ~에 관해서
해석 순수이론은 많은 비판과 최근의 경쟁이론들의 출현에도 불구하고 여전히 대다수의 경제학자들에 의해 받아들여지고 있다.

18. ②
난이도 ★★
해설 개인의 능력을 골고루 발달시키지 못하는 것은 개인에게 위험의 원인이 될 수 있다고 한 다음, 사회의 경우에 대해 언급하고 있다. 이 문장에서 세미콜론(;)은 순접의 기능을 하므로, 사회의 경우도 개인과 다름없이 위험이 된다는 흐름으로 이어져야 한다. 따라서 빈칸에는 ② nothing short of가 적절하다.
어휘 unevenly ad. 불균등하게, 불규칙하게 faculty n. 능력, 기능 be no means 결코 ~이 아닌 nothing short of ~이나 다름없는 better than ~보다 나은 on no account 결코 ~않다
해석 그의 다양한 능력이 그처럼 고르지 않게 개발되는 것은 개인에게 심각한 위험의 원인이 될 수 있으며, 사회의 경우에 그것은 거의 재앙이나 다름없다.

19. ④

난이도 ★★

해설 자신이 좋았다고 생각한 연극이 신문에서 매우 좋지 않은 평가를 받아 놀라게 된 상황으로 볼 수 있다. 빈칸에는 '(연극 등에 대한) 논평기사'라는 의미의 ④가 들어가는 것이 적절하다.

어휘 write-in n 기명투표; 기명투표를 통한 후보자 write-off n. (장부에서의) 삭제, 탕감; 폐품 write-output n. (화면 등에 나타난) 결과 값 write-up n. (신간 서적, 연극, 상품 등에 대한) 논평 기사

해석 신문에는 그 연극에 대해 매우 좋지 않은 논평 기사가 실렸다. 나는 그 연극이 매우 좋았다고 생각했기 때문에 놀랐다.

20. ③

난이도 ★★

해설 키우던 고양이가 차에 치이는 사고를 당한 주인에게 그 고양이가 잘 지내고 있는지를 묻는 것은 실례가 되는 행동이다. 그러므로 빈칸에는 '(부주의로) 어려운 처지에 빠지게 되다', '실수하다'는 의미의 ③이 들어가는 것이 적절하다.

어휘 call it a day 마치다, ~을 그만 하기로 하다 ring a bell 들어본 적이 있는 것 같다, 들어보니 낯이 익다 put one's foot in it (부주의로 말미암아) 어려운 처지에 빠지게 되다, 실수하다 pull one's socks up 기운을 내다, 분발하다

해석 네가 수(Sue)한테 그녀의 고양이가 잘 지내고 있는지 물어본 것은 완전히 실수였어. 지난주에 수의 고양이가 차에 치인 걸 몰랐니?

21. ②

난이도 ★★

해설 빈칸의 뒤에서 '움직이기 싫고 아무것도 하고 싶지 않은 기분이 든다'고 부연 설명하고 있다. 따라서 빈칸에는 '무기력한', '늘쩍지근한'이란 의미의 ②가 가장 관련이 깊은 단어이다.

어휘 pedantic a. 현학적인, 아는 체 하는 listless a. 열의 없는, 무기력한 hoarse a. 목이 쉰, 쉰 목소리의; 귀에 거슬리는 소리를 내는 winded a. 숨을 헐떡이는, 숨이 찬

해석 나는 더위를 싫어한다. 왜냐하면 더위는 내 기분을 나른하게 만들어 몸을 움직이거나 아무것도 하고 싶지 않게 만들기 때문이다.

22. ①

난이도 ★★

해설 뇌물을 받지도 않고 민원인들의 편의를 꼼꼼하게 봐주었다는 점을 통해, '성실하다'는 의미의 표현이 빈칸에 적절하다

어휘 predicament n. 곤경, 궁지 conscientious a. 양심적인, 성실한; 조심스러운 complementary a. 상호보완적인, 보충하는 puerile a. 유치한, 바보 같은 ignominious a. 수치스러운, 창피한

해석 내가 말한 그 공무원이 가장 성실했다. 그는 뇌물을 받기를 거부했고 민원인들이 어려운 일에 처하지 않도록 모든 서류를 면밀히 검토했기 때문이었다.

23. ②

난이도 ★★

해설 '간교하게 정치적 라이벌을 계속 공격했다'고 했으므로, '음모나 술책'에 더 능해진 것이 문맥상 적절하다

어휘 deal a blow 타격을 가하다 take the throne 즉위하다 insidiously ad. 교활하게, 음흉하게 madrigal n. 무반주 다성 음악 machination n. 음모, 모략 tautology n. 동어 반복 subjection n. 정복, 복종
해석 술수에 더 능해지면서, 그는 아주 교활하게 정치적 라이벌들을 연이어 공격했다. 그리고 왕좌에 오르는 데 성공했고, 그 왕좌를 유지하기 위해 노력했다.

24. ④
난이도 ★★
해설 주절에서 '예외를 인정했다'고 했으므로, 양보의 접속사 Although가 이끄는 종속절에서는 확신이 '단호했다'는 맥락이어야만 대조를 이룰 수 있다.
어휘 avionic a. 항공 전자공학의 svelte a. 날씬한, 호리호리한 disconsolate a. 비참한, 암담한 adamant a. 요지부동의, 단호한
해석 그 영화평론가는 속편이 일반적으로 전편보다 못하다는 확신에 있어 단호했지만, 그녀가 1편보다 뛰어나다고 여긴 '대부 2편'과 같은 예외를 가끔씩 인정했다.

25. ③
난이도 ★★★
해설 in that의 뒤에서 '전제와 작품의 성격에 따라 의미가 변한다'고 했으므로, '유연한 성질을 지녀서 다양한 형태를 띨 수 있는'이라는 의미의 plastic이 빈칸에 적절하다. 반면 ④의 arbitrary는 '어떤 원리나 체계에 기반을 두지 않아서 제멋대로인' 즉 '독단적인, 임의적인'이라는 의미로, 문학비평 용어가 독단적이라는 것은 적절하지 않다.
어휘 sagacious a. 현명한, 지혜로운 shift v. 바뀌다, 달라지다 premise n. (주장의) 전제 inert a. 기력이 없는, 활발하지 못한 infeasible a. 실행 불가능한 notoriously ad. 악명 높게; 주지의 사실로서 plastic a. 형태를 만들거나 바꾸기 쉬운; 가소성이 좋은 arbitrary a. 임의적인, 제멋대로인; 독단적인
해석 현명한 문학도는 그 용어들을 사용하는 작가의 전제와 논의 중인 작품의 성격에 따라 그 의미가 바뀔 수도 있다는 점에서 문학비평에서 사용되는 용어들이 대단히 유연성을 갖고 있다는 점을 잘 알고 있다.

26. ①
난이도 ★★
해설 빈칸의 의미를 that is의 뒤에서 설명하고 있는 재진술형 문제이다. 자발적인 선택과 의지에 따라 채식주의를 선택한 것이 아니고, 고기를 먹고 싶어도 먹을 수 없는 형편으로 인해 어쩔 수 없이 채식을 하고 있다. 따라서 빈칸에는 '마지못해 하는'이라는 의미의 reluctant가 적절하다.
어휘 vegetarian n. 채식주의자 afford v. (~을 할 금전적·시간적) 여유[형편]가 되다 ludicrously ad. 터무니없이; 우습게, 익살맞게 reluctant a. 꺼리는, 주저하는, 마지못해 하는 strict a. (규칙 등이) 엄격한, 엄한 staunch a. 확고한, 충실한, 독실한; 견고한 clandestine a. 비밀리에 하는, 은밀한
해석 외견상으로는 잊혀진 땅처럼 보이는 이 마을의 주민들 대부분은 마지못해 채식주의자가 된 이들이다. 다시 말해, 그들은 성스러운 잔치 때 혹은 고기 값을 감당할 수 있을 때에만 고기를 먹는데, 고기 값이 터무니없이 비싸므로 그럴 일은 사실상 없다.

27. ①
난이도 ★★★
해설 회사의 성공에 대한 내부인사들의 견해와 외부 인사들의 견해가 엇갈리고 있다. 외부 인사들은 회장의 prescience 즉 '선견지명' 덕분으로 여기는 반면, 내부인사들은 inflexibility 즉 '강직함' 때문으로 보고 있다. than의 뒤에는 외부 인사들의 견해에 해당하는 내용이어야 하므로, 빈칸에는 prescience의

동의어가 들어가야 한다. 따라서 정답은 ①이 된다.
- **어휘** attribute A to B A의 원인을 B의 탓으로 돌리다 prescience n. 예지; 선견, 혜안, 통찰 insider n. (조직·단체의) 내부자 owe A to B A만큼 B에게 빚지다 inflexibility n. 굽힐 수 없음; 불요불굴, 확고부동; 단호한 태도; 불가변성 display v. 드러내 보이다, 전시하다 foresight n. 예지력, 선견지명 obduracy n. 고집; 냉혹 popularity n. 인기 perseverance n. 인내, 인내심
- **해석** 회사 외부의 많은 이들이 그 회사가 성공을 거둔 원인이 회장의 선견지명 덕분이라고 해 왔지만, 회사 내부 인사들은 그 성공은 회장이 보여줬을 수도 있는 어떤 선견지명 덕분이라기보다는 회장의 강직함 덕분이라고 알고 있었다.

28. ①
난이도 ★★
- **해설** 두 번째 문장에서 신뢰할 만한 측정 방법이 필요하다고 했는데, 이는 곧 첫 번째 문장에서 언급하고 있는 정보의 제공 방법이 신뢰할 만하지 못하다는 것을 의미한다. 따라서 빈칸에는 reliable에 대해 문맥상 반대 의미를 갖는 misleading이 빈칸에 들어가는 것이 자연스럽다.
- **어휘** qualitative a. 성질상의, 질적인 quantitative a. 양에 관한, 양적인 misleading a. 그르치기 쉬운, 오해하게 하는, 현혹시키는 gorgeous a. 호화로운, (문장 따위가) 찬란한, 화려한 addictive a. 중독성인, 습관성인 omnipotent a. 전능한, 무엇이든 할 수 있는
- **해석** 우리의 감각이 우리에게 온도에 대한 질적(質的) 지표를 제공해주긴 하나, 그것들은 종종 오해의 소지가 있다. 우리에게 필요한 것은 대상의 상대적인 '뜨거움' 혹은 '차가움'을 확정하는 양적(量的) 측정을 행할 신뢰할 수 있고 재현 가능한 방법이다.

29. ④
난이도 ★★
- **해설** 빈칸 앞에서 "외세에 대해 국경을 봉쇄하려 했다."라는 표현이 있으며, 당시에 생긴 한국의 별명은 이러한 정책 혹은 행위로 인한 것이라 봐야 한다. 그러므로 빈칸에 적절한 것은 '은둔의 나라'라는 뜻의 ④이다.
- **어휘** invade v. 침입하다, 침공하다, 침략하다 ravage v. 약탈하다, 파괴하다; 황폐화시키다 occupy v. (시간·장소 따위를) 차지하다; 점령하다, 점거하다 border n. 테두리, 가장자리; 국경, 경계 epithet n. 성질을 나타내는 형용사; 별명, 통칭
- **해석** 한국은 여러 나라들의 손아귀에서 끔찍한 고통을 겪었으며, 그 나라들의 군대는 한국을 침입하여 유린하였다. 1860년에 영국 군대에 의해 점령을 당한 후, 한국은 외세에 대해 국경을 봉쇄하려 했으나 무위로 그치고 말았으며, 은둔의 나라라는 별명을 얻게 되었다.
    ① 마지막 제국   ② 동방예의지국
    ③ 해가지지 않는 제국   ④ 은둔의 나라

30. ① 논리완성
난이도 ★★
- **해설** 정부의 입장을 불편하게 만들 수 있는 정보들을 차단하여 시민들이 정보를 얻을 권리를 제한한다면, 이러한 행위를 하는 정부는 시민들에게 대해 '고압적, 압제적' 태도를 취하고 있는 것으로 볼 수 있다.
- **어휘** ground n. 근거, 이유 embarrass v. 당혹스럽게 만들다 heavy-handed a. (필요 이상으로) 힘을 사용하는, 고압적인, 압제적인 big-boned a. 뼈대가 굵은, 골격이 우람한 brown-eyed a. 갈색 눈을 지닌 mealy-mouthed a. (자신의 생각을) 솔직히 말하지 않는
- **해석** '정치적 이유로 억압된'이라는 표현은 정부가 보기에 당혹스럽거나 위협적인 정보를 시민들이 얻지 못하게 차단하려고 하는 고압적인 정부라는 어두운 이미지를 준다.

31. ④ 논리완성

난이도 ★★

해설 빈칸의 뒤에서 바로 앞의 mimesis와 동격을 이루고 있으므로, 빈칸에는 mimesis의 의미를 재진술한 ④가 적절하다.

어휘 mimesis n. (예술 작품의 실제 세상에 대한) 모사, 모방 calumny n. 중상, 비방, 참언 caveat n. (특정 절차를 따르라는)통고, 경고 tumescence n. 팽창, 비대, 부어오름 semblance n. 외관, 겉모습; 유사, 비슷함

해석 최초의 서양 예술 이론에서는 예술이 모방, 즉 현실의 모사라고 주장했다.

32. ② 논리완성

난이도 ★★★

해설 빈칸이 나타내는 아이가 나머지 아동기 동안 대처해야 하는 대상은 유아기 때 형성된 특정한 패턴들이 이후에 미치는 '영향' 혹은 그것의 '결과'일 것이다.

어휘 infant a. 유아의 set ~ in motion ~을 움직이게 하다 remainder n. 나머지, 남은 부분 catharsis n. 카타르시스, 예술적 정화 upshot n. (최종적인) 결과, 결말 derision n. 조롱, 조소 opalescence n. 유백광(乳白光), 단백(蛋白)광

해석 유아기의 경험은 특정한 패턴들을 확립하고, 여러 요인들을 작동시키며, 나머지 아동기 동안 그 아이는 이러한 초기 특징들의 결과에 대처해야 한다고 사람들은 널리 믿고 있다.

33. ① 논리완성

난이도 ★★

해설 In other words를 통해 앞 문장의 내용에 대조되는 내용과 부연설명을 이끌어야 한다. 따라서 빈칸에는 앞 문장의 내용, 즉 '잘못된 판정이 결코 번복되는 일 없이 그대로 확정된다'는 내용을 달리 표현한 것이 들어가야 하므로, ①이 의미상 가장 적절하다.

어휘 inaccuracy n. 부정확; 잘못, 틀림 overturn v. 뒤집어엎다, 전복시키다 set in stone 확정된 contain v. 포함하다; 억제하다 irreversible injustice 뒤집을 수 없는 불의 human dignity 인간의 존엄 divine revenge 신의 복수 democratic principle 민주주의의 원칙

해석 심판의 판정이 잘못됐다는 것이 객관적으로 증명되더라도 그 판정은 뒤집히지 않고 그대로 확정된다. 바꿔 말하면, 풋볼경기에는 되돌릴 수 없는 불의의 가능성이 존재하며, 때때로 이러한 가능성이 가장 극적인 방식으로 현실이 된다.

34. ③ 논리완성

난이도 ★★

해설 빈칸을 포함한 문장의 뒤에서 '30세 이상의 스마트폰 사용자들도 문자 메시지 어플을 많이 사용하고 있으며 선호하고 있다'는 내용이 있다. 따라서 빈칸에는 '30세 이상의 사람들'을 표현하는 단어가 들어가야 하므로, ③이 적절하다.

어휘 publish v. 발표하다; 출판하다 appeal to ~의 마음에 들다, ~에 호소하다 adolescent n. 청소년 generation n. 세대; 한 세대의 사람들

해석 8월에 발표된 한 연구팀의 보고서에 따르면, 18~29세의 스마트폰 사용자 가운데 49%가 WhatsApp, Kik, iMessage와 같은 문자메시지 어플을 사용하고 있다고 한다. 이보다 더 나이 많은 세대들도 문자메시지 어플 사용을 마음에 들어 하고 있다. 30~49세의 스마트폰 사용자의 약 37%와 50세 이상의 스마트폰 사용자의 24%가 모바일 문자메시지 어플을 사용하고 있다는 사실을 그 연구팀은 발견했다.

35. ② 논리완성

난이도 ★★

해설 첫 번째 문장에서 스팸을 '상품이나 서비스를 광고할 목적으로 보내는 불필요한 메시지'로 정의하고 있다. 빈칸에는 스팸이 가진 이러한 특성을 포함하고 있는 표현이 들어가야 하므로 '원치 않는데도 일방적으로 보내는 광고물'이란 의미의 ②가 적절하다.

어휘 unwanted a. 불필요한, 쓸모없는 advertise v. 광고하다, 선전하다 express mail 속달우편 junk mail 정크 메일(원치 않는데도 일방적으로 보내는 광고물) post card 우편엽서

해석 이메일 주소가 있는 컴퓨터 사용자 대부분은 상품이나 서비스를 광고할 목적으로 보내는 불필요한 이메일 메시지인 스팸에 익숙하다. 스팸에는 모든 것에 대한 제안이 다 들어 있다. 스펨은 우편함으로 배달되는 '정크 메일'의 컴퓨터 버전이라고 할 수 있다.

36. ② 논리완성

난이도 ★★

해설 개인 정보를 노출시키느니 차라리 웹페이지 접속을 포기한다는 것은 사이버공간에 자신의 흔적을 남겨두는 것에 대해 '겁을 내고(skittish)' 있기 때문일 것이다.

어휘 footprint n. 발자국 quit v. 그만두다, 중지하다; 포기하다 nonchalant a. 무관심한, 냉담한; 태연한, 냉정한 skittish a. 겁 많은, 잘 놀라는; 경박한, 변덕스러운 insouciant a. 무관심한; 태평한, 걱정 없는 ardent a. 열렬한, 열정적인

해석 많은 온라인 구매자들은 사이버공간에 조금이라도 흔적을 남기는 것에 대해 겁을 낸다. 그들은 자신들에 대한 개인 정보를 노출시키기보다는 차라리 웹페이지 접속을 중단하려 한다.

37. ③ 논리완성

난이도 ★★

해설 다른 벌레들을 더 많이 끌어들일 만큼 특별하고, 복잡한 장식들이라면, 그것은 눈에 띄도록 '두드러진다(stand out)'고 볼 수 있다.

어휘 garden spider 무당거미 intricate a. 복잡한 run off 흘러넘치다; 꽁무니 빼다 hole up (어떤 장소에) 숨다 stand out 두드러지다 lay in ~을 사들이다, 사재기하다, 저장하다

해석 무당거미는 그들의 복잡한 장식들을 두드러지게 만드는 특별한 실을 사용하는데, 장식된 부분들이 더 많은 벌레들을 끌어들이는 것으로 실험 결과 밝혀졌다.

38. ② 논리완성

난이도 ★

해설 빈칸의 뒤에 있는 but으로 인해, 빈칸에는 misguided(잘못된)와 대조되는 표현이 필요하다. 따라서 ②의 tempting(솔깃한)이 정답이다.

어휘 mythic a. 상상의; 사실무근인 misguided a. 잘못 이해한; (의견 등이)엉뚱한 tentative a. 잠정적인 tempting a. 솔깃한, 구미가 당기는 attentive a. 주의를 기울이는

해석 오늘의 문제에 대한 해결책을 얻기 위해 그 어떤 근거 없는 과거로 돌아갈 수 있다는 생각은 솔깃하긴 하지만 잘못된 생각이다.

39. ② 논리완성

난이도 ★★

해설 목재, 석유, 광물 등의 자원을 다음 세대도 이용할 수 있게 보존하면서 이용하는 것을 '지속 가능한 이용'

이라 하고, 석유와 광물같이 고갈되어 없어질 정도로 무제한적으로 이용하는 것을 '지속 불가능한 이용'이라 하므로, 빈칸에는 ②의 unsustainable(지속 불가능한)이 적절하다.

어휘 dawn n. 새벽, 시작 Industrial Revolution 산업혁명 raw material 원료, 원자재 less-developed country 저개발국 prosper v. 번영하다, 발전하다 timber n. 목재 mineral n. 광물 introspective a. 내성적인; 자기반성의 mural a. 벽면의 n. 벽화 bored a. 지루한, 지겨운

해석 산업혁명이 시작된 이래, 서구 국가들은 남미의 목재, 중동의 석유, 아프리카의 광물과 같이 저개발 국가에서 나오는 지속 불가능한 원자재와 에너지의 이용에 의존하여 번영을 누려왔다.

40. ① 논리완성

난이도 ★★★

해설 "실험에 따라, 빛은 파동으로나 입자들의 흐름으로 작용한다."라고 했으므로, 특성이 한 가지에 제한되지 않고 실험에 따라서 '이중성'을 띠고 있다는 점을 알 수 있다. 빈칸에는 이러한 점을 나타내는 표현이 들어가야 하므로, ①이 '이중성이라는 특성'이 적절하다.

어휘 wave n. 파동 stream n. 흐름 particle n. 입자, 분자 alien a. 이질적인, 다른 physicist n. 물리학자 radiation n. 방사선 submicroscopic a. 극미의, 초현미경적인 electron n. 전자 property n. 특성 dual nature 이중성 contemptible a. 경멸할 만한; 하찮은 optical a. 시력의; 시력을 돕는 collaboration n. 협력

해석 실험에 따라, 빛은 파동으로나 입자들의 흐름으로 작용한다. 이 개념은 물리학자들이 방사선에 관해 기존에 생각했던 방식과는 거리가 멀어서, 물리학자들이 이 개념을 받아들이는 데 오랜 시간이 걸렸다. 이중성이라는 특성은 빛에만 독특하게 해당되는 것이 아니라 전자처럼 극미한 입자들이 가지고 있는 특징인 것으로 드러났다.
① 이중성이라는 특성   ② 행동이라는 경멸할 만한 개념
③ 실험의 위험   ④ 시각적 협력의 범위

41. ②

난이도 ★★

해설 with 분사구문에서 '대부분의 사람들이 서부를 향해 이동하고 있음'을 부연설명하고 있다. 그러므로 빈칸에는 '유동성'이란 의미의 ②mobility가 들어가는 것이 가장 자연스럽다.

어휘 population n.인구, 주민수 migrate v.이주하다; 이동하다 size n.크기, 규모 mobility n.이동성, 변동성; (주민의 주소·직업 따위의) 유동성. 이동 order n.명령, 순서; 질서 hybridity n.잡종성; 잡종, 혼혈

해석 19세기 동안 미국 인구의 이동성이 증가함에 따라 대부분의 사람들이 서부를 향해 이동하는 가운데, 이주한 사람들이 다시 고향으로 돌아오지 않고, 가족들과 친구들을 다시 만나지 못하게 될 현실적인 가능성이 있었다.

42. ①

난이도 ★★★

해설 재즈가 흑인들의 음악임을 고려하면, '흑인 예술인과 운동선수들에 대한 차별'에 대한 것이 글의 전체적인 내용이 된다. 그러한 관점으로 보면, 흑인 배우들이 할리우드에서 연기 생활을 하기 위해 어쩔 수 없이 받아들여야 했던 역할은 그다지 좋지 못한 배역이었을 것이라 추론할 수 있다. 빈칸에 차별당하는 처지와 관련된 의미의 단어가 들어가야 하므로, '모욕적인'이란 의미의 ①demeaning이 정답으로 적절하다.

어휘 denounce v.공공연히 비난하다, 탄핵하다, 매도하다 critic n.비평가, 평론가 athlete n.운동가, 경기자 bar v.방해하다, 금하다, 반대하다 participation n.관여, 참여, 참가 mainstream n.(강의)본류, 주류; (활동·영향의) 주류; (사회의) 대세 demeaning a.비하하는, 모욕적인 figurative a. 비유적인; 수식(修飾)

이 많은, 화려한 rigorous a.준엄한, 가혹한, 엄격한 supercilious a.거만한, 사람을 깔보는
해석 재즈는 한때 백인 비평가들로부터 '정글 음악'으로 비난 받았으며, 흑인 운동선수들은 주류 프로스포츠에 참가하는 것이 금지됐다. 흑인 배우들은 할리우드에서 조금이라도 일거리를 얻기 위해 종종 모욕적인 배역도 받아들여야 했다.

43. ②

난이도 ★★

해설 비교대상이 되는 것은 다른 종들의 '입(mouths)'이므로 반복을 피하기 위해 대명사 those를 사용해야 한다.

어휘 Hammerhead shark 귀상어 buoyant a.물에 뜰 수 있는, 부력이 있는 proportionally ad.비례해서; 비교적

해석 귀상어들은 음성 부력이 가장 크며, 다른 종들의 그것에 비해 상대적으로 매우 작은 입을 가지고 있다.

44. ①

난이도 ★★

해설 '모범생의 선한 영향 vs. 문제아의 나쁜 영향'의 구도로 보면 빈칸에는 '문제아가 모범생에게 미치는 나쁜 영향'과 관련된 내용이 들어가는 것이 적절하다. lead a person astray는 '~를 타락시키다'는 의미이다.

어휘 decent a.품위 있는, 단정한 befriend v.친구가 되어주다 troubled kid 어려움에 처한 아이; 문제아 astray a./ad. 길을 잃고[잃은]; 정도(正道)를 벗어나[벗어난]; 못된 길에 빠져[빠진]

해석 방과 후 특별활동의 교훈이 내 마음속에 다시 떠오른다. 모범생이 문제아의 친구가 되었을 때, 어떻게 되었는가? 모범생이 문제아에게 좋은 영향을 미쳤는가, 아니면 문제아가 모범생을 타락시켰는가?

45. ①

난이도 ★★

해설 페이스북의 게시 범위에 대한 내용으로, '모두에게 접근 허용 vs. 접근 제한'의 구도로 보고 문제를 해결할 수 있다. while 앞의 '누구든지 자신의 프로필을 보도록 허용하는' 것이 무제한 접근이므로, 빈칸에는 바로 앞의 restrict와 함께 '접근 제한'의 의미를 만드는 'access(접근)'가 적절하다.

어휘 profile n.프로필, 약력 restrict v.제한하다, 한정하다 access n.입장, 접근, 접속 benefits n.편익 registration n.등록, 신고

해석 페이스북(Facebook)은 사용자들이 자신의 캠퍼스나 또 다른 곳에서 다른 사용자들을 탐색할 수 있도록 허용한다. 일부 사용자들은 누구나 자신의 프로필을 볼 수 있도록 허용하는 반면, 다른 사람들은 접근을 자신의 친구 목록에 있는 사람들로 제한한다.

46. ③

난이도 ★★

해설 빈칸 다음 문장 중에 있는 '아예 정치에 대한 신경을 꺼버린다'는 말은 곧 정치에 대한 무관심(apathy)을 의미한다.

어휘 apathy n.무관심, 냉담 alienate v.소외감을 느끼게 만들다 turn off 신경을 끊다, 더 이상 생각하지 않다 shallowness n.천박함 negativity n.부정적 성향 advocacy n.지지, 옹호 anxiousness n.걱정스러움; 몹시 갈망함 asymmetry n.비대칭

해석 젊은이들 사이의 유권자 무관심 뒤에는 무엇이 있는가? 대중적인 설명은 사람들, 특히 젊은 사람들이 후보자들과 선거운동의 천박함과 부정적인 측면들로 인해 아예 정치에 대한 신경을 꺼버린다는 것이다.

47. ①
난이도 ★★
해설 신경과학자는 뇌와 우리 몸 사이에 필요한 정보를 전달하는 신경을 주로 연구하는 사람이므로, 운동과 인지 능력 사이의 강력한 연관성을 밝혀냈을 것이다.
어휘 neuroscientist n.신경과학자 subsequent a.그[이] 다음의, 차후의 cognitive ability 인지능력 robust a.강력한, 확고한 translucent a.반투명의; 명쾌한, 쉽게 이해할 수 있는 craven a.겁 많은, 비겁한
해석 신경과학자들은 운동과 이에 따른 인지적 능력 사이에 강력한 연관성을 밝혀냈다.

48. ②
난이도 ★★
해설 문장의 주어를 찾는 문제로, 빈칸이 그들을 우울하게 할 수 있다고 했다. 따라서 빈칸에는 부정적인 뜻의 명사가 적절하다. 희생자의 외모를 폄하하는 온라인 논평은 악의적인 것이므로 ② malevolence가 정답이다.
어휘 disparage v. 비난하다; 깔보다, 얕보다 appearance n. (겉)모습, 외모 depressed a. 우울한, 암울한 insularity n. 고립 malevolence n. 악의, 적의 providence n. 신의 섭리 dearth n. 부족
해석 온라인에서 희생자의 외모를 폄하하는 논평의 악의성은 그들을 우울하게 할 수 있다.

49. ④
난이도 ★★
해설 부사절의 내용은 세상이 힘들게 된 이유를 설명해야 하는데, 회사와 정부가 인권을 배제한 채 기업의 이윤만을 충족시켰다는 게 그 이유로 적절하다. 따라서 빈칸에는 ④가 들어가야 한다.
어휘 corporate profit 기업[법인] 이윤 venerate v. 존경하다 mitigate v. 완화시키다 rescind v. 폐지하다 sate v. 충족시키다(=satiate)
해석 여러 기업과 정부에서 기업 이윤은 한껏 충족시키고 인권은 도외시했기 때문에 지금 세상이 곤경에 처해 있다.

50. ①
난이도 ★★
해설 빈칸에는 바로 뒤에 위치한 명사 disease를 수식하기에 의미상으로 적절한 표현이 들어가야 하는데, ②,③,④는 모두 '연대기'와 관련된 의미로 '질병'과 자연스럽게 이어지지 않는다. 따라서 disease와 함께 '만성질환'이란 의미를 만드는 ①이 빈칸에 가장 적절하다. a heart attack or stroke가 빈칸의 근거이다.
어휘 examine v. 시험하다; 검사하다, 조사하다 affect v. ~에 영향을 미치다; (질병이 인체를) 침범하다, 걸리다 stroke n. (병의) 발작, (특히) 뇌졸중 consume v. 소비하다, 소모하다; 다 마셔[먹어] 버리다 chronic a. 만성적인, 고질적인 chronicle n. 연대기 chronologic a. 연대순의; 연대학의 chronological a. 연대순의; 연대학의
해석 식습관이 만성질환에 어떤 영향을 미치는가를 조사한 가장 큰 규모의 두 연구 결과에 따르면, 하루에 8회 이상에 걸쳐 조금씩 식사를 한 사람들은 1.5회 이하에 걸쳐 많은 양의 식사를 한 사람들보다 심장마비나 뇌졸중에 걸릴 확률이 30% 더 낮았다.

51. ①
난이도 ★★

해설 왕의 마부가 고인이 된 왕과 동행한다는 것은 마부가 왕과 같이 죽는다는 것을 의미하므로, 빈칸에는 '죽음'과 관련된 ①의 the otherworld가 적절하다.

어휘 ancient a.고대의 horseman n.마부 be required to ~해야 한다 accompany v.동행하다 deceased a.죽은, 고인이 된 custom n.관습 captain n.선장 otherworld n.저승 palace n.궁전 hunting ground 사냥터 port n.항구

해석 일부 고대사회에서는 왕의 마부가 고인이 된 왕과 저승까지 동행해야 했던 반면, 또 다른 사회에서는 선장이 배와 함께 침몰하는 것이 관습이다.

52. ①
난이도 ★

해설 역접의 접속사 but 앞에서 아시아와 아프리카의 국가들은 제트기의 속도로 움직이고 있다고 했으므로, but 다음에는 제트기의 속도와 대조를 이루는 표현이 있어야한다. 따라서 빈칸에는 ①의 '마차가 다니던 시대의' 속도로 움직인다고 해야 문맥상 자연스럽다.

어휘 independence n.독립 creep v.기다; 서행하다 pace n.속도 lunch counter 간이식당 horse-and-buggy a.(자동차 발명 이전의) 마차시대 continuous a.계속되는 hurried a.서두르는 constant a.지속적인

해석 아시아와 아프리카의 국가들은 정치적 독립을 얻기 위해 제트기와 같은 속도로 움직이고 있으나, 우리는 여전히 간이식당에서 커피 한 잔을 얻기 위해 마차시대의 속도로 느리게 움직이고 있다.

53. ④
난이도 ★

해설 열차가 어떤 차량과 충돌이 발생하여, 그 열차를 타고 있던 승객들은 '극심한 공포'가 엄습하여 공황상태에 빠졌을 것이다. 따라서 빈칸에는 ④가 적절하다.

어휘 passenger n.승객 settle v.자리 잡다, ~에 앉다 commute n.통근 in a flash 순식간에 vehicle n.차량 track n.선로 calm n.평온 overtake v.(불쾌한 일이 사람에게) 불시에 닥치다, 엄습하다 dizziness n.현기증 sleep n.수면 exhaustion n.기진맥진 panic n.극심한 공포

해석 승객들이 메트로-노스(Metro-North) 열차를 타고 저녁 통근에 들어갔는데, 그때 순식간에 그 열차가 선로 위의 한 차량과 충돌했고 평온함은 극심한 공포가 휩싸였다.

54. ③
난이도 ★★

해설 아기 예수에게 선물을 주지 않은 이가 예수의 생일인 크리스마스에 아이들에게 선물을 나눠준다면, 그것은 아기 예수에게 선물을 주지 않은 것을 회개하기 위한 행동이라 할 수 있다.

어휘 celebrate v. (식을 올려) 경축하다; (의식·제전을) 거행하다 biblical a. 성경의, 성경에서 인용한 recede v. 물러나다, 퇴각하다; 철회하다; 손을 떼다 refresh v. 원기를 회복하다; 새롭게 하다 repent v. 후회[회개]하다, 유감으로 생각하다 revenge v. 원수를 갚다, 원한을 품다

해석 러시아에서는 1월 7일에 크리스마스를 축하하며, 바부슈카(Babouschka)가 아이들에게 선물을 가져다준다. 러시아어로 노파 혹은 할머니를 의미하는 바부슈카는 아기 예수에게 선물을 주지 않은 여성에 관한 성서의 이야기에 바탕을 두고 있다. 그래서 회개하기 위해, 그녀는 아이들에게 선물을 준다.

55. ②
난이도 ★★

해설 자유가 압제받는 사람들이 요구해야 얻을 수 있다는 말은 결국 압제자가 자유를 '선뜻 먼저 나서서'

주는 것은 아니라는 말이다. 그러므로 빈칸에는 '자발적으로'라는 의미의 ②가 적절하다.
어휘 oppressor n. 압제자, 박해자 the oppressed 압제받는 사람들, 탄압받는 사람들 reluctantly ad. 마지못해, 싫어하면서 voluntarily ad. 자발적으로 indignantly ad. 분연히, 분개하여 belatedly ad. 뒤늦게
해석 우리는 고통스러운 경험을 통해 자유는 결코 압제자가 자발적으로 주지 않는다는 것을 알고 있다. 자유는 압제받는 사람들이 요구해야만 얻을 수 있는 것이다.

56. ③
난이도 ★★
해설 '대도시의 경우는 예외였다'는 말은 해당 전염병이 대도시에서는 앞서 언급한 내용과 다른 상황이 나타났다는 의미이다. 앞에서 그 전염병이 일정 기간 창궐하다가 수그러들었음을 언급했으므로, 이와 다른 양상으로는 '수그러들었다가 다시 창궐했다'가 적절하다. only to reappear 이하가 '다시 창궐했다'는 내용에 해당하므로, 그 이전 상황에 대한 설명해야 하는 빈칸에는 '(기세, 격렬함이) 약해지다, 누그러지다'라는 의미의 ③이 들어가야 한다.
어휘 plague n. 역병(疫病), 전염병 fade v. 시들다, 쇠퇴하다 root v. 뿌리박다, 정착하다 close-quartered a. 사는 곳이 오밀조밀하게[가까이에] 모여 있는 rage v. 격노하다; 사납게 날뛰다; (유행병 따위가) 창궐하다 flourish v. 번영하다, 번성하다 soar v. 높이 날다; (물가 따위가) 급등하다, 치솟다 abate v. 줄다; (기세, 격렬함이) 약해지다, 누그러지다 consummate v. 성취하다, 완성하다
해석 일정한 지역에서 그 전염병은 4~6개월 안에 사람들의 목숨을 앗아간 후에 수그러들었는데, 대도시의 경우는 예외였다. 대도시에서는 그 전염병이 인구 밀집 지역에 뿌리를 내렸기 때문에, 겨울 동안 누그러들었다가도 봄이 되면 다시 나타나 그다음 6개월 동안 또다시 창궐했다.

57. ④
난이도 ★★
해설 행위의 적절성을 판단하여 지시하는 사람을 지칭하는 표현이 빈칸에 들어가야 하므로, '(어떤 분야의) 권위자, 전문가'를 의미하는 ④ guard가 정답이다.
어휘 dictate v. 구술하다; 명령하다, 지시하다 guise n. 외관; 옷차림, 모습; 변장, 가장 guard n. 경호원; 경계, 감시 guru n. (어떤 분야의) 권위자, 전문가, 지도자
해석 패션 전문가들이 적절하다고 말할 때만이 아니라, 항상 특정한 스타일을 고집하는 사람들이 있다. 특정한 종류의 음악을 좋아하는 팬들은 항상 그 음악에 맞는 옷을 입는다.

58. ⑤ 논리 완성
난이도 ★★★
해설 콜론의 뒤에는 막센티우스가 유리한 입장에 있었다는 내용을 뒷받침하는 상황이 나열되어 있다. 그러므로 '매우 견고해서 적이 무너뜨리기 어려운 성벽으로 둘러싸여 있었다'고 해야 유리한 상황에 가장 알맞다. 따라서 빈칸에는 '난공불락의'라는 의미의 ⑤가 가장 자연스럽다.
어휘 in one's favor ~에 찬성[지지]하여, ~에 편을 들어; ~의 이익이 되도록, ~을 위해 defeat n.패배; 좌절, 실패 troop n.군대, 병력 withstand v.~에 저항하다, 반항하다; (곤란 등에) 잘 견디다, 버티다 siege n.포위 공격 opponent n.적, 상대 inherent a.본래부터 가지고 있는, 고유의, 타고난; 선천적인 irredeemable a.되살 수 없는; (국채 따위가) 상환되지 않는 insidious a.음험한, 교활한; (병 등이) 모르는 사이에 진행하는, 잠행성(潛行性)의 inchoate a.초기의; 불완전한, 미완성의 impregnable a.난공불락의, 견고한
해석 막센티우스(Maxentius)는 패배할 당시에 모든 면에서 여전히 유리한 입장에 있었다. 병력의 수도 더 많았고, 난공불락의 로마의 성벽이 있었으며, 초기에 그의 지배를 반대한 자들의 도시(로마)에서 포위 공격을 성공적

으로 막아낸 경험도 갖고 있었다.

59. ② 논리 완성
난이도 ★★★
해설 두 번째 문장은 첫 번째 문장에 대해 부연 설명을 하고 있다. '아이들이 매우 어린 나이에 스크린과 키보드를 만지기 시작해서, 모든 종류의 디지털 장치를 다루는 방법을 빠르게 배운다.'는 것은 어른들처럼 따로 배우지 않고, 디지털 장치를 곧바로 만지면서 즉각적으로 배운다'는 의미이다. 이는 곧 '본능적으로' 혹은 '직감적으로' 디지털 기기의 사용방법을 알게 되는 것이므로, 빈칸에 들어갈 표현으로는 ②가 적절하다.
어휘 argue v.논하다; 주장하다 navigate v.조종하다; 항해하다; (인터넷을) 순항(巡航)하다, 웹사이트를 여기저기 찾다 advantageously ad.유리하게 intuitively ad.직관적으로 gradually ad.차차, 점차 discreetly ad. 신중하게, 분별 있게 furtively ad.은밀하게, 남몰래
해석 요즘 아이들은 기술 사용법을 직관적으로 아는 것처럼 보인다고 이제는 주장 할 수 있을 것이다. 어린 나이에도, 그들은 스크린과 키보드를 만지기 시작해서, 모든 종류의 디지털 장치를 다루는 법을 빠르게 배운다.

60. ③
난이도 ★★
해설 여성을 육아와 고정적으로 연관 짓는 것을 피하기 위해 성 중립적인 용어가 사용되고 있다고 했다. 다음 문장에서 역접의 접속사 Yet이 왔으므로, Yet 이하는 '여전히 육아를 여성들과 연관 짓는 것이 사라지지 않았다'는 내용이 되어야 한다. 그러므로 '자녀양육을 주제로 하는 잡지에서마저도 오직 어머니들만을 다루고 있다'는 의미가 되도록 하는 exclusively가 빈칸에 적절하다.
어휘 gender-neutral a.중립적인 caretaker n.돌보는 사람, 보호자; 관리인, 지배인 parenting n.육아, 양육 stereotypical a.진부한, 틀에 박힌, 상투적인 association n.연상, 관련 contemporary a. 현대의, 당대의 conclusively ad.확정적으로; 단연코 equally ad. 똑같이, 동일하게 exclusively ad.배타적으로; 독점적으로
해설 보호자 및 자녀양육과 같은 새로운 성(性) 중립적인 용어는 여성을 육아와 고정적으로 연관 짓는 것을 피하기 위해 최근 사용되고 있다. 그러나 현대의 부모들을 다룬다고 주장하는 "자녀양육(Parenting)" 이라고 불리는 잡지에서 마저 거의 독점적으로 어머니들을 다루고 있다.

61. ④
난이도 ★★
해설 첫 번째 문장에서 문화와 언어에 상관없이 같은 얼굴 표정은 동일한 감정과 연관되어 있다고 했으므로, 인간은 어떤 감정을 표현하는 데 있어서 보편적으로 가지는 특징을 갖고 있다고 볼 수 있다. 따라서 빈칸에는 ④universally가 적절하다.
어휘 facial expression 얼굴 표정 regardless of ~에 상관없이 culturally ad. 교양으로서, 문화적으로 linguistically ad.언어상 randomly ad. 무작위로, 임의로 universally ad. 일반적으로, 보편적으로
해석 문화와 언어에 상관없이, 같은 얼굴 표정은 같은 감정과 관련되어 있다. 인간의 보편적인 특징인 감정적 얼굴 표정들이 있다.

62. ④
난이도 ★★
해설 outperform은 '~보다 더 나은 결과를 내다'라는 의미로, 자체에 비교의 의미를 포함하고 있다. 비교되는

두 대상은 대립 혹은 대조 관계에 있으므로, 빈칸에는 '다양한(diverse)'이란 의미와 반대되는 의미의 표현이 들어가야 한다. 따라서 '동질적인'이란 의미의 ④가 정답으로 적절하다.
어휘 diversity n. 다양성; 차이, 변화 tout v. ~에게 끈덕지게 권하다, 졸라대다; 극구 칭찬하다 desirable a. 바람직한, 호감이 가는 context n. (글의) 전후 관계, 문맥; (사건 등에 대한) 경위; 상황 outperform v. ~보다 더 나은 결과를 내다 cognitive a. 인식의; 인식력이 있는 intellectually ad. 지적으로 recuperate v. (건강 따위를) 회복하다; 만회하다 heterogeneous a. 이종의, 이질적인; 잡다한 hospitable a. 호의로써 맞이하는, 후히 대접하는 homogeneous a. 같은 종류로 이루어진, 동질의 permissive a. 허가하는; 관대한
해석 다양성은 종종 매우 바람직하다는 칭찬을 듣는다. 실제로, 프로 스포츠계에서도, 우리는 구성원이 보다 다양한 팀들이 동질적인 팀보다 흔히 더 나은 성적을 거두는 것을 알고 있다. 다양성은 또한 지적으로나 사회적으로 인지 발달을 향상시킨다.

63. ①
난이도 ★★
해설 순접의 접속사 and의 뒤에서 '상처가 치유된다는 것'은 문제가 해결된다는 것을 뜻한다. 따라서 같은 맥락에서 '분열'이 가진 문제가 해결된다는 맥락이 이어져야 하며 분열이 봉합되거나 메워진다는 의미를 갖는 ①이 빈칸에 들어가야 한다.
어휘 unprecedented a. 전례 없는, 미증유의 division n. 분할; 분배; 분열 wound n. 상처 heal v. 고쳐지다, 낫다, 치유되다 bridge v. ~의 중개역할을 하다, (간격 따위를) 메우다 flourish v. 번영[번성]하다; (동·식물이) 잘 자라다; 꾸미다 categorize v. 분류하다 reflect v. 반사하다, 반영하다 reform v. 개혁하다, 개정하다
해석 기술 분야의 많은 사람들은 인터넷이 전례 없는 방식으로 사람들을 연결함으로써, 분열이 메워지고 상처가 치유될 수 있게 해 줄 것이라고 상상했다.

64. ④
난이도 ★★★
해설 receptive to도 vulnerable to도 모두 무엇을 받아들인다는 의미를 갖고 있다. 긍정적인 것들(positive impulses)과 부정적인 것들(pressures and constraints)을 다양하게 받아들이면 역사학은 아주 다양한(보편적인) 문제들을 여러 관점에서 다양한 연구 저술 기법으로 다루는 학문이 될 것이므로, 빈칸에는 catholic(보편적인, 다양한)이 적절하다.
어휘 vulnerable a. 취약한, 연약한 constraint n. 제약, 한계 perspective n. 관점, 시각 delineative a. 기술적인, 서술적인 parlous a. 다루기 힘든, 위험한, 위태로운 erudite a. 박식한 catholic a. 보편적인, 전반적인, 광범위한, 다양한
해석 너무나 다양한 긍정적인 자극들에 대해서 수용적이지만 똑같이 다양한 압력과 제약들에 대해서도 취약하기 때문에(쉽게 받아들여버리기 때문에), 역사학은 그 질문과 관점, 연구 및 기술의 기법들의 범위에 있어서 매우 보편적인(다양한) 학문이 되었다.

65. ②
난이도 ★★
해설 '자신의 삶에 완전히 만족하고 있는' 여인을 불쌍하게 여길 이유는 없으며, 만약 그녀를 불쌍히 여긴다면 그것은 '어리석은(fatuous)' 오만이 될 것이다.
어휘 countenance n. 얼굴 contentment n. 만족 arrogance n. 오만, 자만 perspicuous a. (문체 등이) 명쾌한, 명료한 fatuous a. 어리석은, 얼빠진 susceptible a. 민감한, 예민한 laudable a. 칭찬할 만한

해석 그녀의 얼굴에 난 모든 주름살과 그녀의 부드럽고 졸린 목소리의 모든 어조가 그녀의 삶에 대한 완전한 만족감을 말해주고 있었다. 그런 여인을 불쌍하게 여긴다는 것은 어리석은 오만이었을 것이다.

66. ①
난이도 ★★
해설 여왕의 대관식은 '성대한 의식(panoply)'이라고 보는 것이 적절하다.
어휘 noble n. 귀족, 상류층 coronation n. 대관식, 대관, 즉위 panoply n. 성대한 의식 aureole n. 광환, 후광 diadem n. 왕관 apiary n. 양봉장
해석 그 나라의 모든 귀족들이 엘리자베스 2세 여왕의 성대한 대관식에 참석하였다.

67. ③
난이도 ★★
해설 실험적 환경을 넘어서까지 일반화시키는 것은 현명하지 못한 일이 될 것이라고 했다. 따라서 일반화하는 대상은 연구에 뒤따를 수 있는 '결과'에 해당하는 것이므로 ③ implications가 빈칸에 적절하다.
어휘 termination n. 종료; 결말 contraction n. 수축, 축소 implication n. 영향, 결과; 함축 cooperation n. 협력, 합동, 협동
해석 이 연구의 결과를 연구의 실험적 환경을 훨씬 넘어서까지 일반화시키는 것은 현명하지 못한 일이 될 것이다.

68. ① 논리완성
난이도 ★★
해설 빈칸에는 다른 사람의 재산에 손해를 입히는 범죄와 관련된 표현이 적절하다. 방화는 불을 질러 타인의 재산에 손해를 입히는 범죄에 해당하므로, 빈칸에는 ① Arson이 적절하다. ②, ③, ④, ⑤는 타인에게 육체적 이거나 정신적인 피해를 주지만, 재산에 피해를 주는 범죄는 아니므로 빈칸에 적절하지 않다.
어휘 theft n. 도둑질, 절도 property n. 재산, 소유물 arson n. 방화 mugging n. 노상강도 rape n. 강간 insult n. 모욕(적 언동), 무례 violence n. 폭행, 폭력
해석 이것들은 재산의 절도 또는 또 다른 사람의 재산에 대해 특정한 형태의 피해를 수반하는 범죄들이다. 방화는 재산 범죄의 한 예이다.

69. ⑤ 논리완성
난이도 ★★
해설 정크 푸드는 '열량은 높지만 영양가는 낮은 식품'으로, 이 식품이 많은 피해를 일으킨다고 했기 때문에 스웨덴의 연구원이 발견한 사항은 정크 푸드로 인한 피해와 관련된 것이라고 볼 수 있다. 몸에 피해를 입힌다는 것은 몸을 약하게 만든다는 것이므로 알츠하이머병을 수식하는 말도 '쇠약하게 하는'이라는 의미의 ⑤ debilitating이 적절하다. infamous도 수식을 할 수는 있으나 이 글에서는 문맥 상 적절하지 않다.
어휘 infamous a. 악명 높은 radiant a. 빛나는; 눈부신 resilient a. 회복력 있는 reputable a. 평판 있는 debilitating a. 쇠약하게 하는
해석 정크 푸드는 지금까지 생각했던 것보다 더 많은 피해를 일으킬 수 있다. 스웨덴의 연구원들은 지방과 당분과 콜레스테롤이 많은 식사를 하는 것은 몸을 쇠약하게 하는 알츠하이머병의 초기 단계와 연관된 뇌의 변화를 유발한다는 것을 발견했다.

70. ② 논리완성
난이도 ★

해설 물고기를 잡는 기술이 부족한 사람도 송어를 쉽게 잡을 수 있었다면, 그 호수에는 그만큼 송어가 많았다는 것을 유추할 수 있다. 그러므로 빈칸에는 '풍부하다, 많이 있다'라는 의미의 ②가 적절하다.

어휘 trout n. 송어 limited a. 한정된, 유한의 skill n. 숙련, 솜씨; 기술, 기능 rave v. 소리치다, 고함치다 abound v. (동물•문제 등이) 많이 있다; (장소 따위가 ~로) 그득하다, 풍부하다, 충만하다 mellow v. 익다, 원숙해지다 tamper v. 참견하다, 간섭하다

해석 그 호수에는 송어가 너무나도 많아서 나처럼 물고기를 잡는 기술이 부족한 사람조차도 송어를 쉽게 잡을 수 있었다.

71. ④ 논리완성
난이도 ★

해설 모기는 알을 낳아 번식하며, 알이 흘러내려가지 않도록 흐르지 않는 물에 알을 낳으므로 '고여 있는, 정체된'이란 의미의 ④가 적절하다.

어휘 remove v. 옮기다; 제거하다 breed v. 번식하다; 기르다, 양육하다 stir v. 휘젓다, 뒤섞다 stationery n. 문방구; 편지지 sterile a. 메마른, 불모의; 불임의 stagnant a. (물이) 흐르지 않는, 괴어 있는, 정체된

해석 집 주위의 고여 있는 물은 모기가 번식지가 되기 때문에 항상 없애야 한다.

72. ① 논리완성
난이도 ★

해설 빈칸은 불길이 잡히지 않고 피해를 입히는 상황이 화재 지역에 사는 사람에게 어떤 느낌을 주었는가에 대해 묻고 있다. 그러므로 '실망', '놀람', '당황'이란 의미의 ①이 빈칸에 들어가기에 적절하다.

어휘 blaze n. (확 타오르는) 불길; 화재 unabated a. 줄지 않은, 약해지지 않은 wanton a. 자유분방한; 무자비한; 음탕한 destruction n. 파괴 consternation n. 실망; 깜짝 놀람, 대경실색 temerity n. 무모함, 만용(蠻勇) nonchalance n. 무관심, 냉담, 태연 appeasement n. 진정, 완화

해석 화재 지역에 사는 모든 사람들이 대경실색하게도, 큰 불길이 조금도 수그러지지 않은 채 계속 무자비한 파괴를 낳으며 지나갔다.

73. ④ 논리완성
난이도 ★

해설 조약(treaty)에는 '협정'과 '합의'의 의미를 포함하고 있으며, 분쟁(conflict)과 대조를 이룬다. 그러므로 빈칸에는 '조약이 발효되도록 하는 행위'와 관련된 표현이 들어가야 한다. 따라서 조약을 최종적으로 확인하고 동의하는 절차를 비준(ratification)이라고 하므로, ④가 정답으로 적절하다.

어휘 treaty n. 조약, 협정 bring an end to ~를 멈추게 하다 long-running a. 오래 계속되어 온, 장기간 계속되는 conflict n. 다툼, 분쟁; 충돌, 대립 misrepresentation n. 와전, 그릇된 설명 conflagration n. 큰 불, 대화재 immunization n. 면역, 면제 ratification n. 비준, 재가

해석 그 조약의 비준은 마침내 오랫동안 계속되어 온 분쟁의 종지부를 찍었다.

74. ③ 논리완성
난이도 ★

해설 빈칸 앞의 desired는 '바람직한', '모두가 바라는' 등의 긍정적인 의미를 갖고 있으므로, 이것이 수식하는 대상도 긍정적인 의미를 갖고 있어야 한다. 빈칸에 들어갈 보기 중 ③만이 이 조건을 충족한다.

어휘 commentator n. 주석자, 시사해설자 desired a. 원하고 바라던, 바람직한, 훌륭한 revision n. 개정, 수정 malaise n. (특정 상황•집단 내에 존재하는 설명•규명하기 힘든) 문제, 불안감 turpitude n. 간악,

비열한 행위 resuscitation n. 소생; 부활 trepidation n. 공포, 전율; 당황

해석 모두가 바라는 경기 소생은 기존의 노동법을 광범위하게 개정한 후에라야 성취될 수 있다고 많은 시사평론가들은 말해왔다.

75. ③
난이도 ★★
해설 빈칸은 a lineage of rulers와 동격을 이루고 있다. '같은 혈통의 통치자들'이란 '대대로 한 나라를 통치해온 집안'을 의미하므로, '왕조' 라는 뜻의 ③이 빈칸에 적절하다.
어휘 lineage n. 혈통, 계통 일족(一族) royal n. 왕족의 사람 loyalty n. 충성, 충절 dynasty n. 왕조 emissary n. 사자(使者); 밀사; 간첩
해석 세종대왕은 500년 이상 한반도를 통치한 일족(一族)인 조선 왕조의 네 번째 왕이었다.

76. ④
난이도 ★
해설 '우유를 냉장고에 넣는 것을 일주일 동안 잊었다'는 말은 우유를 일주일 동안 냉장고 밖에 방치했다는 것이다. 이럴 경우, 당연히 우유는 완전히 '상했을 ' 것이다.
어휘 refrigerator n. 냉장고 stupefy v. 마취시키다; 지각을 잃게 하다. specify v. 일일이 열거하다; 자세히 말하다[쓰다], 명시하다 spoil v. 망쳐놓다. 손상하다; (음식물을) 상하게 하다.
해석 지미(Jimmy)는 일주일 동안 우유를 냉장고에 넣는 것을 잊었고, 그래서 지금은 우유가 완전히 상했다.

77. ②
난이도 ★★
해설 데이터를 가지고 있는 센서의 수가 많다면(various), 연산을 수행하기에 앞서서 각각의 센서로부터 데이터를 받아들이거나 수집 하는 (compile) 절차가 선행되어야 할 것이다.
어휘 automated a. 자동화된, 자동의 work flow 워크플로우(작업흐름: 작업 절차를 통한 정보 또는 업무의 이동) raw data 원자료, 실험이나 조사가 진행되는 동안 수집한 원래의 자료 various a. 여러 가지의, 가지각색의 perform v. 실행하다. 수행하다 computation n. 계산; 계산의 결과, 산정 수치 execute v. (계획 따위를) 실행하다. 실시하다. (목적·직무 따위를) 수행하다 sequentially ad. 연속적으로, 연속하여, 결과로서 incline v. 경사지게 하다; ~하고 싶어 하다 compile v. 편집하다. 편찬하다; (자료를) 수집하다 evacuate v. 사람을 피난시키다, 소개(疏開)시키다. (군대를) 철수시키다 discharge v. (자기의 책임·약속 따위를) 이행하다; (부채를) 변제하다 legitimize v. 합법으로 인정하다. 정당화하다.
해석 자동화된 과학적 작업흐름은 현장의 여러 센서들로부터 원시 데이터를 수집하여 순차적으로 실행되는 일련의 연산을 수행할 수 있다.

78. ⑤
난이도 ★★
해설 주어진 문장에서 행위의 주체가 약에 대해 전문적인 지식을 갖춘 '의약품 분석기관' 이므로, 이곳은 의료분쟁이 발생하는 경우에 적극적으로 개입하여(intervene) 해결에 도움을 주어야 할 것이다.
어휘 pharmaceutical a. 제약의, 약학의; 약제의 analytics n. 분석학, 해석학 collaborate v. 공동으로 일하다. 협력하다 multiple a. 다수의, 다양한 stakeholder n. (사업 따위의) 출자자, 이해 관계자, 주주 accountability n. 책임 quality use 능률적이고 올바른 사용 medicine n. 약, 약물; 의학 medical disputes 의료분쟁 evolve v. 서서히 발전하다. 진화하다. consult v. 의논하다. 협의하다 concoct v. (음료 따위를) 혼합하여 만들다; (이야기 따위를) 조작하다; (음모 따위를) 꾸미다 legislate v. 법률을

제정하다 intervene v. 방해하다; 중재하다. 개입하다. 간섭하다
해석 제약 분석 부서는 의약품의 품질 사용에 대한 책임을 높이고 의료 분쟁에 개입하기 위해 여러 이해 관계자와 협력해야한다.

79. ② 논리완성
난이도 ★
해설 정비사가 자동차의 엔진을 정비했다고 했는데, 정비를 통해 엔진의 에너지 효율이 최적의 상태가 되게 할 것이므로 ② optimum이 빈칸에 올바르다.
어휘 adjust v. (기계 따위를) 조절 [정비] 하다 fuel efficiency 연비. 연료 소비율 affluence n. 풍부함, 풍요 optimum n. 최적도 intrusion n. 강요; 방해; 침입 improvisation n. 즉석에서 하기. 즉흥
해석 그 정비사는 자동차의 엔진을 정비하여, 자동차의 연비가 최적이 되도록 했다.

80. ① 논리완성
난이도 ★
해설 and 다음에서 그 문제를 제대로 이해하고 있음을 증명할 수 있었다고 했는데, 이는 명확한 말로 설명할 수 있어야 가능한 것이므로 ① articulate가 빈칸에 적절하다.
어휘 justify v. ~을 옳다고 하다, 정당성을 증명하다 articulate v. 분명히 말하다 [설명하다] matriculate v. 대학에 입학을 허가하다 calculate v. 계산하다. 산출하다 radiate v. 발하다, 빛나다, 방출하다
해석 전문가들은 그 문제를 제대로 이해하고 있음을 명확한 말로 증명할 수 있었다.

6회
1. ①
난이도 ★★★
해설 첫 문장의 that의 뒤에서 일반적인 오해(common misconception)의 예를 설명하고 있으며, 두 번째 문장은 이런 오류의 또 다른 예에 해당한다. 따라서 ①variant가 빈칸에 적절하다.
어휘 Common a.일반의, 흔히 있는 misconception n.오해, 그릇된 생각 guided missile 유도 미사일 conscious a.의식하는, 지각하는 be under the control of ~의 관리[지배]하에 있다 immediate a.직접의 variant n.변형 foundation n.토대, 기초 cause n.원인; 이유 effect n.결과; 효과 intent n.의도, 의향
해석 유도 미사일과 같은 기계는 원래 의식이 있는 인간에 의해 설계되고 제작되었기 때문에 실제로 의식적인 사람의 직접적인 관리 하에 두어야 한다는 것은 일반적인 오해이다. 이런 오류의 또 다른 변형은 "컴퓨터는 인간 운영자가 컴퓨터에 명령하는 것만을 할 수 있기 때문에 실제로 체스를 두지 않는다."라는 것이다.

2. ③
난이도 ★★
해설 원시 사회에서 구기경기가 무엇과 관련되어 있었는지 묻는 문제다. 두 번째 문장에서 구기 경기에서의 승리가 곡식이 잘 자라도록 도와주고, 선수들의 자녀 출산을 도와주는 것으로 사람들이 믿었다고 했으므로 구기경기는 ③ fertility(다산)와 관련되어 있었음을 알 수 있다.
어휘 Be connected to ~와 연결[연관]되다 primitive society 원시 사회 ritual n.의식, 제식 fertility n.다산(多産); 풍부 intimacy n.친밀함, 친교
해석 원시 사회에서 구기경기는 다산과 관련되어있었다. 사람들은 구기경기에서의 승리가 곡식이 잘 자라도록 도와주고 또한 선수들이 자녀를 얻는 데에도 도움이 될 것이라고 믿었다.

3. 정답 (D)

난이도 ★★

해설 문맥상, 브라이언이 보스턴 레드삭스의 '철저한' 팬이라고 표현하는 것이 적합하다.

어휘 diurnal a. 주간의, 주행성의, 매일의 apathetic a. 냉담한, 무관심한 soporific a. 최면성의, 졸린 hidebound a. 편협한, 도량이 좁은, 완고한, 여위어 피골이 상접한

해석 브라이언은 철저한 보스턴 레드삭스 팬이다. 그는 그의 평생 그 팀에 뿌리를 내렸다.

4. 정답 (C)

난이도 ★★

해설 문맥상, 서명을 통해 직접 올 필요를 '무효화하다' 가 적합하다.

어휘 notarize v. 공증하다, 증명하다, 인증하다 suffice v. 족하다, 충분하다, 만족시키다 obviate v. 없애다, 제거하다, 회피하다, 미연에 방지하다 inflict v. 주다, 입히다, 가하다, 과하다 connote v. 언외의 뜻을 갖다, 의미하다, 내포하다

해석 공증 받은 서명이면 충분합니다. 그러시면 본인이 직접 오시지 않으셔도 됩니다.

5. 정답 (B)

난이도 ★★

해설 '반대의견이 문제를 일으킬까봐 걱정하다' 라는 표현을 통해 배우는 쟁점에 대해 '애매하게 말하다' 가 적합하다.

어휘 adverse a. 역의, 거스르는, 반대의, 불리한, 해로운 waffle v. 애매하게 말하다, 말을 질질 끌며 말하다, 미련하게 말하다 opulent a. 부유한, 풍부한, 풍족한 reminiscent a. 추억의, 추억에 잠기는, 생각나게 하는 solvent a.n. 지급능력이 있는, 용해력이 있는, 누그러지게 하는, 용제, 용매, 해결책

해석 어떤 견해에 대해 그를 반대하는 뜻으로 논평을 하는 것이 문제를 일으킬 것이라는 우려에 사로잡혀, 그 배우는 사람들이 그에게 그의 분명한 입장을 밝히라고 요구하는 쟁점에 대해 계속 애매한 상태를 유지하고 있다.

6. 정답 (D)

난이도 ★★★

해설 빈칸에 들어갈 단어는 "선체에 속한" 과 "기계와 장비를 포함하는" 이므로 '부속물' 이 가장 적합하다.

어휘 mortgage v.n. 저당 잡히다, 저당 잡다, 저당, 저당 잡히기, 담보, 저당권 hull n. 껍데기, 외피, 덮개, 선체, 껍질을 벗기다 appurtenance n. 부속물, 종속물, 장비, 장치 facade n. 건물 정면, 겉, 외관 cloister n. 수도원, 회랑 colonnade n. 열주, 주랑, 가로수

해석 그 은행은 그 두 호텔 회사에 돈을 대출하였다. 그 대출은, 그 각각의 선체에 딸린 기계와 장비를 포함하는 모든 부속물들뿐만 아니라 건설 중인 선체들에 첫 우선적 담보로 보증을 하였다.

7. 정답 (A)

난이도 ★★

해설 사건의 증거를 수식하는 표현으로 '죄가 있음을 증명하는' 의 뜻이 가장 적합하다.

어휘 arsenic n.a. 비소, 비소의, 함비의 inculpatory a. 죄를 씌우는, 비난하는, 연좌하는 prosecute v. 해내다, 수행하다, 경영하다, 종사하다, 기소하다, 소추하다, 고소하다 venal a. 돈으로 얻을 수 있는, 돈으로 좌우되는, 돈 위주의, 타락한, 매수할 수 있는 disfigure v. 모양을 손상하다, 추하게 하다, 볼꼴 사납게 하다, 가치를 손상시키다 fabricate v. 제조하다, 조립하다, 꾸며내다, 만들어 내다, 날조하다, 조작하다, 위조하다

해석 신문기사에 따르면, 그 사람은 비소의 과용에 의한 독극물 중독으로 사망하였으며, 비소 병이 그의 비서의 가방 안에서 발견이 되었다. 지방검사는 그 비서를 기소하기 위한 유죄의 증거로 그 약병을 제시하였다.

8. 정답 (A)
난이도 ★
해설 '성공적인 경제'를 통해 '여러 나라로부터의 수요'를 논리적으로 수식해 주는 것은 '많은'과 관련된 표현이어야 한다.
어휘 voracious a. 게걸스레 먹는, 대식하는, 탐욕스러운, 폭식하는 dwindling a. 줄어드는, 축소되는, 감퇴하는 inconspicuous a. 두드러지지 않는, 눈을 끌지 않는 fluctuating a. 변동 있는, 오르내리는
해석 석탄으로 추진되는 이 나라의 경제는, 중국, 인도 그리고 다른 나라들로부터의 탐욕스러운 수요에 의해 지속적으로 호황을 누리고 있다.

9. 정답 (A)
난이도 ★★★
해설 앞부분의 모범적 사례, 뒷부분은 좋지 않은 사례가 서로 상쇄되기 때문에 빈칸에 가장 적합한 것은 "상쇄하다"이다.
어휘 exemplary a. 모범적인, 훌륭한, 전형적인 sanctuary n. 거룩한 장소, 성역, 은신처, 피난처 refuge n. 피난, 보호, 피난소, 안전지대 persecution n. 박해, 괴롭힘 offset v. 상쇄시키다, 벌충하다, 대조하다 anarchism n. 무정부주의, 무정부상태 mollify v. 누그러뜨리다, 완화하다, 진정시키다, 달래다 proscribe v. 인권을 박탈하다, 추방하다, 금지하다, 배척하다 ameliorate v. 개선하다, 개량하다, 좋아지다, 고쳐지다
해석 미국의 역사를 통틀어 정치적인 종교적인 박해로부터 망명을 요청하는 외국인들에게 피난처 역할을 해온 모범적인 전통은, 때로는 난민들을 공산주의, 사회주의, 무정부주의와 같은 바람직하지 않은 사상을 사회에 들여오는 사람들로 간주하는 경향에 의해 상쇄되기도 하였다.

10. 정답 (B)
난이도 ★★★
해설 유권자들로부터 지지를 잃어버릴까봐 주저했다고 했기에 해당되는 빈칸에는 연방법의 시행에 적극적이지 않았다는 내용이 필요하다. 따라서 "미온적인"이 가장 적합하다.
어휘 languid a. 활기 없는, 지지한, 무감동한 implement n.v. 도구, 기구, 수단, 방법, 도구를 주다, 수단을 주다, 이행하다, 실행하다 reluctant a. 마음이 내키지 않는, 꺼리는, 마지못해 하는 constituent a.n. 구성하는, 조직하는, 요소, 성분, 선거인, 유권자, 지지자 tenacious a. 고집이 센, 완강한, 집요한, 참을성이 강한 dispassionate a. 감정에 움직이지 않는, 침착한, 냉정한
해석 1960년대에 미국 대법원은 사회개혁가의 역할을 맡았는데, 그 이유는 법관들의 다수가, 어떤 주들은 당국자들이 자신의 유권자들로부터 지지를 잃어버릴까봐 주저하게 만드는 인종적 편견 등으로 인해, 연방법을 실행에 옮기는 데 미온적이라고 믿었기 때문이다.

11. ②
난이도 ★★
해설 '같은 디자인에 약간의 부적절한 변화만 준 것들로 보인다'는 말은 '별로 큰 차이가 없어 보인다'는 말이다. 이러한 진술 후에 역접의 접속사 However로 인해, '실제로는 차이가 있다 혹은 서로 다른 독특한 것들이다'라는 문장으로 이어져야 한다. 따라서 정답은 ②가 된다.
어휘 Uneducated a. 교육받지 않은, 무지의 lighthouse n. 등대 distinct a. 별개의, 다른; 독특한 irrelevant a. 부적절한; 무관계한 variation n. 변화, 변동; 편차 homogeneous a. 동종의, 동질의, 균질의 height

n. 높이; 키 landscape n. 풍경, 경치; 전망 unique a. 유일무이한, 독특한 gloomy a. 음울한; 울적한 monotonous a. 단조로운; 한결같은, 변화 없는

해석 문외한의 눈에는 모든 다른 위치의 등대에도 불구하고 같은 디자인에 약간의 부적절한 변화만 준 것들로 보인다. 그러나 사실은 전혀 그렇지 않다. 높이에서부터 렌즈에 이르기까지, 각각의 등대는 그것을 둘러싸고 있는 풍경만큼이나 독특하다.

12. ①
난이도 ★★
해설 두 번째 문장의 the idea는 '전자종이'를 만드는 것에 대한 내용이다. 따라서 전자책을 위해 전자종이를 만드는 것이 가능하다는 것을 보여주려고 먼저 13센티미터의 화면을 만들고 나서, 전자종이의 첫 본보기가 되는 '원형 버전(prototype version)'을 내놓을 것이다. 따라서 빈칸에는 ①이 적절하다.
어휘 prototype n.원형 raw material 원자재
해석 전자종이로 알려진 그 기술은 손-이엠아이(Thorn EMI)의 중앙 연구소(CRL)에서 개발되었다. CRL은 그 아이디어가 실효성이 있다는 것을 증명하기 위해 13센티미터의 화면을 제작했으며 6개월 안에 원형버전을 내놓을 것을 약속한다.

13. ②
난이도 ★★
해설 신문기자와 대학교수에게 특정 언어와 표현을 사용하지 말라고 요청한 것은 ② 차별적(정치적으로 옳지 않은)이 될 수도 있는 언어 사용을 통해 타인에게 반감을 일으킬 수도 있기 때문이다.
어휘 cause offence 모욕감을 주다, 기분을 상하게 하다 racially ad.민족[인종]적으로 injustice n.부정, 불공평 politically incorrect 정치적으로 정당하지 못한(차별적이 될 수도 있는 언어 사용행동을 하는) ethically ad.윤리적으로 preferable a.바람직한 morally ad.도덕적으로; 실제로 dexterous a.손재주가 비상한, 솜씨 좋은
해석 신문기자와 대학교수 같은 사람들은 특정 언어와 표현을 사용하지 말 것을 점점 더 요청받고 있는데 그것들이 정치적으로 옳지 않을 수도 있으며 반감을 일으킬 수도 있기 때문이다.

14. ③ 논리완성
난이도 ★★
해설 기업조직이 환경에 신속하고 유연하게 대처해야 한다면 기업의 경영 방식과 더불어 직원들의 작업 분위기도 변화가 많으며 일시적인(temporary) 분위기일 것이다.
어휘 capacity n. 수용력; 재능, 역량 advance n. 진보, 향상, 발달 organization n. 단체, 조직 climate n. 경향, 추세; 분위기 characterize v. ~의 특징을 나타내다 industrious a. 부지런한, 근면한 consistent a. 일관된, 지속적인 temporary a. 임시의, 일시적인 indigent a. 궁핍한, 가난한
해석 세계화, 생산능력의 증대, 그리고 기술 향상은 조직이 살아남기 위해 신속하고 유연해지도록 요구해 왔다. 그 결과 오늘날 대부분의 직장인들은 일시적인 것이 가장 큰 특징인 분위기에서 일하고 있다.

15. ② 논리완성
난이도 ★★★
해설 직원들이 평상시에 하던 방식에서 벗어나 보려고 하거나 관리자의 말을 새로운 방향으로 받아들이려고 할 때는 위험을 감수하게 되는데, 그럼에도 불구하고 직원들이 이를 강행할 수 있으려면, 서로간의 신뢰관계가 형성 되어 있어야 할 것이다. 따라서 빈칸에는 신뢰관계가 '그런 (기존의 것을 뛰어넘는) 도약을 수월하게 할 수 있다'라는 말이 되도록 ②가 들어가야 한다.

어휘 deviate v. (일상, 예상 등을) 벗어나다, 일탈하다 supervisor n. 관리자, 감독 take a risk 위험을 무릅쓰다, 모험을 해보다 guard v. 경계하다, 주의하다 exploitation n. 약탈, 착취 facilitate v. 촉진하다, 용이하게 하다 leap n. (상상, 논리의) 비약 procrastinate v. 미루다, 꾸물거리다, 늑장부리다 potential a. 잠재적인, 가능성 있는 pitfall n. 함정, 위험, 어려움, 문제 filtered a. 여과기[필터]로 거른

해석 직원들이 평상시에 일을 하던 방식에서 벗어나거나 관리자들의 말을 새로운 방향으로 받아들이기로 결정할 때마다, 그들은 위험을 무릅쓰고 있는 것이다. 이 두 가지 경우 모두, 신뢰관계가 그런 도약을 수월하게 할 수 있다.

① 착취를 경계하게 ② 그런 도약을 수월하게
③ 잠재적인 문제들을 미루게 ④ 보다 높은 인사고과 등급에 대한 제한적인 접근권을 제공하게

16. ④ 논리완성
난이도 ★★

해설 '보이지 않는 손(invisible hand)'은 아담 스미스가 주장한 것으로, 정부의 개입보다는 정부의 방임(개입하지 않는 것)을 선호하는 주장에서 쓰인다. 이 보이지 않는 손이 '강력하다'라는 말 뒤에 but이 있으므로, but의 뒤에는 능력에 한계가 있다는 의미가 되어야 적절하다. 따라서 ④의 omnipotent가 정답이다.

어휘 invisible hand 보이지 않는 손(자기 이익 추구가 보이지 않는 손에 의해서 사회 전체의 이익과 연결됨) broad a. 광범위한, 넓은; 명백한 intervene in ~에 개입하다, 끼어들다 ominous a. 불길한, 험악한 omnivorous a. 무엇이나 먹는, 잡식성인; 모든 것에 흥미를 보이는 omni-layered a. 모든 층의 omnipotent a. 전능한, 만능의

해석 우리에게 정부가 필요한 또 다른 이유가 있다. 보이지 않는 손은 강력하지만, 만능은 아니라는 것이다. 정부가 경제에 개입해야 하는 두 가지 명백한 이유가 있다. 능률을 향상시키고 평등을 증진하는 것이다.

17. ②
난이도 ★★

해설 빈칸 앞 절에서는 그가 식민지를 세울 때 '확실히 의도되었다(were certainly intended)'고 했는데, 빈칸 뒤의 절에서는 이와 대비를 이루는 '구체적인 생각을 염두에 두고 있었다(의도하고 있었다)고 주장할 이유가 없다'고 했다. 따라서 빈칸에는 역접의 접속사 ②but이 적절하다.

어휘 garrison v. ~에 수비대를 두다, 수비하다 romanize v. 로마화하다

해석 모든 로마의 식민지들처럼, 그의 재단은 로마의 힘과 문화의 중심지로서 의도된 것이 분명하지만, 그가 그들의 지역을 선택할 때 제국을 수비하거나 로마화하려는 매우 구체적인 생각을 마음에 두었다고 주장할 이유는 없어 보인다.

18. ③
난이도 ★★

해설 빈칸 다음에 where가 나왔는데, where는 장소를 나타내는 관계부사로 선행사가 필요하다. 따라서 where의 선행사 역할을 할 수 있는 point가 있는 ③이 빈칸에 적절하다.

어휘 Assemble v. 모으다, 집합시키다 crowd n. 사람들, 군중 reasoning n. 추론; 이성 suggestibility n. 피암시성(타인의 암시에 빠지는 성질) cease to V ~을 하지 않게 되다 be subject to ~에 걸리기 쉽다, ~의 대상이다 access n. (감정의) 폭발 rage n. 분노 enthusiasm n. 열광 panic n. 공황 by degrees 차츰

해석 모여서 군중을 이루면, 사람들은 추리력과 도덕적 선택 능력을 잃게 된다. 사람들의 피암시성은 스스로의 판단력이나 의지를 더 이상 갖는 것을 멈추고 갑자스러운 분노, 열광, 공황에 빠져들게 될 정도로까지 증가한다.

19. ①

난이도 ★★

해설 안건과 말하는 사람을 '공식적으로' 통제한다고 했는데, 시민들은 시위와 야유를 통해 '비공식적으로' 그들의 불만을 표현할 수 있었다고 했으므로, 주절과 앞의 내용이 서로 상반되고 있다. 따라서 빈칸에는 '양보'의 뜻을 가진 전치사가 필요하며 보기 중 despite가 문맥상 적절하다. ② ~이외는, ~을 제외하면 ③ ~에 관해서는, ~는 어떤가 하면 ④ 만약 ~이면

어휘 register v. (생각 등을) 표명하다 proceeding n. (법적) 소송절차; 조치, 의사진행 heckling n. 야유, 빈정거림

해석 그러나 실제로는, 의제와 연설자에 대한 이런 공식적인 통제에도 불구하고, 시민들은 여전히 의사진행에 대한 불만을 시위와 야유를 통해 비공식적으로 표현할 수 있었다.

20. ②

난이도 ★★

해설 문화 예산 삭감이 가지고 올 결과로 적절한 것을 찾는 문제이다. 문화 예산 삭감은 문화유산을 온전히 보존하지 못하게 되는 결과를 가져올 것이고, 이는 장기적으로는 문화유산의 파괴를 가져올 것이다. 그러므로 빈칸에 가장 알맞은 것은 ②이다.

어휘 in (rags and) tatters 누더기가 된 modernize v. 현대화하다, 현대적으로 하다 chicly ad. 멋지게, 세련되게 for good 영구적으로, 영원히 preserve v. 보전하다, 유지하다; 보존하다 restore v. 되찾다; 부활하다; 복구하다

해석 경제가 파탄 상태에 있어서, 이탈리아는 자국의 문화유산을 보존할 수 없었다. 문화 예산의 삭감이 베수비오(Vesuvius)) 화산도 하지 못했던 것을 폼페이(Pompeii)에 대해 하게 될지도 모른다. 그것은 폼페이를 영원히 파괴하는 것이다.
　　① 폼페이를 세련되게 현대화하는 것　② 폼페이를 영원히 파괴하는 것
　　③ 폼페이를 충분히 잘 보존하는 것　④ 폼페이를 원래 상태로 복원하는 것

21. ④

난이도 ★★

해설 remarkably는 '놀라울 정도로'라는 뜻으로, 예상을 깨는 상황에 쓰인다. 따라서 주어진 문장에서 소설이 쓰였던 시대와 그 소설의 어조는 서로 대조적인 관계를 갖고 있으므로, ④ permissive(많은 것을 허용하는, 관대한) – puritanical(금욕주의적인)이 정답이다.

어휘 era n. 시대 tone n. 어조, 말투 enlightened a. 깨우친, 계몽된; 문명화된 disenchanted a. 환멸을 느낀, 환상이 깨진 liberal a. 자유주의의; 진보적인 obsessive a. 강박관념에 사로잡힌 superstitious a. 미신적인, 미신에 사로잡힌 medieval a. 중세의 permissive a. 많은 것을 허용하는, 관대한, 자유방임적인 puritanical a. 청도교적인, 금욕주의의 undistinguished a. 뚜렷한 차이점이 없는; 평범한 commonplace a. 평범한; 진부한

해석 그 소설이 쓰였던 시대가 많은 것이 허용된 시대였음을 감안하면, 그 소설의 어조와 주제는 놀라울 정도로 금욕주의적이다.

22. ①

난이도 ★★★

해설 '치열한 경쟁'이라는 의미의 rat race라는 표현과 마지막 문장의 '시간 부족 현상이 발생한다'는 내용을 통해, 빈칸에는 '경쟁이 심화된다'는 의미인 exacerbated가 들어가야 함을 추론할 수 있다.

한편, pedestal은 조각상 같은 것을 올려놓는 받침대인데, '이것 위에 누구를 올려놓는다(put a person on a pedestal)'는 그 사람을 받들어 모신다는 의미임을 감안하면, 첫 번째 문장의 주어가 '출세를 위한 경쟁'임을 알 수 있다.

어휘 pedestal n. 주춧대, 받침대 slave away (노예처럼) 고되게 일하다, 악착같이 일하다 rat race 치열한 경쟁 time crunch 시간부족, 과다한 업무로 인해 개인적인 시간이 부족해지는 현상 exacerbate v. (고통·병 따위를) 악화시키다; (사람을) 화나게 하다 divest v. (지위·권리 등을) 빼앗다; 박탈하다, 제거하다 stint v. (비용·식사 따위를) 바싹 죽이다, 내기 아까워하다, 제한하다 malign v. 비난하다, 헐뜯다

해석 치열한 경쟁사회에서 버텨내기 위해 노력하면서 사람들은 엄청나게 긴 시간동안 뼈 빠지게 일하고 있다. 미국에서 상류층이 되지 못하는 결과는 너무나 커서, 그 결과 치열한 경쟁은 더 악화된다. 승자가 모든 것을 가져가는 사회에서는 이러한 시간부족 현상을 예상할 수 있다.

23. ①
난이도 ★★★

해설 engineers' proposal의 구체적인 방안은 댐이 건설되는 수로로부터 물길을 돌리는 것과 다른 2개의 수로를 더 넓고 깊게 만들자는 것을 말한다. 이것은 댐의 건설로 초래될 어업의 피해를 줄이고자 하는 방안들로 빈칸에는 '완화하다'는 의미인 ①이 들어가야 한다.

어휘 divert v. (딴 데로) 돌리다, (물길 따위를) 전환하다; 유용하다 mitigate v. 완화하다, 경감하다 foment v. 조장하다; 선동하다 impugn v. 의문을 제기하다, 비난하다, 공격하다 abrade v. 닳아 없어지게 하다

해석 MRC 어업 프로그램의 책임자인 소남(So Nam)은 돈 사흥(Don Sahong)댐이 메콩 강 어장에 어떤 영향을 끼칠지에 관한 자료가 여전히 너무 적다고 말했다. 그는 또한 피해를 줄이고자 하는 기술 책임자들의 제안 – 돈 사흥 댐이 가로질러 건설될 수로로부터 물길을 돌리는 것과 다른 2개의 수로를 더 넓고 깊게 만드는 것 – 을 따르더라도, 이동하는 물고기들을 끌어들이지는 못할 것이라고 말했다.

24. ③
난이도 ★★

해설 on the contrary는 '그와는 반대로'라는 의미이므로 '매스컴이 대중의 태도에 큰 영향을 주지는 않는다'는 진술과 반대되는 내용이 문맥상 적절하다. 따라서 빈칸에는 '매스컴의 선전에 영향을 잘 받는다' 즉, '매스컴에 취약하다'는 의미가 적절할 것이다.

어휘 propagandistic a. 선전의, 전도의 marked a. 뚜렷한, 두드러진, 현저한 attitude n. 태도, 마음가짐; 자세 unaware of ~을 알지 못하는 cope with ~에 대처하다, 다루다 susceptible to ~에 취약한, ~에 민감한, ~에 걸리기 쉬운 unimpressed by ~에 감명 받지 않는

해석 초기의 연구들은 종종 대중이 매스컴의 선전적인 영향에 취약하다고 결론을 내렸지만, 최근의 한 연구에 따르면 그와는 반대로 매스컴이 사회적 태도나 행동에 뚜렷한 변화를 일으키는 경우는 거의 없다는 것을 보여주고 있다.

25. ④
난이도 ★★

해설 existing independently of가 빈칸에 들어갈 단어를 부연 설명하고 있다. 따라서 빈칸에는 이것과 가장 깊은 관련이 있는 autonomous가 들어가야 한다.

어휘 context n. 맥락, 전후 사정 contend v. 주장하다; 다투다 fruitfully ad. 결실이 풍부하게, 생산적으로 independently of ~와 관계없이, ~와 무관하게 salient a. 가장 중요한, 핵심적인; 현저한 flamboyant a. 이색적인; 대담한; 화려한 insinuating a. 넌지시 비치는; 의심스러운; 교묘하게 환심을 사는 autonomous a. 자율적인; 자주적인, 자치의

해석 일부 비평가들은 작가가 허구의 작품 속에서 "말하는" 모든 것은 작가의 삶이라는 맥락 속에서 해석되어야 한다고 주장한다. 그러나 다른 비평가들은 텍스트는 신의 피조물이나 자연과 같이 창조자와는 무관하게 존재하는, 자율적인 것으로 간주할 때 더 좋은 결과를 얻을 수 있다고 주장한다.

26. ③
난이도 ★★★

해설 전쟁이라는 행위 자체는 광기로 인한 미친 행위(insanity)이다. 이러한 행위에서 벗어나기를 요구한다는 것 자체가 하나의 제정신(sanity)의 증거이므로, 정신 이상(insanity)을 이유로 한 전투의무 면제는 받을 수 없다는 것을 말한다. 말을 빙빙 돌려 복잡하게 설명한 것이므로 '대단히 복잡하여 이해하기 어려운' 이라는 뜻의 convoluted가 들어가는 것이 적절하다.

어휘 phrase n. 구절, 관용구 catch-22 n. (모순된 규칙 또는 상황에) 꼭 묶인 상태; 딜레마, 곤경 relieve v. (고통 등을) 덜어주다; 구출하다, 면제하다 insane a. 정신 이상의, 미친 insanity n. 정신 이상; 미친 짓 cursory a. 대충 하는, 조잡한, 엉성한 plausible a. 타당한 것 같은, 이치에 맞는, 그럴듯한 convoluted a. 뒤얽힌, 대단히 난해한, 복잡한, 이해하기 힘든 parsimonious a. 인색한

해석 "catch-22"라는 구절은 조셉 헬러(Joseph Heller)의 소설 『Catch-22』에서 유래한다. 그 소설 속에서 한 군인은 전투에서 면제받기를 요청하였다가, 전투의무에서 면제될 수 있는 기준은 정신 이상인데, 전쟁이라는 미친 짓에 가담되지 않기를 요구하고 있으니까 제정신임에 틀림없으므로, 정신 이상에 입각한 면제는 받을 수 없다는 복잡한 설명을 듣게 된다.

27. ③
난이도 ★★★

해설 여성노동의 역할이 눈에 띄게 누락되어 있다면, 이는 곧 다양한 논의의 대부분의 경우 남성노동에 관한 자료들만 담고 있다는 것을 의미한다.

어휘 significant a. 중요한, 의미 있는 glaring a. (좋지 않은 것이) 확연한, 두드러진; 너무 밝은, 눈부신 omission n. 생략, 빠짐, 누락 analyses n. 분석(analysis의 복수) outnumber v. ~보다 수가 더 많다, 수적으로 우세하다 textile n. 직물, 옷감; 섬유 산업 indices n. 색인; 지수(index의 복수) and the like 기타 같은 종류의 것 replicate v. 모사하다, 복제하다 incorporate v. (일부로) 포함하다; 통합하다; (법인을) 설립하다 suppress v. 진압하다; (인쇄·발표 등을) 금하다, (정보 등을) 숨기다

해석 여성에 관한 연구가 의미 있는 진전을 이루었음에도 불구하고, 유럽 산업화 역사에 대한 대부분의 경제적 분석에서 여성노동의 역할은 가장 눈에 띄게 누락되어 있는 분야로 남아 있다. 섬유 산업에서 여성의 숫자가 남성보다 월등히 많았지만, 임금 지수, 성장과 생계비 기타 등등에 관한 논의들은 대부분 남성노동에 관한 자료들만 포함하고 있다.

28. ②
난이도 ★★★

해설 이 지문은 제왕적 대통령들이 잇따라 등장한 추세에 대한 내용을 담고 있다. who의 뒤에서 프랭클린 루스벨트가 대통령으로서 강력한 권한을 행사한 것을 진술하고 있으므로, 제왕적 대통령을 향한 추세가 '시어도어 루스벨트에게서 시작되어 프랭클린 루스벨트 대통령 때 최고조 즉 정점(apogee)에 도달했다'는 흐름이 되어야 한다.

어휘 imperial a. 제왕의; 황제의 presidency n. 대통령 직[임기]; 회장 직[임기] activist n. 운동가, 활동가 implement v. 시행하다; (조건 등을) 충족하다 opposition n. 반대[항의]; 반대측; 야당 Congress n. 국회, 의회 the Supreme Court 대법원 apogee n. 정점, 절정; 원지점(달과 지구의 경우를 예로 들어 볼 때, 달이 공전 중에 지구에서 가장 멀리 떨어져 있게 되는 지점) epitome n. 완벽한 본보기, 전형

consensus n. 의견 일치, 합의

해석 일부 역사학자들이 이른바 "제왕적 대통령"이라고 불러온 것을 향한 추세는 20세기 초, 활동가형 대통령인 시어도어 루스벨트(Theodore Roosevelt)에서 시작되어 프랭클린 루스벨트(Franklin D. Roosevelt)에서 그 절정에 이르렀는데, 그는 의회와 대법원의 상당한 반대에도 불구하고 자신의 뉴딜 정책을 계획하고 시행하였다.

29. ②

난이도 ★★

해설 다른 행성에 지적 생명체가 존재한다고 단언했다는 것은 그들의 직업이 지적 생명체를 찾는 일과 관련이 있다는 것을 의미한다. 그러므로 이들은 (우주)물리학을 연구하는 사람들로 볼 수 있다.

어휘 intelligent a. 지적인, 지성을 갖춘 assert v. 단언하다; 주장하다 contact v. 접촉하다, 연락하다; 교신하다 physician n. 내과의사 physicist n. 물리학자 physiologist n. 생리학자 psychologist n. 심리학자

해석 다른 행성들에도 지적 생명체가 존재합니까? 오랜 세월동안, 과학자들은 "아니오." 혹은 "우리는 알지 못합니다."라고 말했다. 그러나 오늘날 이것에 변화가 일어나고 있다. 물리학자인 세스 쇼스탁(Seth Shostak)과 알렉산드라 바네트(Alexandra Barnett)는 우주의 어딘가에 지적 생명체가 존재한다고 주장한다. 그들은 또한 우리가 머지않아 이들 존재와 교신하게 될 것이라고 생각한다.

30. ④

난이도 ★★

해설 빈칸의 앞부분에서는 명왕성이 나머지 여덟 행성과 크기 면에서 확실히 다르다는 사실을 이야기하고 있다. 또한, 빈칸의 뒤에서는 명왕성의 궤도가 나머지 다른 행성들과 전혀 유사하지 않다는 점을 이야기하고 있다. 앞에서 언급한 명왕성의 특이한 점에 더해서 추가로 또 다른 특이한 점을 언급하고 있는 상황이므로, 빈칸에는 ④가 들어가는 것이 적절하다.

어휘 Pluto n. 명왕성 orbit n. 궤도 on the subject of ~에 관하여 the solar system 태양계 otherwise ad. 그렇지 않으면

해석 명왕성이 실제로는 이전에 생각했던 것보다 훨씬 더 작다는 사실이 최근에 밝혀졌다. 명왕성의 크기의 다른 천체는 행성으로 불린 적이 없다. 게다가, 명왕성의 이상한 궤도는 다른 여덟 행성의 그것과 전혀 비슷하지 않다. 이 점으로 인해, 많은 교과서에서 태양계에 관한 내용에 약간의 변화가 있을 것이다.

31. ②

난이도 ★★★

해설 결국, 빈칸은 소리의 체계와 몸짓 언어의 주된 용도나 목적으로 귀결되는데, 이것은 모두 상호간의 의사소통(communicate)을 위한 것으로 볼 수 있으므로 정답은 ②가 된다.

어휘 acknowledge v. 인정하다, 승인하다 communicate v. 통신하다, 의사소통하다 notice v. 알아채다, 인지하다; 주의하다 reconcile v. 화해시키다; 조화시키다, 일치시키다

해석 돌고래는 몇 가지 점에서 사람들과 유사하다. 돌고래는 나이, 감정, 먹이 찾기와 같은 많은 것들에 관해 서로 '대화'를 한다. 돌고래는 또한 소리의 체계와 몸짓 언어를 사용하여 의사소통한다. 사람이 돌고래가 내는 소리를 이해하는 것은 쉽지 않다. 돌고래의 언어를 말할 줄 아는 사람은 아직 아무도 없다. 그러나 일부 과학자들은 배우려고 노력하고 있다.

32. ③

난이도 ★★★

해설 빈칸 뒤에 가정법 동사가 쓰인 귀결절이 주어져 있다. 귀결절의 내용과 첫 문장의 내용을 고려하면 '밧줄이

손에서 미끄러져서 썰매에 힘을 전혀 가할 수 없게 되는 것'은 '썰매를 끄는 데 있어서 마찰에 의지하지 못하는 경우'일 것이다. 따라서 빈칸에는 첫 번째 문장의 내용과 반대되는 사실의 조건절을 대신하는 Otherwise가 들어가야 한다. 뒤의 while절에서는 직설법 동사 slid와 fell로 표현되었으나 would slide와 would fall의 의미로 봐야 한다.

어휘 friction n. (두 물체의) 마찰; 알력, 불화 sled n. 썰매 slip v. 미끄러지다, 미끄러져 넘어지다 slide v. 미끄러지다 underneath prep. ~의 아래에 fall flat on one's face 푹 고꾸라지다[엎어지다]; 완전히 실패하다

해석 에스키모인은 썰매를 끌기 위해 표면 마찰에 의존한다. 만약 그렇지 않으면, 밧줄이 그의 손에서 미끄러져서 썰매에 힘을 전혀 가할 수 없게 될 것이고, 게다가, 발이 발밑에서 미끄러져서 그는 엎어지고 말 것이다.

33. ④ 논리완성
난이도 ★★

해설 수도원들이 성서와 함께 그리스와 로마 시대의 많은 종류의 서적을 보관하고 있었다고 했는데, 그런 노력이 없었다면 오늘날 읽을 수 있는 많은 서적들이 온전히 보존되지 못했을 것이다. 그러므로, 빈칸에는 '만약 그렇지 않았다면'이란 의미의 ④가 적절하다.

어휘 monastery n. (누로 남자의) 수도원 solely ad. 오로지, 단지 sacred a. 신성한 preserve v. 보존하다

해석 14세기 무렵, 수도원들은 성서를 복사할 목적을 위해서만 존재했다. 흥미롭게도, 이들 수도원들은 성서뿐만 아니라 그리스와 로마 시대의 많은 문학, 과학 그리고 철학 작품을 도서관에 가득 채웠다. 만약 그렇지 않았다면 그 작품들은 오늘날 읽을 수 있게 충분히 보존되지 못했을 것이다.

34. ④ 논리완성
난이도 ★★

해설 빈칸 앞에서 다른 사람들의 표현을 방해하지 말라고 했으므로, 문맥상 흐름이 이어지도록 다른 사람들의 표현에 분개하는 짓은 더더욱 하지 말아야 한다는 의미가 되어야 적절하다. 부정문 뒤에서 much less는 '~은 더더욱 ··· 아니다'의 뜻으로 쓰이므로, 빈칸에는 ④가 적절하다.

어휘 plea n. 탄원, 청원, 핑계 resent v. 분개하다; 원망하다 all but 거의, ~외에 모두 as much as ~만큼, ~정도, ~못지않게 still more 더욱 더 much less 하물며[더구나] ··· 은 아니다

해석 그녀의 주장의 결론은 독자에게 보내는 한 마디 청원의 말이었다. '스스로를 위해 생각하고 행동하라. 그러나 당신에게 스스로 생각할 힘이나 스스로 행동할 힘이 있든 없든, 다른 사람들의 진실한 표현에 분개하는 것은 말할 것도 없고 그것을 방해하려고도 하지 말라.'

35. ③ 적절한 부사구
난이도 ★★★

해설 임기 말의 정부는 새로운 일을 벌이지 않고 무사안일주의를 택한다고 했으므로 공무원들 또한 차기 정부에 부정적으로 낙인찍히지 않도록 조심할 것이다. 따라서 빈칸에는 '~할까 봐(두려워서)'를 의미하는 부사구 ③ for fear of가 와야 한다. of가 전치사이므로 뒤에 명사나 동명사가 나타날 수 있는데, 빈칸 뒤에 marked by가 주어져 있으므로, 수동의 동명사 형태가 되어야 한다. 따라서 for fear of being이 적절하다.

어휘 make waves 풍파를 일으키다 officeholder n. 공무원, 관리 function as ~의 역할을 하다 spearhead n. 창끝; 선봉, 선두 for fear of ~하는 것을 무서워[두려워] 하여

해석 '아무 일도 하지 않고(무사)' '편안을 우선시 하는(안일)' 방식을 취하는 것은 임기 말 정부에게는 흔한 일이다. 그들은 새로운 프로젝트를 시작하는 것과, 어떠한 풍파도 일으키는 것을 피한다. 대통령의 권한은 여전히 유효하지만, 공무원들은 차기 정부에게 부정적으로 낙인찍힐까 두려워서 앞장 서는 역할을

하는 것을 경계한다.

36. ③ 결과의 부사절을 이끄는 접속사
난이도 ★★
해설 표현의 자유를 심각하게 침해하게 되는 것은 차별적인 언어의 사용을 제한하는 데 따른 결과라고 볼 수 있다. 빈칸에는 결과의 부사절을 이끄는 표현인 ③ so much that이 적절하다.
어휘 point out 가리키다, 지적하다; 주목하다 euphemism n. 완곡 어귀[표현] political correctness 정치적 정당성(소수집단을 침해하는 언어나 행동을 피하는 원칙) newspeak n. (특히 정치 선전용의) 모호하고 기만적인 표현, 신언어 infringement n. 위반, 침해 in order that ~하기 위해
해석 완곡한 어구 또는 정치적 정당성을 또 다른 형태의 모호하고 기만적인 표현이라고 지적하는 사람들이 있다. 그들은 정치적 정당성이 인종, 성, 나이 등과 관련한 차별적인 언어의 사용을 너무 제한함에 따라 그것이 표현의 자유를 심각하게 침해한다는 것을 보여준다고 비판한다.

37. ① 논리완성
난이도 ★★
해설 상반된 내용을 연결하는 접속사 although의 절에서 '기업의 이익을 위해야 할 의무감을 느꼈다'고 했으므로, 주절에서는 기업의 이익에 반대되는 즉, 기업을 배신하는 것과 관련된 내용이 와야 한다. 따라서 빈칸에는 '그의 성실한 지지가 거짓임을 보여주는'의 뜻이 되게 하는 ①belied가 적절하다. 여기서 후원자는 곧 후원하는 기업가들을 말한다.
어휘 obligate v. 의무를 지우다, 감사의 마음을 일으키게 하다 due to ~ 때문에 sizable a. 상당한 크기의, 꽤 많은 platform n. (후보자 지명 대회에서의) 정강 선언 allegiance n. 충성 agenda n. 의제, 목록 belie v. 착각하게 만들다, 거짓임을 보여주다 aver v. 단언하다, 주장하다 entrench v. (변경이 어렵도록) 단단히 자리 잡게 하다 corroborate v. 제공하다, 확증하다
해석 비록 자신의 선거운동에 대한 후원자들의 상당한 기부 때문에 기업의 이익을 위해야 할 의무감을 분명 느꼈지만, 그 후보자는 그 기업들의 현안에 대한 자신의 성실한 지지가 거짓임을 보여주는 정산 선언을 했다.

38. ④ 논리완성
난이도 ★★★
해설 다윈이 생존경쟁의 자연 환경에서는 적자(適者)가 생존하는 것이 당연하다고 설명하듯이 자본주의 옹호자는 자유경쟁시장의 사회 환경에서는 적자인 부자가 빈자를 착취해 생존하는 것이 당연하다고 합리화하고 있다. 따라서 자유경쟁시장과 생존경쟁의 공통점을 통해 설명한다는 취지로 빈칸에는 '유사성'이라는 의미의 analogy가 있는 ④가 들어가는 것이 적절하다.
어휘 capitalism n. 자본주의 rationalization n. 합리화, 이론적 설명, 합리적 사고 exploitation n. 착취, 개발, (부당한) 이용 struggle n. 투쟁, 분투, 싸움; 힘든 것 fit a. 적합한, 알맞은; 건강한; 섹시한 transcend v. 초월하다 kernel n. 알맹이, 핵심 critique v. 비평하다, 평론을 쓰다 analogy n. 비유, 유사점, 유추
해석 19세기 자본주의 옹호자들은 자유경쟁시장과 다윈이 설명한 생존경쟁 – 여기서는 적자(適者)가 생존한다 – 사이의 유사성을 끌어냄으로써 부유층의 빈곤층 착취를 합리화했다.
① 핵심을 초월 ② 사이의 관련성을 대조
③ 그 생각 전체를 비평 ④ 사이의 유사성을 이끌어냄

39. ③ 논리완성

난이도 ★★★
해설 include 앞의 they는 scientific investigations를, 빈칸 앞의 them은 the results of scientific investigations를 가리킨다. 만약 연구에 강한 가변성이 포함되어 있다면 연구 결과는 서로 비교할 수 없게 될 것이므로 빈칸에는 ③incomparable이 적절하다.
어휘 neuropathic a. 신경병의, 신경병에 걸려 있는 consistently ad. 끊임없이, 항상, 일관되게; 착실히 implement v. 시행하다 investigation n. 조사, 연구, 수사 currently ad. 현재, 지금 reliable a. 믿을만한 variance n. 변화, 변동 render v. 만들다, 제시하다, 주다 synthesize v. 합성하다, 통합하다 incomparable a. 비할 데 없는, 비교할 수 없는
해석 신경성 통증에 대한 양질의 치료법이 의료계에서 지속적으로 시행되지 않는 이유는 치료법을 위한 과학적 연구 결과들을 현재로서는 신뢰할 수 없기 때문인데, 연구들은 연구되는 여러 인구집단에서, 특히 아이들 집단에서, 강한 가변성(다양성)을 포함하고 있어서 그 결과들을 서로 비교할 수 없게 된다.

40. ② 논리완성

난이도 ★★
해설 "혼합물은 일정한 성분비로 되어 있지 않다."와 "대기의 샘플은 고도, 오염 등의 차이로 인해 구성이 서로 다를 것이다."는 원인과 결과의 관계를 이루고 있다. 따라서 빈칸에는 인과관계를 나타내는 접속부사인 ②의 Therefore가 적절하다.
어휘 retain v. 보유하다, 계속 지니다 distinct a. 전혀 다른 identity n. 개성, 독자성 soft drink 청량음료 composition n. 구성, 성분비 altitude n. 고도 and so on 기타 등등
해석 혼합물은 두 가지 이상의 물질의 결합으로, 이 물질들은 혼합물 안에서 자신이 가진 각기 다른 고유의 특성을 그대로 유지한다. 이러한 혼합물의 예로는 대기, 청량음료, 시멘트가 있다. 혼합물은 일정한 성분비로 되어 있지 않다. 따라서 서로 다른 도시들에서 수집된 대기의 샘플은 아마도 고도, 오염 등의 차이로 인해 구성이 서로 다를 것이다.

41. ③ 논리완성

난이도 ★★★
해설 마지막 문장에서 "얼음을 가열하는 것만으로도 얼음의 녹는점을 측정할 수 있다."라고 했다. 가열한다고 해서 성분이나 성질이 변하는 것은 아니기 때문에 '물리적인 특성은 물질의 성분을 바꾸지 않고 측정될 수 있음'을 알 수 있다. 따라서 ③의 without이 빈칸에 적절하다.
어휘 melting point 녹는점 boiling point 끓는점 density n. 밀도 physical a. 물리적인 observe v. 관찰하다 convert v. 전환하다
해석 물질들은 물질의 성분뿐 아니라 물질의 특성에 의해서도 식별된다. 색, 녹는점, 끓는점, 그리고 밀도가 물리적인 특성이다. 물리적인 특성은 물질의 성분이나 고유한 성질을 바꾸지 않고서도 측정하거나 관찰할 수 있다. 예를 들어, 우리는 얼음 덩어리를 가열하여 얼음이 물로 바뀌는 온도를 기록함으로써 얼음의 녹는점을 측정할 수 있다.

42. ② 논리완성

난이도 ★★★
해설 감정을 표현하는 것이 뚜렷하지 않은 문화권의 사람들과 감정표현을 잘하는 문화권의 사람들을 비교하고 있다. In contrast 다음에서 '감정표현이 잘 발달된 문화권의 사람들은 그들의 감정을 드러낸다'고 했으므로, In contrast 앞에서는 이와 대조를 이루어야 한다. 따라서 '감정표현이 뚜렷하지 않은 문화권의 사람들이 그들의 감정을 통제하고 억제한다'는 내용이 와야 하며, ②가 빈칸에 적절하다.
어휘 affectively ad. 감정적으로 neutral a. 중립적인; 감정을 드러내지 않는 telegraph v. 전보를 보내다;

(무심코) 의향을 드러내다 plainly ad. 분명히 grimace v. 얼굴을 찡그리다 scowl v. 얼굴을 찌푸리다 outlet n. 배출구 amplify v. 확대하다 register v. 표명하다, 공개적으로 나타내 보이다 subdue v. 억제하다 repress v. 억누르다, 억제하다 discharge v. 방출하다, 배출하다 assemble v. 모으다, 집합시키다

해석 감정표현이 뚜렷하지 않은 문화권의 구성원들은 그들의 감정을 무심코 드러내지 않고 오히려 그들의 감정을 통제하고 억제한다. 이와는 대조적으로, 감정표현을 잘하는 문화권의 사람들은 소리 내어 웃고, 미소를 짓고, 얼굴을 찡그리거나 찌푸리고, 몸짓을 하는 등, 자신들의 감정을 분명히 드러낸다. 그래서 그들은 자신들의 감정을 즉각적으로 배출할 수 있는 곳을 찾으려 노력한다.

① 확대되고 표명된 ② 통제되고 억제된
③ 억누르고 나타낸 ④ 배출되고 집합된

43. ④
난이도 ★★★
해설 8,500여 개의 단어로 이루어져 있어서 읽는 데 2시간이 넘게 걸렸던 해리슨의 취임사에 비해, 포함된 단어가 135개에 불과해서 읽는 데 2분밖에 걸리지 않았던 워싱턴의 취임사는 '매우 간결한' 취임사였다고 할 수 있을 것이다. 빈칸을 포함한 문장은 이러한 점을 나타내야하는데, 빈칸 앞에 부정어가 있음에 유의하면, 결국 빈칸에는 간결함과 반대되는 표현이 들어가야 한다. 따라서 '과잉의', '여분의' 라는 의미의 ④ superfluous가 빈칸에 적절하다.

어휘 inaugural address 취임연설 masterful a.능수능란한, 재수가 뛰어난; 거장다운, 대가다운 speech n.연설, 강연, 담화 eloquent a.웅변[연설]을 잘 하는, 유창한 indispensable a.불가결의, 없어서는 안 될 succinct a.간결한, 간명한 superfluous a.남는, 여분의, 과잉의

해석 1793년, 조지 워싱턴(George Washington)의 재선(再選) 취임사는 그 길이가 135개의 단어에 불과했으며, 2분 만에 끝났다. 오늘날 명연설로 알려진 그의 연설에는 군더더기가 전혀 없었다. 반면에, 미국의 9대 대통령 윌리엄 해리슨(William Harrison)의 취임사는 8,500 단어나 됐다. 읽는 데만 2시간이 넘게 걸렸다.

44. ③
난이도 ★★★
해설 '모든 집을 빨간색 벽돌로 짓는 것, 출입구와 굴뚝 등에 표준화된 디자인을 적용하는 것'은 하나로 통일하는 것과 관련돼 있다. 그러므로 빈칸에 적절한 것은 '획일성'이라는 의미의 ③uniformity이다.

어휘 characterize v.~의 특색을 이루다;~의 성격을 나타내다;~의 특성을 기술[묘사]하다 practicality n.실용성, 실용주의 decree v.~을 법령으로 정하다, 포고하다; 판결하다; (운명 등이) 정하다 precaution n.조심, 경계; 예방책 architectural a.건축학의, 건축술의 literature n.문학, 문예; 문헌 publish v.발표하다, 공표하다; 출판하다 encourage v.격려하다, 고무하다; 조장하다 standardize v.표준화하다, 규격화하다 chimney n.굴뚝 creativity n.창조력, 창조성 feasibility n.실행할 수 있음, 가능성; 편리 uniformity n.한결 같음, 획일성, 일치 singularity n.기묘함, 야릇함; 특이성

해석 조지아의 주택은 획일성과 실용성을 특징으로 하고 있었다. 국토계획법령에 따르면 화재 예방책으로 빨간색 벽돌을 사용하여 집을 짓도록 되어 있었다. 출입구, 굴뚝 등에 대해 표준화된 디자인이 적용된 연립주택을 장려하는 건축 문헌이 출판되었다.

45. ②
난이도 ★★
해설 고대인들의 생활을 알 수 있게 해주는 특별하지 않은 발견품은 그들이 생활에서 사용하는 물건 즉 '일상적이고 평범한' 물건일 것이다. 따라서 빈칸에는 '평범한', '일상적인' 이라는 의미의 ②mundane이

들어가야 한다.
어휘 renowned a.유명한, 명성이 있는 archeologist n.고고학자 artifact n.(천연물에 대해) 인공물, 가공품; 문화 유물 extraordinary a.대단한, 터무니없는, 놀라운 reveal v.드러내다; 폭로하다, 누설하다 purpose n.목적, 의도; 용도 exceptional a.예외적인, 이례적인; 빼어난, 비범한 mundane a. 현세의, 세속적인; 일상적인 monumental a.기념비적인, 불멸의, 대단한 aesthetic a.미(美)의, 미술의; 미학의; 심미적인
해석 유명한 고고학자 피트 리버스(Pit-Rivers)는 아름답고 특별한 발견품보다 작고 소소한 것들과 소규모의 인공유물에 초점을 맞췄는데, 왜냐하면 그는 희귀한 물건들보다는 일상적인 것들이 문화에 대해 더 많은 것을 보여준다고 생각했기 때문이다. 대형 발견품도 중요하지만, 고고학의 진정한 목적은 고대 사람들이 어떻게 살았는가를 알아내는 것이다.

46. ①
난이도 ★★★
해설 고귀한 야만인에 대한 루소의 칭찬이 어디에 나타나 있는 것이 적절한지를 묻고 있다. 루소의 야만인을 오늘날의 원주민에 견주었으므로, 야만인에 대한 칭찬은 원주민을 '찬양하는 것'에 나타나 있다고 해야 문맥상 적절하다. 따라서 ①이 정답이다. ② 분석하기 ③ 비난하기 ④ 변형시키기
어휘 reverberation n. 반향, 잔향, 영향; 반향음 echo v. 메아리치다, 울려 퍼지다 admiration n. 칭찬, 찬양 noble savage 고귀한 야만인(문명에 오염되지 않은 무구한 인간상) civilized a. 문명화된, 개화된 reflect v. 반영하다, 나타나다 native people 원주민 hunch back 곱사등, 꼽추 primal a. 제1의; 근원의; 원시적인 nonetheless ad. 그럼에도 불구하고
해석 낭만주의 시대의 반향은 우리 시대에도 계속해서 울려 퍼지고 있다고 할 수 있다. 고귀한 야만인을 문명인보다 더 자연적이며 더 순수하다고 한 루소의 칭찬은 (오늘날) 원주민을 찬양하는 것에서 나타난다. 빅토르위고의 꼽추나 메리쉘리의 프랑켄슈타인은 그래도 여전히 매력적인 특징을 갖고 있는 원시적인 괴물이다.

47. ②
난이도 ★★★
해설 한때는 쇼핑을 하려면 어쩔 수 없이 나가야 했지만, 이제 DM과 24시간 주문 가능한 전화번호로 인해 원하는 장소와 시간에 쇼핑을 할 수 있게 되었다고 했다. 즉, 반드시 어딘가로 가서 쇼핑을 해야만 했던 지리적인 한계가 없어진 셈이므로, 빈칸에는 ② '지리적인'이 정답이다. ① 금융의 ③ 계급제의 ④ 기질적인
어휘 oblige+O+toV 부득이 ~하게 하다 direct mail n. 다이렉트 메일(개인에게 직접 보내는 광고용 우편물 =DM) order v. 주문하다 please v. 원하다 overcome v. 극복하다 limits n. 한계
해석 한때 부득이 공공의 영역으로 나가게 만들었던 활동을 지금은 집에서 할 수 있다. DM에 들어있는 상품 카탈로그와 24시간 주문 가능한 전화번호를 통해 사람들은 원하는 장소와 원하는 시간에 쇼핑을 할 수 있게 됐다. 쇼핑은 지리적인 한계를 극복한 것이다.

48. ③
난이도 ★★★
해설 빈칸에서 문명의 질을 판단하는 가장 좋은 기준이 무엇인지를 묻고 있다. 빈칸 이하에서 '시민들이 부득이 무언가를 해야만 할 때 하는 것이 아니라 뭔지를 원해서 할 수 있을 때 하는 것이 국민의 삶의 기준'이라고 했는데, 이것은 꼭 일을 해야 하는 시간이 아닐 때 하는 것, 즉 '한가할 때' 하는 것이 삶의 기준이라는 말이 되므로, ③의 '여가'가 정답이다. ① 신화 ② 도덕률 ④ 사업
어휘 civilization n. 문명 by necessity 필요해서, 부득이 by choice 원해서 criterion n. 기준
해석 문명의 질에 대한 가장 좋은 판단기준은 여가의 질이다. 시민들이 의무적으로 무언가를 해야만 할 때 하는

것이 아니라 뭐든지 원해서 할 수 있을 때 하는 것이 국민의 삶의 기준인 것이다.

49. ① 논리완성 :
난이도 ★★★
해설 employ는 '(물건*수단*기술*방법 등을) 활용[이용]하다'는 의미를 갖고 있다.
어휘 providing conj.~라면(=if) employ v.(기술*방법 등을) 쓰다[이용하다] redact v.(원고 등을) 수정하다, 편집하다 transplant v.이식하다, 옮겨 심다 clone v.복제하다
해석 사람들이 기존 단어와 단어형성 요소들을 이용해 새로운 단어들을 만들어낼 때, 만약 우리가 그들이 그 단어들을 형성하기 위해 사용하는 요소들이 무엇을 의미하는지를 안다면 그리고 그들이 이용하는 단어형성 규칙들이 (우리에게) 익숙하다면 우리는 그 새로운 단어들을 쉽게 이해한다.

50. ① 논리완성
난이도 ★★★
해설 냄새는 '공중으로 퍼져(waft)' 나가는 성질을 가졌다.
어휘 waft v.(소리*향기 등이)공중으로 퍼지다 fester v.(상처가) 곪다, 짓무르다 rend v. 찢다, 찢어발기다 angur v.조짐[전조]이 되다.
해석 릭은 그의 여동생이 그가 간식을 만들고 있다는 것을 알기를 원치 않기 때문에 팝콘 냄새가 위층에서 풍기는 것을 막기 위해 부엌문을 닫았다.

51. ④ 논리완성
난이도 ★★★
해설 heuristic은 '추론과 과거 경험을 활용하여 시행착오를 거치면서 스스로 문제해결법을 발견하는' 과정을 말한다.
어휘 totalize v.합계[총계]를 내다 agile a.날렵한, 기민한 deploy v.배치하다, 효율적으로 사용하다 quizzical a.어리둥절한, 약간 놀란 quiescent a.조용한, 휴지 상태의 mercurial a.변덕스러운, 황당한 heuristic a.체험적인, 스스로 발견하게 되는
해석 시장에 대한 해석을 결정짓는 다양한 관점들을 통합하는 전체적 원리는 존재하지 않지만, 폭넓은 분석적 접근법을 내에서 활용하기에 충분한 기민한 몇 가지 발견적 원리들이 있다.

52. ④
난이도 ★★
해설 빈칸의 전후로 '북부를 대표할 팀은 알려져 있고, 남부를 대표할 팀은 알려져 있지 않은 상황'이 언급되며 대조를 이루고 있다. 따라서 빈칸에는 역접의 접속사인 ④의 whereas가 적절하다.
어휘 represent v.대표하다 anybody's guess 아무도 짐작 못함, 누구도 확실하는 모르는 것 at this point 현 시점에서는
해석 오레곤 덕스(The Oregon Ducks)는 2014년 Pac-12 미식축구 선수권대회에서 Pacific 12 북부를 대표한 예정인 반면, Pacific 12 남부를 대표하는 팀은 현 시점에서는 아무도 모른다.

53. ②
난이도 ★★
해설 shift A from B(A에서 B로 전환하다)에서, A와 B에는 서로 대비되는 표현이 나타나야 한다. A에 해당하는 '물가상승 억제'는 과열된 성장을 둔화시키는 것이므로, B에는 성장을 활발하게 하는 것을 의미하는 표현이 와야 한다. 따라서 빈칸에는 ②의 revving이 적절하다.

어휘 slow v.둔화되다 authorities n.당국 shift v.(견해·태도·방식을) 바꾸다 control v.억제하다 inflation n.물가상승 recall v.(물건을) 회수하다; ~을 취소하다 rev v.회전 속도를 바꾸다; 활발하게 하다 reverse v.~을 뒤집다 restrict v.제한하다
해석 지금 문제가 되고 있는 것은 당국이 물가상승을 억제하는 것에서 성장 동력을 활발하게 하는 것으로 방향을 바꾸기 전에 경제 성장이 얼마나 더디게 될 수도 있느냐 하는 것이다.

54. ②
난이도 ★★
해설 A rather than B 구문에서, A와 B에는 서로 대조를 이루는 표현이 나타나야 한다. 그러므로 빈칸에는 "지구가 태양을 공전한다"와 정반대의 의미가 들어가야 한다. 따라서 이것을 '반대로'라는 뜻의 vice versa로 대신하여 나타낼 수 있으므로, ②가 정답이 된다.
어휘 shove v.밀어내다 cosmic a.우주의 stage n.무대 revolutionary a.혁명적인 revolve around 공전하다 et al (특히 이름들 뒤에 써서) 외, 등(等) vice versa 거꾸로, 반대로, 역(逆)도 또한 같음 ad hoc 특별한; 임시변통의 et cetera 그 밖의 여러 가지[사람], 기타 등등
해석 코페르니쿠스(Copernicus)는 태양이 우리의 행성(지구)을 공전하는 것이 아니라 반대로 우리의 행성(지구)이 태양을 공전한다는 혁명적인 제안으로, 지구를 우주라는 무대의 중심에서 밀어내 버렸다.

55. ①
난이도 ★
해설 다른 부족의 친구와 친척을 보호하거나 숨겨주는 것은 일반적으로 자신의 위험을 무릅쓰고 할 수 있는 행동이다. 따라서 빈칸에는 ①의 at the risk of(~의 위험을 무릅쓰고)가 적절하다.
어휘 family n.종족, 민족 shelter v.숨겨주다 relative n.친척; 동족 at the risk of ~의 위험을 무릅쓰고 owing to ~ 때문에 for the purpose of ~하기 위하여 on behalf of ~을 대신하여
해석 후투(Hutu)족의 일부 가족들은 목숨을 잃을 위험을 무릅쓰고 투시(Tutsi)족 친구와 친척들을 숨겨주었다.

56. ①
난이도 ★★
해설 경제를 먹는 '파이'에 비유했으므로, 흑인들에게 경제적으로 더 많은 혜택을 준다는 것은 더 큰 파이 '조각'을 주는 것으로 나타낼 수 있을 것이다.
어휘 avert v.방지하다, 피하다 orderly a.정돈된, 질서정연한 substantial a.(양·가치 등이) 상당한 slice n.한 조각; 몫 speed n.속도 depth n.깊이 call n.전화
해석 남아프리카 공화국은 경제라는 파이에서 보다 큰 조각을 흑인들에게 제공하는 질서 있는 시스템을 구축함으로써 유사한 위기를 방지하기를 희망한다.

57. ②
난이도 ★★
해설 주체가 '범죄자들'이고, 그들이 다량의 개인정보를 '훔쳤다'고 했으므로, 그들이 이러한 정보에 다가간 것은 '불법적인 방법'에 의한 것이었다고 해야 문맥에 상응한다. 따라서 '침투했다'라는 뜻의 ②가 빈칸에 적절하다.
어휘 bureau n. 사무소; (관청의) 국(局); 사무국 breach n. 위반, 불이행, 침해; (방어벽 등에 생긴) 틈[구멍] sensitive a. 민감한, 예민한 investigate v. 조사하다, 연구하다 penetrate v. 꿰뚫다, 관통하다, 침입하다, (컴퓨터 시스템에) 불법으로 침투하다 transform v. (외형 등을) 변형시키다; (구조 등을) 바꾸다 traverse v. 가로지르다, 횡단하다

해석 7월에, 사이버 범죄자들은 최대 신용조회 회사 중 하나인 에퀴팩스(Equifax)에 침투하여 1억 4,500만 명의 개인정보를 빼돌렸다. 사회보장번호를 비롯해서, 노출된 민감한 정보의 양 때문에 이는 역대 최악의 (개인정보) 유출 사고로 여겨졌다.

58. ③
난이도 ★★★
해설 달걀을 요리할 수 있는 다양한 방법들(many ways)을 소개한 다음, 역접의 접속부사 however가 오고, 달걀껍질을 먼저 깨야한다고 했다. 앞에서 언급한 달걀을 요리해서 먹는 다양한 방법과 관련하여, '그 방법이 어떤 방법이던 간에'의 뜻으로 연결되는 것이 자연스럽기 때문에, 양보의 뜻의 '의문사ever' 절을 이루며 명사 way를 사용한 ③ whatever way가 빈칸에 적절하다.
어휘 boil v. 삶다, 데치다 shell n. (달걀·견과류 등의 딱딱한) 껍데기, 껍질
해석 달걀을 요리할 수 있는 많은 방법들이 있다. 당신은 달걀을 프라이하거나, 삶거나, 스크램블하거나, 오믈렛을 만드는 데 넣거나, 케이크를 만드는 데 사용할 수 있다. 그러나 달걀을 먹기 위해 어떤 방법을 선택하든지간에, 항상 달걀껍질을 먼저 깨야 한다.

59. ②
난이도 ★★★
해설 거짓을 진실처럼 표현하려고 의도적으로 꾸민 계획이 사기, 위조 등의 형태로 나타날 수 있다고 했으므로, 이것은 사람을 속이는 ② 'hoax(날조)'에 해당한다.
어휘 deliberately ad. 신중히; 일부러 concocted a. 날조된 fraud n. 사기, 협잡 swindle n. 사취; 사기, 협잡 forgery n. 위조; 위조품 hoax n. 사람을 속이기, 골탕 먹임, 짓궂은 장난; 날조 satire n. 풍자
해석 순전한 실수와는 달리 날조는 거짓을 진실로 표현하기 위해 의도적으로 꾸민 계획이다. 그것은 사기, 가짜, 사취 또는 위조 등의 형태를 취할 수 있고, 정치, 종교, 과학, 예술 및 문학 등 거의 모든 분야에서 성취될 수 있다.

60. ⑤ 논리 완성
난이도 ★★★
해설 빈칸 앞에는 교도소 내의 영화 상영이 수감자들에게 스트레스를 주었을 것이라 말하고 있다. 그러나 빈칸 뒤에는 교도소 내에서 영화가 상영되면서 간수들에 의해 수감자들이 긴장을 풀 수 있도록 해주는 점에 관한 내용이 있다. 빈칸 앞 뒤의 내용은 동일한 상황이 서로 상반된 여건을 만들어내므로, 빈칸에는 '역설적으로'라는 의미가 ⑤가 적절하다.
어휘 sreening n. 선발, 심사; 상영 heighten v. 높이다; 강화시키다 inmate n. 수감자; 재소자; (정신 병원) 입원 한자 personnel n. (조작·군대의) 인원[직원들] demand v. 요구하다, 청구하다 schizophrenic a. 조현병의; 모순된 태도[감정]을 가진, 정신분열증의 audience n. 청중, 관중, 관객 guard n. 문지기, 간수 relax v. 누그러지다; 마음을 풀다, (마음의)긴장을 풀다 annoyingly ad. 성가시게도 knowingly ad. 아는 체 하고, 고의로 respectfully ad. 공손하게 coherently ad. 시종일관 paradoxically ad. 역설적으로
해석 교도소 내의 영화 상영은 한 눈으로는 화면을 보고 다른 눈으로는 다른 관람자들을 보는 정신분열적 관람자가 되도록 요구함으로써, 수감자와 교도소 직원 모두에게 스트레스 수준을 높였을 수도 있다. 역설적으로, 간수가 근처에 있어서 수감자들은 누군가가 자신의 뒤를 지켜보고 있다는 사실을 알기에 영화를 보면서 다소 긴장을 풀 수 있었을 지도 모른다.

61. ① 논리완성
난이도 ★★

해설 뇌 건강 분야의 전문가가 집필한 '지침서'를 소개하고 광고하는 글이라는 점을 고려하면 '결정적인'이란 뜻의 ①이 빈칸에 적절하다.
② 새롭지 않은 ③ 평온한 ④ 순응하는 ⑤ 관습적인
어휘 boost v. 높이다, 증진시키다 a host of 많은 complaint n. 병, 질환 feeding n. 음식물 공급 definitive a. 결정적인, 최종적인; 완성된
해석 많은 병을 치유 받고 싶을 뿐 아니라 두뇌역량을 증진시키고, 기억을 유지하고, 기분과 활력을 끌어올리고 싶다면 펄머터(Perlmutter) 박사가 당신의 안내자입니다. 이것은 단신의 뇌를 치료받고 뇌에 영양공급을 하기 위한 결정적인 지침서(지침서의 결정판)입니다!

62. ③ 논리완성
난이도 ★★★
해설 첫 문장을 요약하면 The novelist exchanges the standard lens for a moral lens.(그 소설가는 표준 렌즈를 도덕적 렌즈로 갈아 치운다.)가 된다. 둘째 문장에서 도덕적 렌즈로 보면 지위가 높고 힘 있는 사람들이 작아질지도 모른다고 했으므로, 표준 렌즈와 동격인 렌즈는 부와 권력을 확대되어 보이게 하는 렌즈일 것이다. 따라서 빈칸에는 ③ (확대하는)이 적절하다.
어휘 standard lens n. (카메라의) 표준렌즈 subtle a. 미묘한, 감지하기 힘든 mighty a. 힘센, 강력한 loom v. 어렴풋이 보이다, 나타나다 magnify v. 확대하다, 과장하다
해석 그 소설가는 사회에서 사람들이 보는 표준 렌즈, 즉 부와 권력을 확대하는 렌즈를 더욱 섬세한 인격적 특성들에 초점을 맞추는 도덕적 렌즈로 교환한다. 이 렌즈를 통해 보면, 지위가 높고 힘 있는 자들은 작아질지도 모르며, 잊혀지고 은퇴한 인물들은 커 보인다.
① 비하하는 ② 성토하는 ④ 위조하는 ⑤ 날조하는

63. ③
난이도 ★★
해설 어떤 것이 '아름답다'는 말은 '나는 이것을 아름답다고 여긴다'는 말이라고 한 둘째 문장의 예시를 통해, 첫 문장의 that절의 주어인 statements가 보어인 빈칸 다음의 statements와 일치하는 표현이 나와야 한다. 따라서 ①과 ④는 부적절하고 ③이 적절하다. ②는 그 앞에 또 하나의 명사가 있어야 한다. 가치에 대한 견해는 주관적인 것이라는 주장이다.
어휘 not in the least 조금도 ~아니다 as well as ~뿐만 아니라 nothing more than ~에 불과한, ~에 지나지 않는, ~일 뿐인 in contrast to ~와 대조되는
해석 어떤 관점은 가치에 관한 모든 진술이 개인적 취향과 선호에 대한 진술에 지나지 않는다고 주장한다. 따라서 어떤 것이 아름답다고 말하는 것은 "나는 이것을 아름답다고 여긴다."고 말하는 것이다.

64. ②
난이도 ★★
해설 효율성과 표준화의 추구가 균질화라는 결과를 도출하고, 생물학적, 문화적 다양성의 파괴라는 결과도 낳았다는 인과관계의 내용인데, 어떤 추구가 어떤 결과를 만들려면 그 추구가 여러 가지 힘이 '발휘되게' 해야 할 것이다. 따라서 빈칸에는 '발휘되게 하다'는 의미로 '묶여있는 것을 풀어놓다'는 뜻의 unleashed가 적절하다.
어휘 contradiction n. 모순 priority n. 우선순위 quest n. 탐색, 탐구, 추구 standardization n. 표준화 relentless a. 가차 없는, 냉혹한, 가혹한 homogenization n. 균질화 absolve v. 무죄임[책임 없음]을 선언하다 unleash v. (힘, 감정 등을) 폭발적으로 풀어놓다, 폭발시키다, 해방시키다 dismantle v. 해체하다 erode v. 침식시키다

해석 산업 시대 버블의 모순은 사회가 조직되고 우선순위가 정하는 방식으로까지 확장되었다. 예를 들어, 산업 시대의 효율성과 표준화 추구는 점차 균질화를 위한 여러 가지 엄청난 힘이 발휘되게 하여, 그것이 생물 다양성을 파괴한 것처럼 문화적 다양성도 파괴하였다.

65. ②
난이도 ★★
해설 rule, baseline, average가 '규칙, 기준, 평균'으로서 의미를 말하고, exception, complex가 '예외, 복잡'의 반대되는 의미의 축을 형성한다. 빈칸에는 exception, complex와 궤를 같이하는 표현이 들어가야 한다.
어휘 baseline n. 기준점 archetypal a. 전형적인 atypical a. 격식[규칙]에서 벗어난, 불규칙한 representative a. 대표하는 apocryphal a. 출처가 불분명한, 위작의
해석 모든 규칙에는 예외가 있지만 규칙을 아는 것도 좋다. 사람들이 무한한 방식으로 규칙에서 벗어날 수 있는 복잡한 세계에서, 기준점을 발견하는 것은 큰 가치가 있다. 일반적으로 어떤 일이 발생하는지 아는 것은 훌륭한 출발점이다.

66. ①
난이도 ★★
해설 주절의 the controversy는 성에 대한 정보 제공과 관련한 논쟁을 말한다. 이 정보 제공에 대해 대부분의 사람들은 학교에서 이루어져야 한다는 것에 대해서는 동의하고 있지만 여전히 논쟁이 되는 쟁점들이 있는 것이므로, 빈칸에는 양보의 접속사 ① Although 가 적절하다.
어휘 controversy n. 논쟁, 논의; 언쟁 institutional a. 제도상의, 제도적인 appropriateness n. 타당성; 어울림 maturity n. 성숙함, 원숙함
해석 대부분의 사람들은 어린이들이 학교에서 성(性)에 대한 정보를 제공받아야 한다는 것에 동의하지만, 논쟁은 제도적 적합성, 커리큘럼(교육과정)과 학생들의 성숙도라는 세 가지 쟁점에 초점이 맞춰져 있다.

67. ①
난이도 ★★
해설 마지막 문장의 with의 뒤에서 '자동차를 이용한 비용을 4~5명의 사람들이 분담한다'고 했으므로, shared taxi(공유형 택시)는 차를 빌리는데 드는 비용보다 적은 비용으로 이용할 수 있는 교통수단이 될 것이다. 따라서 빈칸에는 ① affordable이 적절하다.
어휘 affordable a. (가격이) 적당한, 알맞은, 저렴한 extravagant a. 낭비하는 사치스러운 challenging a. 도전적인 unmanageable a. 처리하기 힘든
해석 자동차로는 이동 시간이 최소화되며, 연료비만 고려하면 된다. 그러나 나는 자동차가 있지 않고, 자동차를 빌리는 데에는 비용이 많이 든다. 공유형 택시는 네 명에서 다섯 명의 사람들이 공통의 목적지까지 자동차를 사용한 비용을 함께 분담하는 합리적인 교통수단 중 하나이다.

68. ②
난이도 ★★
해설 가두행진과 시위는 전쟁에 대한 반대를 보여주는 사례이다. 그러므로 빈칸에는 ② manifested in이 적절하다.
어휘 march n. (시위를 위한) 가두행진, 가두시위 demonstration n. 시위, 데모 casualty n. 사상자, 피해자 segregate v. 분리[차별]하다. manifest v. 나타나다. 분명하게 보여주다 intersperse v. 흩뿌리다. 산재시키다 disperse v. 흩어지다. 해산하다 emancipate v. 해방시키다.

해석 베트남 전쟁은 본국에서 점점 거센 반대를 불러일으켰는데, 종종 사상자가 발생하고 수천 명의 사람들이 체포됐던 가두행진과 시위가 이를 나타낸다.

69. ②
난이도 ★★★
해설 첫 문장의 디지털 이주민은 the wisdom of age를 가지고 있을 것이다. 또한, 디지털 토착민의 경우 the technical know-how of the young을 가지고 있을 것이다. 의제란 앞으로 이루어야 할 일을 말하므로 긍정적인 의미의 동사가 빈칸에 들어가야 한다. 따라서 이 두 가지를 혼합한다는 의미가 되도록 빈칸에는 ② blend가 적절하다.
어휘 agenda n. 의제, 안건 contrast v. 대조시키다 blend v. 혼합하다. differentiate v. 구별 짓다. 식별하다 compare v. 비교하다 segregate v. 분리[차별]하다.
해석 어떤 사람들은 '신기술과 함께 자란 새로운 세대'를 '디지털 토착민'이라 부르고 컴퓨터가 발명되기 이전 세대를 '디지털 이주민'이라 부르고 있다. 그래서 희망컨대 그 의제는 연료의 지혜를 젊은 사람들의 기술적 노하우와 혼합하기 위한 것이다.

70. ①
난이도 ★★★
해설 빈칸 다음에 on the other hand가 있기 때문에 첫 번째 문장과 두 번째 문장의 내용은 상반된 내용이 되어야 한다. 첫 번째 문장에서 '과도한 음주'를 했을 경우 뇌에 끼치는 부정적인 영향에 대해 설명하고 있으므로, 두 번째 문장은 '금주를 했을 경우에 뇌에 끼칠 수 있는 영향에 대한 내용이 되는 것이 적절하다. 따라서 ① Abstaining이 정답이다.
어휘 excessive a. 과도한, 과대한; 지나친 compromise v. 더럽히다. 손상하다 cognitive a. 인식의; 인식력이 있는 blood flow 혈류(량) nourish v. 영양분을 공급하다 abstain v. 자제하다. 삼가다 booze v. 술을 진탕 마시다 indulgence n. 빠짐, 탐닉 workout n. 운동
해석 과도한 음주는 뇌의 뉴런을 손상시킬지도 모르며 따라서 인지 기능을 떨어질 수도 있다고 과학자들은 생각한다. 반면에 금주를 하면 뇌가 알코올의 잠재적 이점의 일부인 지속적인 강한 혈류 공급을 받지 못하게 될지도 모르는데, 이와 같은 강한 혈류 공급은 뉴런에 영양을 공급하여 뇌의 기능을 향상시킨다.

71. ②
난이도 ★★
해설 TV디너는 '데우기만 해서 바로 먹을 수 있는 식사'이며, 빈칸에는 이런 TV 디너를 필요로 하는 사람들을 가리키는 표현이 적절하다. 이들은 즐겨 보는 TV 프로그램을 놓치는 것을 참을 수 없어하는 사람이라고 했으므로, TV 앞을 떠나지 못하고 소파에 앉아 시간을 보낼 것이다. 이런 사람을 지칭하는 것은 ② couch potatoes이다.
어휘 accommodate v. 수용하다, ~에게 편의를 제공하다 boy scout n. 보이 스카우트 단원, 소년단원 couch potato n. (텔레비전을 보면서) 소파에 앉아 여가를 보내는 사람; 게으르고 비활동적인 사람
해석 대중 매체의 사회적인 영향은 명확하다. 몇 가지 예를 들어 보자. TV 디너는 자신들이 즐겨 보는 TV 프로그램을 놓치는 것을 견딜 수 없어하는 수백만 명의 (텔레비전을 보면서) 소파에 앉아 여가를 보내는 사람들에게 편의를 제공하기 위해 발명되었다.

72. ③
난이도 ★★
해설 언어 자료는 글이나 말이라는 두 가지 일반적인 형태로 되어있다고 했는데, 두 번째 문장에서 이 두 가지

형태 사이의 특징을 이루고 있는 강연이나 연극의 텍스트(대본) 같은 것이 있다고 했으므로, 두 범주의 사이에 있는 것을 의미하는 ③ intermediate가 빈칸에 적절하다.

어휘 clear-cut a. 선명한, 명쾌한 variant n. 변화; 변형 distinctive a. 특이한, 특색 있는 immediate a. 즉각적인, 당면한 intermediate a. 중간의, 중급의 separate a. 분리된, 따로 떨어진

해석 본질적으로, 언어 자료는 글이나 말이라는 두 가지 일반적인 형태로 되어 있다. 그러나 말해지도록(예를 들면, 강연과 연극 등) 써져있는 텍스트 같은 것으로 두 가지 분명한 형태 사이에 있는 특징들을 나타낼 수 있는 중간적 범주들도 있다.

73. ①

난이도 ★★

해설 빈칸에는 개인이 자유를 누리거나 행사하는 '장소' 혹은 '공간'의 개념을 포함한 표현이 들어가야 하므로, '영역', '범위'라는 뜻을 가진 sphere가 가장 적절하다.

어휘 republican a. 공화국의; 공화주의의 liberty n. 자유; 해방 effective a. 유효한; 효과적인 institutional a. 제도의, 제도상의; 협회의 sphere n. 구체(球體); (활동) 영역, (세력) 범위 corollary n. 필연적인 결과, 당연한 귀결 Jurisdiction n. 재판권, 사법권 normalization n. 정상화, 규격화 predominance n. 우월, 탁월, 우세

해석 공화주의 전통의 중요한 교훈은 사적인 영역에서의 개인의 자유도 효과적인 제도적 설계의 산물이라는 것이다.

74. ④

난이도 ★★

해설 사람의 사고방식을 토대로 만든 인공지능에 대해 테스트를 한다면, 그것은 인공지능의 사고방식이 사람의 사고방식과 얼마나 비슷한지에 관한 테스트일 것이다. 다시 말해, 인공지능의 사고방식이 사람의 사고방식에서 얼마나 벗어났는지 (deviate)에 관한 테스트로 나타낼 수 있다.

어휘 sorites n. 연쇄식 (삼단논법), 연쇄식 논법 regression test 회귀 테스트(소프트웨어 기능에 생긴 문제, 즉 회귀 버그를 찾는 소프트웨어 테스트 방식) determine v. 결정하다, 결심하다; 알아내다 artificial intelligence 인공 지능 extrapolate v. (~을 기반으로) 추론[추정]하다. 미지의 사실을 기지의 사실로부터 추정하다 devote v. (노력·시간·돈 따위를) 바치다; (전적으로) 쏟다 dwindle v. 줄어들다, 작아지다, 감소되다 domesticate v. (동물 따위를) 길들이다 deviate v. (상도·규칙·원칙 따위에서) 벗어나다, 빗나가다. distort v. 찡그리다; 왜곡하다.

해석 연쇄식 회귀 테스트는 특정 인간의 사고방식에 대한 기록을 토대로 하여 추론하여 만든 인공지능이 원래 사람의 사고방식에서 너무 멀리 벗어나지 않았는지 여부를 판단하기 위해 만들어진 것이다.

75. ③

난이도 ★★★

해설 빈칸에는 순접의 접속사 and로 연결되어 있는 decadent와 문맥상 비슷한 의미를 가진 표현이 들어가야 한다. decadent는 '도덕적으로나 풍속적으로 문란한'이라는 의미이므로, '과시적인', '허세부리는'이란 뜻의 ostentatious가 가장 자연스럽게 호응한다.

어휘 feature-length a. 장편 영화 길이의, 장편의 revolution n. 혁명, 변혁 costume drama 시대극, 코스튬 드라마 decadent a. 쇠퇴기에 접어든; 퇴폐적인 high-society n. 상류사회, 사교계 character n. 인격, 성격; 인물 anonymous a. 익명의; 작자 불명의 contentious a. 다투기 좋아하는, 논쟁적인 ostentatious a. 허세부리는 (행위나 태도 따위가) 과시하는 dichotomous a, 양분된, 2분법의 heterogenous a. 이(異)성분으로 된, 잡다한; 균일하지 않은

해석 혁명이 가장 폭력적이었던 시기에 뒤이은 1916-1917년에 만들어진 최초의 장편영화들은 이태리 시대극을 본뜬 영화들이었으며, 이태리 시대극의 이야기들은 상류사회 인물들의 퇴폐적이고 허세 가득한 생활방식에 초점을 맞추고 있는 것들이었다.

76. ④ 논리완성
난이도 ★★
해설 모든 사람들이 각각 크게 소리 내어 말하는 시끄러운 식당에서는 각 사람의 말소리가 각각 불협화음을 일으킬 것이다. 따라서 빈칸에 들어갈 표현은 ④ cacophonous가 적절하다.
어휘 out loud 《다른 사람들이 들을 수 있게》 소리 내어 melodious a. 가락이 아름다운, 음악적인 placid a. 평온한, 조용한 prosaic a. 산문적인, 무미건조한, 재미없는 cacophonous a. 불협화음의, 귀에 거슬리는
해석 그것은 마치 모든 사람이 각각 큰 소리 내어 대화하는 시끄러운 식당에 있는 것처럼 귀에 거슬렸다.

77. ① 논리완성
난이도 ★★
해설 십대 범죄자들을 수감시키는 것이 문제가 되는 것은 출감 후에 곧바로 다시 범죄를 저지르는 것과 관련된 것이라고 볼 수 있다. 따라서 ① recidivism이 정답이 된다.
어휘 release n. 해방, 석방, 면제 astronomical a. 천문학적인, 어마어마한 recidivism n. 상습적 범행 recidivism rate 재범률 mitigation n. 완화, 경감 misuse n. 남용, 오용, 악용 rehabilitation n. 사회복귀
해석 십대 범죄자들을 수감시키는 것의 한 가지 문제점은 출감 직후의 재범률이 상당히 높다는 것이다.

78. ④
난이도 ★★
해설 빈칸을 포함한 문장에서 주어가 스키장이고 목적어가 할인가격이므로, "스키장이 고객들에게 할인가격을 '공개할(밝힐)' 것이다."라는 표현이 적절하다. 따라서 빈칸에는 ④의 unveil(공개하다)이 들어가야 한다. ① 찾다 ② 선택하다 ③ 계산하다.
어휘 seasonal business 계절적 사업 slow time 비수기 bargain rates 특별할인가격
해석 계절적 사업체들은 비수기 동안 사업을 계속 지속하는 데 신경을 많이 쓴다. 스포츠 관련 사업체들도 마찬가지이다. 많은 스키장들은 여름과 가을에 특별할인가격을 공개한다.

79. ③
난이도 ★★
해설 빈칸의 앞뒤로, 방부제를 넣지 않는 '유기농' 식품과, '방부제가 가득 한' 식품이 대조를 이루고 있다. 그러므로 빈칸에는 ③의 antithesis(정반대)가 적절하다. ① 원한 ② 혐오 ④ 저주
어휘 revolution n. 혁명 organic n. 유기농 식품 preservative n. 방부제 laden a ~이 가득한
해석 그 유명한 영양학자는 우리가 방부제 가득한 식품의 정반대인 지역토산식품과 유기농식품에 초점을 맞춘 식품 혁명의 한가운데에 있다고 주장했다.

80. ③
난이도 ★★
해설 상품 공급이 부족하다는 것은 공급이 수요를 따라가지 못하는 것이며, 이 경우에 가격이 오른다고 했다. 따라서 어떤 것의 가치가 증가하는 것은 그것을 찾는 수요에 비해 그것을 제공하는 '공급이 부족' 할

경우임을 알 수 있으므로, ③의 scarce(부족한)가 정답이다. ① 풍부한 ② 흔한 ④ 독특한

어휘 commodity n. 상품, 물품; 원자재 In short supply 공급이 부족한 go up 오르다 drop n. 하락, 감소 demand n. 수요 obviously ad. 분명히, 확실히

해석 상품 공급이 부족하면 가격은 오른다. 그리고 수요가 감소하면, 가격은 내려간다. 확실히 무언가가 부족할 경우, 그것의 가치는 그만큼 더 증가한다.